Harry Thürk

Singapore

Der Fall einer Bastion

W0189188

Militärverlag
der Deutschen Demokratischen
Republik

ISBN 3-327-00646-6

6. Auflage, 1988
© Militärverlag der Deutschen Demokratischen Republik
(VEB) – Berlin, 1970
Lizenz-Nr. 5
Printed in the German Democratic Republic
Satz: Druckerei Neues Deutschland Berlin
Druck und buchbinderische Verarbeitung: Druckerei des Ministeriums
für Nationale Verteidigung (VEB) – Berlin – 30340-7
Lektor: Susanne Ahrendt
Umschlaggestaltung: Wolfgang Ritter
Typografie: Anne-Katrin Engelstädter
Bildnachweis und Karten: Privatarchiv des Autors
LSV: 0239
Bestellnummer: 7462798
00520

Inhalt

Für das Quellenstudium benutzte der Autor englische, japanische, sowjetische, australische, malaiische und deutsche Werke der kriegsgeschichtlichen Literatur, Dokumentationen und Memoiren.

Einheit 82

Es war Winter in Taiwan – Winter 1940. Trotzdem brannte die Sonne unbarmherzig vom Himmel. Die Luft war unbewegt, der Himmel von jenem klaren, durch kein Wölkchen getrübten Blau, das in den Augen schmerzte, wenn man längere Zeit einem Silberreiher nachschaute oder einem langsam dahinsegelnden Ibis.

Die Stadt Taipeh, von den Japanern, die diese Insel seit 1895 besetzt hielten, Taihoku genannt, lag wie ausgestorben in der feuchten Mittagshitze, die Mensch und Tier schläfrig machte. Um diese Zeit ruhte man. Eine Ausnahme machten die japanischen Soldaten in dem ausgedehnten Barackenkomplex am Stadtrand. Hier ratterten Lastwagen und Motorräder. Auf den Schießständen bellten die langläufigen Nambu-Maschinengewehre. Rekruten marschierten in der glühenden Hitze, übten Bajonettangriffe und warfen hölzerne Handgranaten. Die Offiziere rauchten süßlich duftende Zigaretten, während sie das Treiben beobachteten. Kommandos flogen zu den marschierenden Trupps, Stahlhelme glänzten, und weit von den Baracken entfernt grölte eine Kompanie das stupide Soldatenlied »Ob ich als Leiche ins Wasser versinke oder ins tiefe Gras zwischen den Hügeln – ich diene willig dem Kaiser...«

Niemand schenkte dem kleinen sandgelben Personenauto besondere Beachtung, das in scharfem Tempo vom Haupttor her auf die neu errichteten Baracken am Südrand des Militärstützpunktes zufuhr.

Mit bemerkenswerter Eile hatten Handwerker die niedrigen Gebäude aus Holz und Bambusgeflecht erst in den letzten Tagen fertiggestellt, Fenster eingesetzt und Verbindungswege zwischen ihnen angelegt. Dann war um diesen Komplex ein Zaun errichtet worden. An dem schmalen Einfahrtstor, das jetzt von dem Auto passiert wurde, hing eine Holztafel mit der nichtssagenden Aufschrift »Taiwanarmee, Einheit 82«. So lautete die Tarnbezeichnung der Forschungsabteilung der Taiwanarmee. Kein Außenstehender wußte, wonach hier geforscht werden sollte. Dafür hatten die Beteiligten um so genauere Vorstellungen von ihrer Arbeit. Ein halbes Jahr Zeit hatte man ihnen vom Oberkommando zugestanden. Sechs Monate, in denen nicht nur ein Feldzugsplan zu entwerfen war, sondern auch Richtlinien und Verhaltensmaßregeln, Vorschläge für

Veränderungen an Waffen, Ausrüstungsgegenständen, Geräten und Transportmitteln.

Die Offiziere, die bereits in die Baracken eingezogen waren, hatten für die sonderbare Forschungsabteilung einen eigenen Namen erfunden. Sie nannten sie »Doro Nawa«. Übersetzte man das wörtlich, so hieß »Doro« Räuber und »Nawa« Strick. Uneingeweihten sagte dies nicht viel. Im japanischen Sprachgebrauch jedoch bedeutete es sinngemäß »ein schwaches Grüppchen, das sich fünf Minuten vor Zwölf zusammenfindet«. Und das traf absolut zu.

Der sandgelbe Personenwagen hielt. Eilig öffnete der Fahrer die Tür für den mittelgroßen, hageren Mann, der betont forsch ausstieg und seine Generalsuniform straff zog. General Itagaki, bis vor kurzem noch Stabschef beim Oberbefehlshaber der japanischen Truppen in China, warf einen Blick auf die Baracken. Ein Hauptmann baute sich vor ihm auf, die Hand am Schirm der khakifarbenen Feldmütze. Itagaki nahm die Meldung gleichmütig entgegen. Er war gewohnt, zu befehlen und von Untergebenen Bericht erstattet zu bekommen. Seine Militärkarriere war ein Musterbeispiel von zielbewußtem Streben nach Macht und Einfluß. 1938 bereits war er als Kriegsminister ins Kabinett Konoye eingezogen und mit ihm als Stellvertreter einer der extremsten Militaristen des Landes, Hideki Tojo. Es war nie Itagakis Stärke gewesen, Armeen im Kampf zu führen. Er galt als einer der fähigsten strategischen Planer der Armee. In seinem Kopf nahmen die alten Welteroberungspläne des Kaisers Meiji ebenso Gestalt an wie das Memorandum des Barons Tanaka. General Itagaki war einer jener Männer, die politische Konzeptionen in die nüchterne Sphäre militärischer Kalkulation transponierten. Aus Forderungen und Programmen formten sich bei ihm Zahlenkolonnen und Diagramme. Er rechnete mit Soldaten und Geschützen, mit Transportfahrzeugen und Panzern, Flugzeugen und Flammenwerfern. Er zog Linien über die Landkarten nichtsahnender Länder, lange bevor der erste Schuß fiel. Er bestimmte im voraus die Plätze für Stäbe und Gefangenenlager, setzte Termine für die Eroberung von Städten, plante Flußübergänge, schätzte zu erwartenden Widerstand ein und notwendige Ruhepausen. Für ihn war jeder Feldzug zuerst ein Rechenexempel. Ging seine Gleichung auf, dann konnten die Armeen marschieren. Auf diese Weise hatte er die Eroberung jenes Teiles von China vorausgeplant, der jetzt Mandschukuo genannt wurde. Aber während die kleinen japanischen Soldaten durch die sandigen Ebenen Nordostchinas gezogen waren, im eiskalten Wind des mandschurischen Winters, hatte Itagaki bereits wieder am Schreibtisch im Kriegsministerium gesessen. Seine

Auftraggeber kamen aus der mit den großen Rüstungsfirmen verschwägerten Generalskaste. In das Kriegsministerium zogen die Generale Araki und Kuhara ein. General Masaki wurde aus dem Ruhestand zurückgeholt, und Yamamoto kam hinzu, jener kleine, dickliche Admiral, der großsprecherisch erklärt hatte, er werde, im Weißen Haus sitzend, der Welt den japanischen Frieden diktieren.

Noch vor seinem Abflug aus Tokio hatte Itagaki ein letztes Gespräch mit Oberst Hashimoto gehabt, dem Anführer des fünf Millionen Mitglieder zählenden Staatsjugendverbandes. Hashimoto predigte Krieg, Haß und Tod. Die Stunde, zu der die japanische Jugend, kaisertreu und im Ungeist der faschisierten Samurai-Lehre erzogen, zur nächsten Etappe des Kampfes gegen die übrige Welt antreten würde, lag nicht mehr fern. Im Generalstab gab es keinen Zweifel mehr darüber. Japan würde losschlagen. Und die Entscheidung über die Stoßrichtung war ebenfalls gefallen. Man mußte schnell handeln, noch während die eigenen Diplomaten versuchten, die übrige Welt mit ihren Reden von Frieden und Ausgleich betrunken zu machen. Das Schwert schärfen, bevor der Feind am Horizont auftaucht. Der Gedanke an eine großangelegte Ausdehnung des japanischen Machtbereiches hatte eine lange Tradition. Chauvinistische Geheimgesellschaften wie der »Bund des Schwarzen Drachens« und die »Gesellschaft des Dunklen Meeres« hatten schon seit langem Programme der Eroberung fremder Länder aufgestellt und darauf hingearbeitet, das vergleichsweise kleine Territorium des Inselreiches durch Gebietseroberungen auf dem asiatischen Festland zu erweitern. Träger dieser Ideen waren die Angehörigen der feudalen Militaristenkaste Japans, die mit der Schwerindustrie verschwägerten Politiker sowie die im Geiste der rassischen Überlegenheit erzogenen jüngeren Faschisten, die danach strebten, zusammen mit dem faschistischen Deutschland gewaltsam eine Neuaufteilung der Welt vorzunehmen. Japan sollte in Asien die beherrschende Rolle spielen. Organisationen, die sich »patriotisch« nannten, in Wirklichkeit jedoch chauvinistisch und eroberungssüchtig waren, hatten sich gegen Ende des 19. Jahrhunderts in immer größerer Zahl im Inselreich verbreitet. Besonders die heranwachsende Jugend wurde von ihnen angelockt. Japan entwickelte sich schnell zu einer industriellen Macht. Auf wirtschaftlichem, politischem und militärischem Gebiet gewann es eine günstige Position in Asien. Die japanische Industrie bediente sich der fortgeschrittensten Methoden des Westens. Unzählige Japaner erlernten im westlichen Ausland technische Fertigkeiten, die sie zu Hause zur Stärkung des Industriepotentials anwendeten. Die Erzeugnisse Japans fanden nicht nur im Fernen Osten, sondern überall in der Welt reißenden Absatz, da sie billig waren. Die niedrigen Löhne in den japanischen Fabriken erlaubten es, den Preis so festzusetzen, daß er stets unter dem Angebot vieler gleichartiger westlicher Erzeugnisse lag.

Auf diese Weise war die Schicht der japanischen Großindustriellen schnell reich geworden. Aber auch der Staat sanierte sich durch einen ausgedehnten Außenhandel zu günstigen Bedingungen.

Die Bevölkerungszahl des Insellandes stieg unaufhaltsam. 1872 hatte sie noch etwa 35 Millionen betragen, 1894 waren es bereits mehr als 41 Millionen Einwohner, 1930 wuchs die Zahl auf 65 Millionen an. In Japan wurde um diese Zeit viel davon gesprochen, daß man nun »in den Kreis der großen Mächte der Welt eintrat«. Zweifellos bahnte sich eine Entwicklung in diesem Sinne an.

Aber sie stieß auf verschiedene Schwierigkeiten. Die »großen Mächte«, England und Frankreich, hatten sich im Verlaufe des 19. Jahrhunderts riesige Gebiete angeeignet, die sie kolonial ausbeuteten. Deutschland und die USA bemühten sich, ihr Zuspätkommen wettzumachen. Sie besaßen wesentliche ökonomische Vorteile, aber auch strategische Positionen und militärische Basen von nicht zu unterschätzender Bedeutung. In Japan gefiel sich die offizielle Propaganda darin, immer wieder zu erläutern, daß man sich ebenfalls in diesen Wettlauf einzuschalten habe, wenn man es mit der Weltgeltung ernst nähme. Japan sei gewissermaßen das Stiefkind der kolonialen Aufteilung der Welt geblieben. Nun ließen die Positionskämpfe der Kolonialmächte des Westens um die Aufteilung der einträglichsten Gebiete Chinas, um Konzessionen und Stützpunkte keinen Zweifel darüber, daß sich Japan zu beeilen hatte, wenn es noch ein einigermaßen lohnendes Stück des großen Kuchens für sich beanspruchen wollte, der sozusagen vor der eigenen Haustür lag. Die Einpeitscher des Expansionsgedankens wiesen mit besonderem Nachdruck darauf hin, daß die USA 1898 Hawaii und die Philippinen annektiert hatten, ebenfalls dicht vor der japanischen Haustür. Man sprach von einer Einkreisung und Bedrohung Japans, und der Ruf nach eigenen Aktionen wurde immer stärker. »Schafft Japan ein Überseereich!« lauteten die Schlagzeilen in den größten Zeitungen. Es blieb nicht bei einer solchen Aufforderung.

Die ersten Versuche der territorialen Expansion waren unerwartet gut geglückt. Sie schienen den Extremisten recht zu geben und ermutigten so die Zögernden. Der Krieg gegen China, 1894 bis 1895, endete mit einem japanischen Sieg.

Mit dem Friedensvertrag von Shimonoseki am 17. April 1895 gewann Japan die Insel Taiwan, die Pescadores-Inseln und die Halbinsel Liaotung. Durch die Aberkennung der chinesischen Oberhoheit in Korea stieg der japanische Einfluß dort entscheidend. Neben den Kriegsentschädigungen, die China an Japan zu zahlen hatte, sicherte sich Japan noch das Recht, in China Fabriken zu betreiben. Die deutschen und französischen Kolonialisten, aber auch das zaristische Rußland sahen diesen Machtzuwachs für Japan mit einiger Besorgnis und versuchten wenigstens eine kleine Schranke zu bauen, indem sie Japan nötigten, von der Besetzung der Halbinsel Liaotung mit dem Hafen Port Arthur Abstand zu nehmen. Doch das konnte die Entwicklung nicht mehr aufhalten. Bereits ein Jahr später mußten Japan die gleichen Handelsprivilegien in China zugestanden werden, wie sie die anderen Kolonialmächte in Anspruch nahmen. Und Japan drängte auf noch stärkeren Einfluß in Korea. Hier stieß es auf den ernsthaften Widerstand des zaristischen Rußlands. Im August 1903 begannen die entscheidenden Verhandlungen zwischen Japan und Rußland über die Aufteilung der Interessengebiete in Korea und der Mandschurei. Doch sie verliefen ergebnislos. Daraufhin überfiel die japanische Flotte am 8. Februar 1904 die Schiffe der russischen Flotte, die vor Port Arthur und Tschemulpo ankerten. Erst zwei Tage später erfolgte die offizielle Kriegserklärung. Am 2. Januar 1905 wurde Port Arthur von japanischen Truppen genommen, zwei Monate später Mukden. Am 27. Mai wurde die russische Flotte in der Seeschlacht bei Tsushima fast vollständig vernichtet. Der Krieg war für Japan gewonnen. Der Frieden von Portsmouth, im September 1905 geschlossen, brachte Japan nun endgültig die Halbinsel Liaotung und Port Arthur ein, außerdem den südlichen Teil Sachalins und den südlichen Teil der Ostchinesischen Eisenbahn. Darüber hinaus übte Japan jetzt eine »Schutzherrschaft« über Korea aus. Es ging gestärkt in weitere Unternehmungen.

Mit der Industrie entwickelten sich in Japan auch die ersten Arbeiterorganisationen. Im Dezember 1897 wurde die erste moderne Gewerkschaftsorganisation mit einem eigenen Presseorgan gegründet. Der erste Streik brach unter den Eisenbahnern im Jahre 1898 aus, er führte zur Bildung einer eigenen Gewerkschaft.

Im selben Jahr entstand auch die »Gesellschaft zum Studium des Sozialismus«, die sich sehr schnell zum Kern der sozialistischen Bewegung in Japan entwickelte. Der Staat schritt mit äußerster Schärfe gegen die progressiven Regungen unter der Arbeiterschaft ein. Stärker als je zuvor propagierten die Militaristen die Legende von der Unbesiegbarkeit des japanischen Soldaten und vom berechtigten Anspruch Japans, eine Weltmacht zu werden. Eines der Hauptargumente der Expansionisten war und blieb die stetig steigende Bevölkerungszahl Japans und der angebliche Mangel an Lebensraum. Man zog Vergleiche, die in ihrer Demagogie raffiniert genug waren, um selbst Zögernde zu gewinnen: Japans Bevölkerung war etwa halb so groß wie die der USA, und sie lebte auf einem Gebiet, das reichlich halb so groß war wie zum Beispiel der amerikanische Bundesstaat Texas. Japans Bodenfläche konnte infolge der Gebirge nur etwa zu einem Fünftel landwirtschaftlich genutzt werden. »Unsere Bevölkerungsdichte ist viermal so groß wie die Chinas und doppelt so groß wie die Indiens!« Schlagzeilen dieser Art, die man fast täglich in japanischen Zeitungen finden konnte, gehörten zum System einer Propaganda, die die Expansion gewissermaßen als zwingende Notwendigkeit rehabilitieren sollte. Dem Volk wurde systematisch eingeredet, Japan brauche Siedlungsgebiete, Rohstoffquellen, Märkte und militärische Stützpunkte gegen die starken westlichen Großmächte. Das imperialistische Programm wurde geschickt als Ausweg der Nation aus einer angeblichen Misere gepriesen. Die Wirkung blieb nicht aus. Der erste Weltkrieg brachte dem jungen japanischen Imperialismus die Möglichkeit, sich auf verhältnismäßig leichte Weise neue Gebiete anzueignen. Während die übrigen imperialistischen Mächte in Europa gegeneinander kämpften, nutzte Japan die Gelegenheit, seine Positionen in China stärker auszubauen. Es stand auf Seiten der Entente, die über den deutschen Konkurrenten und seine Verbündeten siegte. Die militärischen Leistungen Japans während des Krieges waren gering. Sie beschränkten sich hauptsächlich auf die Lieferungen von Industriewaren und Erzeugnissen des Schiffsbaus an die Alliierten. Dadurch konnte Japan seine Wirtschaft weiter sanieren, ging also wirtschaftlich gestärkt aus dem ersten Weltkrieg hervor und konnte außerdem noch einen erheblichen Gebietszuwachs verbuchen. Es hatte sich die ehemaligen deutschen Einflußgebiete in China und das Eisenbahnnetz in Shantung angeeignet. Dazu kamen die ehemaligen deutschen Kolonialgebiete auf den Marshall-Inseln, den Karolinen und Marianen mit Ausnahme des in amerikanischen Besitz befindlichen Guam. Theoretisch wurden die Inseln dem Völkerbund als Mandatsgebiete unterstellt. Sie sollten nicht militärisch befestigt werden, und Japan sollte als »Treuhänder« fungieren. Aber die japanischen Imperialisten erkannten selbstverständlich den großen strategischen Wert jener Stützpunkte, die – weit vorgeschoben – dem Mutterland gleichsam als schützender Schild dienen konnten. Noch wichtiger war allerdings ihr Wert als Sprungbrett für eigene, weiter südlich zielende militärische Unternehmungen. Daher umging Japan die Bestimmungen des Völkerbundes über die Nichtbefestigung der Inseln auf jede nur mögliche Weise. Das konnte den Vereinigten Staaten von Amerika nicht verborgen bleiben, die gleichfalls bestrebt waren, ihren Einfluß in Asien und im pazifischen Raum zu erweitern und zu schützen. So kam es, auf Betreiben der USA, vom 12. November bis zum 6. Februar 1922 in Washington zu einer Konferenz, die sich offiziell mit »Rüstungsbeschränkungen sowie pazifischen und fernöstlichen Problemen« beschäftigte. Eingeladen waren Großbritannien, Frankreich, Italien und Japan, also die ehemaligen Hauptverbündeten der USA im ersten Weltkrieg. Außerdem wurden zur Erörterung der fernöstlichen Probleme noch China, Portugal, Belgien und die Niederlande hinzugezogen. Eine Einladung an die junge Sowjetmacht erfolgte nicht. Die USA ignorierten ihre Existenz.

Bereits am ersten Konferenztag schlugen die USA den Teilnehmern vor, keine Schlachtschiffe mehr zu bauen. Die USA, England und Japan sollten alle noch in Bau befindlichen Einheiten dieses Typs verschrotten. Insgesamt sollten die Kriegsflotten der USA, Großbritanniens und Japans in einem Verhältnis von 5 zu 5 zu 3 stehen. Japan versuchte, ein Verhältnis von 10 zu 10 zu 7 durchzusetzen, mußte aber schließlich nachgeben. So kam es zur Unterzeichnung des Washingtoner Abkommens, das fernerhin die Unverletzbarkeit der pazifischen Inselbesitzungen der einzelnen Mächte garantierte. Der Vertrag hatte bis zum 31. Dezember 1936 Gültigkeit. Eine verzwickte Klausel sah vor, daß er auch danach bis zwei Jahre nach dem Tag verbindlich bleiben sollte, an dem eine der Parteien ihren Austritt erklärte. Gegenüber China wurde das Prinzip der »Offenen Tür« als verbindlich erklärt. Das bedeutete, alle ausländischen Mächte sollten die gleichen Möglichkeiten zur wirtschaftlichen und politischen Expansion in China haben. Die Spannungen im fernöstlichen und pazifischen Gebiet wurden von der Washingtoner Konferenz keinesfalls beseitigt. Bestenfalls wurde ein Aufschub bestimmter, sich abzeichnender Entscheidungen erreicht, aber selbst dieser Aufschub war kurz. Das Ringen der USA, Großbritanniens und Japans um die absolute Vorherrschaft in Ostasien und im Pazifik ging weiter. Die japanischen Militaristen betrachteten das Abkommen als ein Stück Papier, das ihre Bestrebungen wenig oder gar nicht hemmen konnte. Abgesehen davon, daß sie sich in Einzelfragen ohnehin nicht an das Abkommen hielten und es keine Instanz gab, die sie dazu zwingen konnte, erklärte die japanische Regierung am 29. Dezember 1934, daß sich Japan nach Ablauf von zwei Jahren nicht mehr an das Abkommen gebunden betrachten würde. Somit erloschen am 1. Januar 1937 auch die Verpflichtungen für die übrigen Unterzeichnerstaaten. Das Wettrüsten auf dem Gebiet der Kriegsflotten und die militärische Befestigung der pazifischen Stützpunkte trat nun in eine neue Phase ein.

Der aggressive außenpolitische Kurs drückte auch der Innenpolitik seinen Stempel auf. Nach der Oktoberrevolution war es auch in Japan zu einem großen Aufschwung der Arbeiterbewegung gekommen, obwohl der Polizeiterror immer stärker wütete. Die Klassenauseinandersetzungen äußerten sich immer häufiger in Streiks und Demonstrationen. Die progressive Gewerkschaftsbewegung Sodomei entstand. Am 15. Juli 1922 schließlich kam es zur Gründung der Kommunistischen Partei Japans, die sich in der Illegalität vollzog. Doch schon ein Jahr später wurden viele ihrer Begründer verhaftet und ins Gefängnis geworfen. 1926 wurde die KPJ erneut gegründet. Im Februar 1928 erschien zum ersten Mal ihr Zentralorgan »Akahata«. Doch die Reaktion der Herrschenden ließ nicht lange auf sich warten. Noch im selben Jahr wurden mehr als tausend führende Mitglieder der Partei verhaftet. Eine Anzahl proletarischer Organisationen, die in der Zwischenzeit entstanden waren, wurden verboten. Die Verhaftungen, Folterungen und Ermordungen von Kommunisten nahmen kein Ende. Der imperialistische Staat erkannte sehr wohl die tödliche Gefahr, die ihm drohte, wenn die Arbeiterklasse von einer marxistischen Partei geführt wurde. Mit der Verschärfung der Wirtschaftskrise im Jahre 1930 steigerte sich die Kommunistenverfolgung zu einem bisher nicht gekannten Ausmaß. Die Arbeiterklasse antwortete mit einer bewaffneten Demonstration zum 1. Mai 1931.

Die im Juli 1931 gegründete Gesamtjapanische Massenpartei der Arbeiter und Bauern bildete ein Komitee, das sich zur Aufgabe machte, gegen den Einmarsch japanischer Truppen in China aufzutreten. Diese Aufgabe wurde angesichts der zunehmenden Verhetzung immer dringlicher. Im September 1931 ließ die japanische Militaristenclique die Kwantungarmee in die Mandschurei einfallen. Sechs Monate später errichtete sie dort den Marionettenstaat Mandschukuo, der zur Ausgangsbasis für den Überfall auf ganz China und die Sowjetunion werden sollte.

Die an Bodenschätzen reiche Mandschurei sollte Japan in der Anfangsphase der großangelegten Aggression über den chronischen Rohstoffmangel hinweghelfen. Die größte Sorge der japanischen Kriegsplaner war seit jeher die Knappheit an Rohstoffen gewesen. Mit der Mandschurei, deren Bodenschätze beschleunigt und rücksichtslos ausgebeutet wurden, konnte ein Teil dieses Problems gelöst werden. Aber in der Folgezeit verschlang der Krieg in China einen großen Teil der mandschurischen Ressourcen. Erneut stand Japan vor dem Problem, zuerst Rohstoffquellen zu erobern, bevor es zu weiteren kriegerischen Abenteuern schreiten konnte. Die zunehmende Faschisierung des Lebens in Japan, die außenpolitisch ihren demonstrativen Ausdruck in dem 1936 mit dem faschistischen Deutschland geschlossenen Antikominternpakt fand, deutete bereits darauf hin, daß die Eroberungssucht der japanischen Imperialisten keine Grenzen mehr kannte. Das Volk wurde immer geschickter in eine chauvinistische Psychose manövriert. Der echte Patriotismus des einfachen Japaners wurde skrupellos mißbraucht und in den Dienst des Großmachtchauvinismus gestellt. Großindustrie und Militärkaste bildeten einen Block gegen die progressiven Kräfte im Lande. Morde an fortschrittlichen, ja selbst an gemäßigten Politikern häuften sich. Der Terror der dreißiger Jahre, der im eigenen Land gegen die Rufer der Vernunft entfesselt wurde, ließ bereits das Ausmaß jenes Terrors ahnen, mit dem das Kaiserreich wenige Jahre später ganz Südostasien überziehen würde.

Mit dem Überfall auf ganz China im Sommer 1937 ließ der japanische Imperialismus seine Maske endgültig fallen. Der Krieg wurde zur Sache der gesamten Nation erklärt, alle Anstrengungen hatten ihm zu dienen. Gleichzeitig tastete die Armee die Kampfbereitschaft der Sowjetunion ab. 1938 am Chassan-See und 1939 am Chalchin-Gol schlug die Rote Armee jedoch hart und unerbittlich zurück. Sie erteilte den Eliteverbänden der Kwantungarmee, die in sowjetisches und mongolisches Gebiet eingefallen waren, eine exemplarische Lektion, die zunächst dämpfend auf die Expansionsabsichten Japans in Richtung auf das reiche Ostsibirien wirkte.

Im September 1940 bekräftigten Japan, das faschistische Deutschland und das faschistische Italien ihre erklärte Absicht, die Welt unter sich aufzuteilen, mit einem Militärbündnis. Rein formal war in den Führungskreisen der japanischen Militaristenclique noch nicht die endgültige Entscheidung darüber gefallen, in welcher Stoßrichtung der große japanische Angriff zur Eroberung Asiens laufen sollte. Lange Zeit galt die Sowjetunion, besonders deren asiatischer Gebietsteil, als bevorzugtes Ziel. Aber die japanischen Militaristen waren nicht nur durch Chalchin-Gol gewarnt. Sie sahen auch, daß die USA ihnen bei der Durchdringung des pazifischen Raumes zuvorzukommen drohten. Südostasien und der pazifische Raum bedeuteten Rohstoffquellen und strategische Stützpunkte für jede weitere Kriegführung, wie sie sich das Kaiserreich nicht besser wünschen konnte. Nach dem Versuch am Chalchin-Gol gewannen die Pläne den Vorrang, die den Stoß nach dem Süden und Südosten bevorzugten: über Indochina in den malaiischen Archipel, nach Burma und Indien...

Die Amerikaner bauten ihre Stützpunkte auf Guam, Wake, den Philippinen und Hawaii, auf Alaska und den Aleuten beschleunigt aus. Immer mehr spitzten sich die Gegensätze zwischen Japan und den USA zu, und

Typische malaiische Küstenlandschaft an der Ostküste der Halbinsel

es war vorauszusehen, daß es im pazifischen Raum und im südöstlichen Asien zu einer Auseinandersetzung zwischen diesen beiden Staaten kommen würde. Aber da war noch England im Spiel, dessen Position in Asien sehr gefestigt schien. England und die USA, dazu die Holländer im malaiischen Archipel – das konnte ein mächtiger Block gegen die bevorstehende japanische Aggression in südlicher Richtung sein.

Doch jene drei imperialistischen Mächte, die im ostasiatischen und pazifischen Raum Japan gegenüberstanden, brachten es nicht fertig, ihre Eigeninteressen der Notwendigkeit des gemeinsamen Vorgehens gegen den aufstrebenden faschistischen Aggressor unterzuordnen. Vielmehr betrieben sie Japan gegenüber lange Zeit eine Beschwichtigungspolitik, hinter der die kaum versteckte Absicht stand, das Inselreich zu einem militärischen Vorgehen gegen die Sowjetunion zu ermuntern. Daraus hofften sie ihren Vorteil zu ziehen. Einmal würde in ihrer Vorstellung die Sowjetunion angeschlagen, wenn nicht gar vernichtet werden. Zum anderen aber würde auch Japan in einem solchen Krieg erheblich geschwächt und somit als Gegner der übrigen imperialistischen Mächte in Ostasien für längere Zeit ausfallen.

Das Entstehen der Achse Berlin–Rom–Tokio bestärkte diese Hoffnungen noch, da sich die faschistische Achse mit ihrer offen antikommunistischen Konzeption in erster Linie gegen die Sowjetunion richtete. Daher unterband die amerikanische Regierung auch zunächst nicht die erheblichen Lieferungen an Rohmaterial, Treibstoff und anderen kriegswichtigen Gütern, die Japan fast ausschließlich für seine Aufrüstung verwendete. Der Gedanke, Japan würde mit Hilfe dieser Rüstung eines Tages der Sowjetunion den Todesstoß versetzen, vernebelte den Blick für die immer offener zutage tretenden Realitäten. Der im April 1941 geschlossene Nichtangriffspakt zwischen der Sowjetunion und Japan machte diese Spekulationen zunichte, wenn er auch keinesfalls für die Sowjetunion die Gefahr eines japanischen Angriffs bannte. Auch Englands Politiker waren nicht frei von solch groteskem Wunschdenken, obwohl sich für die saturierte Kolonialmacht England die Weltsituation zweifellos komplizierter darstellte als beispielsweise für die USA. Der deutsche Faschismus auf dem europäischen Kontinent bedeutete in seiner aggressiven Konzeption eine ständige Bedrohung des britischen Mutterlandes. Außerdem galt es, ein weit verzweigtes Kolonialnetz gegen die immer wahrscheinlicher werdenden Angriffe aller drei Achsenmächte zu sichern. Man wußte in England sehr wohl, von welch hervorragender strategischer Bedeutung die Straße von Malakka als Verbindungsweg zwischen dem Indischen Ozean und dem Südpazifik war. Daher maß man auch dem Ausbau der Festung Singapore, mit dem 1921 begonnen worden war, erhebliche Bedeutung zu. Singapore bot als Sperrfestung außerordentlich günstige Voraussetzungen. Es hatte einen geschützt liegenden Hafen, die Wassertiefe reichte für die schwersten Schlachtschiffe aus. Nach Ansicht der Londoner Militärs war es von Land aus so gut wie überhaupt nicht gefährdet. Hier gab es einige hundert Kilometer Dschungel auf der malaiischen Halbinsel, und es erschien unglaubwürdig, daß eine Armee von hier aus Singapore angreifen würde. Die günstige Position an der Nahtstelle zwischen Indischem Ozean und Südchinesischem Meer machte es möglich, daß beide Meere von Singapore aus beherrscht werden konnten. Auch die relativ große Entfernung von Japan spielte eine Rolle, denn mit der Entwicklung der Luftfahrt hatten sich neue Gefahren angedeutet. Der Weg aber, der zwischen Japan und Singapore lag, war selbst für die modernsten Langstreckenflugzeuge als Angriffsroute zu weit.

In Singapore selbst gab es weder Docks noch andere Einrichtungen für die Versorgung einer Kriegsflotte. Alles das mußte beschleunigt geschaffen werden. Öltanks und Kasernen entstanden, Reparaturanlagen und Flugplätze. Hingegen entschloß sich die Admiralität nicht dazu, eine größere Flotte in dem neuen Stützpunkt zu stationieren. Das Fernostgeschwader beschränkte sich auf einige Kreuzer und kleinere Schiffe. Die Hauptmacht der britischen Flotte blieb weiterhin im Mittelmeer und in den Heimatgewässern. In der Admiralität herrschte die Meinung vor, daß das Gros der Flotte jederzeit nach Südostasien entsandt werden könnte, wenn sich dort die Situation zuspitzte. Für eine solche Verlegung der Flotte wurden detaillierte Pläne ausgearbeitet und in den Safes der Admiralität verwahrt. Die Offiziere auf der Marineakademie in Greenwich übten indessen theoretisch die »Verlegung der Flotte nach Singapore«. Sie gehörte zu den Prüfungsaufgaben. Nur wurde dabei der Einfachheit halber immer vorausgesetzt, daß im Falle einer notwendig werdenden Verlegung der Flotte nach Singapore gleichzeitig in Europa oder im Mittelmeer keine militärischen Komplikationen bestanden. Die Möglichkeit, daß es in den heimischen Gewässern eine Situation geben könne, die es unmöglich machte, einen erheblichen Teil der britischen Flotte abzuziehen und rund um den halben Erdball nach Singapore zu schicken, wurde völlig außer acht gelassen.

In der Sowjetunion sah man die Gefahr des heraufziehenden neuen Weltkrieges sehr klar. Immer wieder versuchten deshalb die sowjetischen Politiker mit den imperialistischen Mächten des Westens zu einem kollektiven Sicherheitssystem gegenüber dem aggressiven Faschismus zu kommen. Aber diese Bemühungen der Sowjetunion hatten keinen Erfolg. Die »Grundtorheit unserer Epoche«, der Antikommunismus, verhinderte, daß sich die vom Faschismus offen bedrohten Staaten schon um die damalige Zeit mit der Sowjetunion zu einer Allianz gegen den gemeinsamen Feind zusammenschlossen. Auf der Gegenseite waren sich das faschistische Deutschland und das kaiserliche Japan über die geplante Neuaufteilung der Welt zwar keinesfalls in allen Einzelheiten einig. Doch das dämpfte nicht ihre Angriffslust und den Drang nach Ausdehnung ihrer Macht. Für England zog die Gefahr herauf, in Europa in einen Krieg mit dem deutschen Faschismus verwickelt zu werden, während in Fernost Japan nur auf die günstige Chance wartete, die reichen Besitzungen Englands an sich zu reißen.

Zweifellos waren es solche Überlegungen, die in der englischen Presse immer wieder zu Kontroversen über den Wert Singapores führten. Die Admiralität beeilte sich zu versichern, daß im Falle einer Bedrohung ein großer Flottenverband innerhalb von siebzig Tagen Singapore zu Hilfe kommen könnte. Und es wurde kaum in Zweifel gezogen, daß sich die Festung gegen einen japanischen Angriff diese siebzig Tage würde halten können. Viel wurde von den weittragenden 30,5-cm-Geschützen gesprochen, die in der Festung standen. Die Stimmen derer, die meinten, daß Singapore auch von Land her angegriffen werden könnte, wurden nicht gehört. Diese Warner galten als Phantasten.

Mit Ausbruch des zweiten Weltkrieges in Europa wurde es so gut wie unmöglich für England, im Falle einer Bedrohung Singapores eine starke Flotte nach Fernost zu entsenden.

Japan handelte indessen zielbewußt. Nach einem Ultimatum an die französische Vichyclique im September 1940 besetzte es in mehreren Etappen bis zum Sommer 1941 mit seiner 15. Armee ganz Indochina. Am 25. Juli 1941 gab die japanische Nachrichtenagentur Domei bekannt, daß die Vichyregierung sich mit Japan geeinigt hätte, Indochina unter ein »gemeinsames französisch-japanisches Protektorat« zu stellen. Die Ausgangsbasis für den Sprung nach Süden war damit geschaffen.

Die USA und England, beunruhigt über das Vordringen Japans in China, waren nicht mehr gewillt, weitere Einbußen ihrer Macht- und Einflußsphären in Fernost und dem pazifischen Raum hinzunehmen. Deshalb beschlagnahmte die amerikanische Regierung zunächst alle japanischen Guthaben in den USA und verschärfte die Embargobestimmungen. Nun endlich lieferten die USA kein Öl mehr für die Kriegsschiffe Japans, für die Panzer und Flugzeuge mit dem Zeichen der aufgehenden Sonne. Aber der Aggressor setzte bereits zum Sprung auf die Ölfelder Borneos an. Man war sich in Japan darüber klar, daß dieser Sprung nach Süden zum Krieg mit den USA und England führen würde. Und Japan war entschlossen, den Kampf aufzunehmen. Die Angriffsplanungen verliefen mehrgleisig und bewegten sich in verschiedene Richtungen. Um die amerikanische Flotte auszuschalten, war man dabei, den Schlag gegen Pearl Harbor, den größten Flottenstützpunkt der USA im Stillen Ozean, vorzubereiten.

Parallel dazu sollte die Eroberung der Philippinen das Südchinesische Meer nach Osten abschirmen. Die Hauptlinien der südlichen Expansion liefen in Burma, Indien und dem heutigen Indonesien aus. Mit der faktischen Besetzung Indochinas hatte man schon die strategische Basis für den geplanten Vorstoß nach Thailand und schließlich nach Burma geschaffen. Damit wäre das nördliche Südostasien unter japanischer Herrschaft vereinigt und das Südchinesische Meer zum Binnenmeer Japans geworden.

Spezielle für den Überfall auf Malaya und weitere südost-asiatische Länder konstruierte Kampftechnik der Japaner – Artilleriezugmittel und leichte Panzer

Der Besitz Malayas und Singapores war die Voraussetzung für den erfolgreichen Abschluß der Gesamtoperation in Südostasien, die mit Indochina und Indien ein vorläufiges Ende finden sollte. Deshalb war die Einnahme der Zwingburg Singapore, Englands bedeutendster Position in diesem Teil der Welt, für Japan von entscheidender Bedeutung. Und die Achillesferse der Festung Singapore war den strategischen Planern Tokios wohlbekannt. General Itagakis Planung ging von dem Gedanken aus, genau das zu tun, womit die englische Admiralität nicht rechnete: Singapore von Land her anzugreifen.

»Sind alle Mitarbeiter eingetroffen?« Zum ersten Mal wandte sich der General mit einer Frage an den ihn begleitenden Hauptmann.

»Es sind alle eingetroffen, bis auf jene, die wir später für kurze Vorträge einladen, General.«

»Gut«, sagte Itagaki befriedigt. »Rufen Sie die Leute zusammen. Ich werde die Richtlinien ausgeben.«

Böse Zungen sagten dem General nach, daß er sich bei der Planung der japanischen Feldzüge in China nicht gerade mit Ruhm bedeckt habe, denn es war ein offenes Geheimnis, daß man mit der Eroberung Chinas nicht weiterkam. Aber Itagakis Vorgesetzte in Tokio waren anderer Meinung. Für sie war China, das sich zäh verteidigte, ein Land, das einen sehr lange andauernden Krieg erforderlich machte. In einem solchen Krieg durfte man deshalb nicht die Hauptkräfte verschleißen. Sie waren auf schneller erreichbare, lohnendere Ziele anzusetzen. Und genau das hatte der »Forschungsstab« zu planen, der sich unter Itagakis Führung hier in Taihoku eingenistet hatte. Der General hielt nur eine knappe Ansprache. Das überraschte nicht, man war von ihm Präzision und Kürze gewohnt. Und Itagaki sagte ganz klar, worum es ging.

»Wir werden südwärts angreifen. Malaya, die Sunda-Inseln und Burma sind erstrangige Rohstoffländer. Erdöl, Zinn, Kupfer – alles, was unsere Wirtschaft braucht, um unsere Armeen für die weiteren, größeren Ziele kampfstark zu machen. Die Sowjetunion, Amerika – wir wollen es an uns herankommen lassen. Der Schlag südwärts ist nur der Beginn. Und der Beginn muß uns, die wir an einem empfindlichen Mangel an Treibstoffen, Erzen und anderen Materialien leiden, die Mittel in die Hand geben, die wir brauchen, um das Sonnenbanner seiner Majestät siegreich weiter über die Erde zu tragen.«

Er kam sehr bald zu Einzelheiten, obwohl er nicht die Absicht hatte, alle Details in diesem Augenblick vor den etwa dreißig Angehörigen der Einheit 82 aufzudecken. Aber er deutete die Richtung der kommenden Aufgaben an.

»Unsere glorreiche Armee ist vertraut mit den Kampfbedingungen in den unwirtlichen, kalten Gefilden Mandschukos. Sie hat Erfahrungen in China gesammelt, und sie hat in den Steppen der Mongolei mit den Sowjetrussen die Klingen gekreuzt. Nun aber tritt eine neue Aufgabe an sie heran. Sie hat sich auf Bedingungen umzustellen, die sie nicht kennt. Wir müssen unsere Soldaten für den Kampf im Dschungel des Südens vorbereiten, sie physisch dafür tauglich machen, aber auch ihre Waffen und Ausrüstungsgegenstände den dortigen Bedingungen anpassen. Die Armee muß lernen, im Monsunregen zu kämpfen, in schlammigen Mangrovenwäldern, sie muß Landeoperationen an tropischen Küsten durchführen können, fremde, unbekannte Krankheiten überwinden, sich auf einen Feind einstellen, der ihr unbekannt ist. Das ist die Aufgabe. Sie beginnt bei der Schulung des einzelnen Soldaten, für die hier die Grundlagen erarbeitet werden sollen, und geht über die Veränderung alter und die Schaffung neuer Waffen und Geräte bis zur exakten Aufklärung der Gebiete, auf die wir zielen. Alle Ideen, Erfahrungen, Nachrichten und Kenntnisse laufen in den nächsten sechs Monaten hier zusammen. Von uns werden sie an die Truppe weitergegeben. In einem halben Jahr müssen wir soweit sein, daß wir nicht mehr aufnehmen, sondern abgeben können. Ich werde noch heute mit den für die einzelnen Aufgaben verantwortlichen Offizieren Arbeitsrichtlinien aufstellen...«

Er tat das gründlich. Vom Neujahrstag des Jahres 1941 an gab es für die dreißig Spezialisten und das technische Personal keine Ruhepause mehr. Ein riesiges Spinnennetz mit dem Zentrum Taihoku breitete sich aus. Offiziere von den japanischen Stützpunkten auf den Marianen, den Karolinen und den Marshall-Inseln trafen ein und diktierten endlose Berichte. Kuriere flogen nach Tokio und zurück. Rüstungsspezialisten erschienen und Veterinäre, Ärzte, die sich in Tropenkrankheiten auskannten, und Handelsbeamte, die seit Jahren den Südpazifik bereist hatten. Fieberhaft wurde Material zusammengetragen, wurden Recherchen angestellt, von der Höhe der Brandungswellen an den einzelnen Küsten über den Eintritt der Regenfälle bis zu Einzelheiten über Vegetation und Bodenbeschaffenheit wurde nahezu alles registriert. Im Frühjahr erschienen die ersten, speziell ausgebildeten Offiziere, die bestimmte Spionageaufträge auszuführen gehabt hatten. Die erste Phase der Arbeit war abgeschlossen, die zweite konnte beginnen. General Itagaki sortierte, akzeptierte und verwarf. Er sichtete das zusammengetragene Material und stellte zufrieden fest, daß sich das Bild rundete. Pamphlete wurden gedruckt. Geheime Anweisungen, wie sich der Soldat zu verhalten hatte, wenn er an einer vom Feind besetzten Küste gelandet wurde, wie er sich

Politische Karte von Malaya

selbst gegen Malaria und seine Waffen gegen hohe Luftfeuchtigkeit zu schützen hatte. Die Beschaffenheit des Gewehröls wurde getestet und die Wirkung von Handgranaten in schlammigem Boden, das Verhalten von Pferden und Tragtieren nach dem Stich von Malariamücken und die Möglichkeit, mit feuchtem Dschungelholz Kochfeuer zu entzünden. Es war ein Wust von Erkenntnissen und Entdeckungen, aber Itagaki behielt die Übersicht. Er war ein Meister der bürokratischen Organisation. Zur selben Zeit, in der in Tokio der Admiral Ryunosuke Kusaka mit seinem Arbeitsstab Studien für den Angriff auf Pearl Harbor betrieb, liefen bereits, von Itagaki veranlaßt, die Maßnahmen an, die Japans Armee in die Lage versetzen sollten, Südostasien zu erobern. Gleichzeitig wurde in den Ländern, die man zu erobern trachtete, verstärkt die Propaganda-parole verbreitet, Asien müsse von der Herrschaft der weißen Kolonialmächte befreit werden und sich unter Führung Japans zu einer »Großostasiatischen Sphäre der Zusammenarbeit und des allgemeinen Wohlstandes« zusammenschließen. Die von den europäischen Kolonial-mächten unterdrückten Völker in Südostasien sollten mit dieser Parole von der Befreiung getäuscht werden. Bei gewissen Teilen der Bevölke-rung trug diese Propaganda Früchte und schuf günstige Voraussetzungen für die umfangreiche Spionagearbeit in den zu erobernden Ländern. Doch Japan dachte natürlich nicht im geringsten daran, die fremde Kolonialherrschaft etwa durch Souveränität zu ersetzen. Es ging der herrschenden Klasse Japans nicht um die Befreiung der Völker, sondern um Erdöl und Zinn, um Kautschuk und Blei, Reis und Fett, darum, daß Japan das bisherige Kolonialsystem hinwegfegte und es durch das eigene ersetzte. Es würde in den eroberten Gebieten auf absehbare Zeit die Sache der Armee sein, den Fluß des Reichtums nach dem Mutterland Japan zu organisieren. Was Itagaki im internen Kreis ganz schlicht und treffend Sklavenarbeit für das Rüstungspotential Japans nannte, umschrieben die Propagandisten des Kaiserreiches heuchlerisch mit »gedeihlicher Arbeit für den gemeinsamen Wohlstand der Völker Südostasiens«.

Für den General Itagaki und die Einheit 82 wurde es ein geschäftiges Frühjahr. Schiffskapitäne, die lange die Südrouten befahren hatten, legten ihre Erfahrungen in Taihoku nieder. Mineningenieure, die in Malaya gearbeitet hatten, fertigten Skizzen an. Japanische Frisöre, die sich in Singapore niedergelassen hatten, erhielten eine kurze Ausbildung im Funken und wurden samt einem Gerät wieder zurückgeschleust. Selbst der Direktor der Taiwaner Bank wirkte mit, indem er Details über die Finanzverhältnisse in den Ländern Südostasiens zusammenstellte.

Mit Beginn des Sommers blieben noch einige Spezialaufgaben zu lösen, die in der ersten Etappe des Feldzuges eine Rolle spielen würden, bei der Eroberung Malayas und besonders Singapores, das die Schlüsselposition für den weiteren Sprung in den malaiischen Archipel und in den Indischen Ozean darstellte. Aus Shansi in China kam Major Aseada, ein noch junger Offizier, der über beachtliche Erfahrungen in der Militärspionage verfügte. In einer Prozedur, die einige Tage dauerte, wurde seine Haut dunkel getönt. Chirurgen brachten ihm Verletzungen bei, die bei oberflächlicher Betrachtung wie Schwären wirkten. Er erhielt abgerissene Kleidung und entsprechendes Schuhwerk, und dann wurde er an der Küste von Thailand abgesetzt, wo er als Bettler, Gelegenheitsarbeiter, Rikschakuli und Hafenschlepper die Gegend um Singora und Patani abwanderte. Spezialisten hatten diesen Küstenstrich als besonders günstig für eine Landung von Truppen bezeichnet. Major Aseada klärte die thailändische Küste gründlich auf. Danach überschritt er die Grenze zu Malaya und sah sich dort ebenso gründlich in den nördlichen Provinzen Kedah, Perak und Kelantan um. Als sein ausführlicher Bericht – mit Skizzen und Tabellen, mit Einzelheiten über die Wachsysteme der englischen Soldaten und die Befestigungen an den Küsten versehen – auf dem Schreibtisch von Itagaki lag, rieb sich der emsige General zufrieden die Hände. Seine Vermutungen bestätigten sich. Wenn die Armee bei Singora und Patani landete, konnte sie auf schnellstem Wege in die Nordprovinzen Malayas vorstoßen. Wenn zur selben Zeit eine Landung großen Stils bei Kota Bharu erfolgte, geriet der Gegner in eine gewaltige Zange, aus der er sich eiligst zurückziehen würde, somit den Weg für die japanischen Armeen freimachend. Der Rest war Vormarsch auf den im Dschungel existierenden Fahrstraßen, auf schmalen Pfaden und entlang den Küsten mit dem Ziel, die gesamte englische Streitmacht in Malaya südwärts zu treiben, auf Singapore zu. Man wußte längst, daß dieses mächtige Bollwerk am Eingang zum Pazifik eine lächerliche Achillesferse besaß. Alle seine schweren Geschütze zeigten zur See. Die Landseite aber, wo es durch den schmalen Kanal der Straße von Johore vom malaiischen Festland getrennt war, wies keine oder nur geringfügige Befestigungen auf. Singapore war nach den Entscheidungen des Generalstabes das erste wichtige Angriffsziel. Sein Besitz entschied über alle weiteren Operationen in Richtung auf Niederländisch-Indien, Burma und Indien. Der Weg nach Singapore aber führte von Singora, Patani, Kota Bharu durch Malaya. Das war das Ergebnis aller strategischen Überlegungen. Nun war der Würfel gefallen.

Was blieb, war die Vorbereitung der Armee auf den riesigen Eroberungszug. Tokio drängte. Itagaki zögerte nicht. Er flog in die Hauptstadt und breitete eine Landkarte vor den ungeduldigen Generalen des Ober-kommandos aus. Mit ein paar Strichen bezeichnete er die Gebiete, die als Aufmarschbasen in Frage kamen. Und er umkreiste einige andere, in denen die kaiserliche Armee noch im Sommer Manöver großen Stils abhalten sollte, um sie auf die Bedingungen des tropischen Dschungel-krieges vorzubereiten. Sie lagen auf der bereits von Japan besetzten chinesischen Insel Hainan und umfaßten ein Territorium von etwa tau-send Quadratkilometern.

General Itagaki empfing das Lob, das der Generalstab ihm für seine gründliche Vorarbeit aussprach, ohne richtig froh darüber zu sein. Seine Tätigkeit näherte sich dem Ende. Nun würden in absehbarer Zeit die Armeen marschieren. Auf den von ihm vorgezeichneten Wegen, mit den von ihm empfohlenen Waffen und Transportmitteln. Er aber würde an seinen nüchternen Schreibtisch zurückkehren. Wer wird sich wohl an die Einheit 82 und an den General Itagaki erinnern, dachte er, wenn die Flagge mit dem Zeichen der aufgehenden Sonne über Singapore weht und die Sieger dort »Kimi Ga Yo...« singen?

Wo der Regen warm ist

Robin Clark warf gelangweilt die Zeitung auf das Sofa und überflog den Raum mit einem mißmutigen Blick. Es war Zeit, daß er sich ans Aufräumen machte. Der Frühstückstisch trug leeres Geschirr, Fruchtsaftbüchsen, Brotreste. Nebenan, im Atelier, dudelte das Radio. Daß Maria sich nie angewöhnen konnte, den Kasten abzudrehen, bevor sie aus dem Haus ging!

Als Clark sie zum ersten Mal gesehen hatte, war sie eine verschüchterte junge Frau gewesen, die mit einem schweinsledernen Handköfferchen am Ende der langen Schlange österreichischer Emigranten stand. Clark strich um diese Schlange herum und besah sich die Leute, die da vor den deutschen Faschisten geflohen waren und nun in England Asyl suchten. Die junge, schwarzhaarige Frau schien ihm der geeignete Partner für das Interview zu sein, das er spätestens am nächsten Morgen in der Redaktion des »Evening Mirror« abzuliefern hatte. Sie war gut gekleidet und trug etwas Schmuck. Und sie sah genau so verlassen, ziellos, entwurzelt aus, wie eine echte Emigrantin für den Leser der britischen Zeitungen auszusehen hatte.

»Sprechen Sie englisch?« versuchte er es. Und er war verblüfft, als sie ihm absolut akzentfrei die Gegenfrage stellte, ob er nicht einen Stuhl für sie auftreiben könne.

»Stuhl...?« murmelte er.

Die Frau nickte. »Ja, Stuhl. Zum Hinsetzen. Mir ist nicht wohl.«

»Sind Sie krank?«

»Ich bin kerngesund«, antwortete sie. »Aber zu bestimmten Zeiten sitzt eine Frau lieber, als daß sie steht. Begreifen Sie das?«

Clark nickte verlegen. Er winkte dem Fotografen, der an der Tür herumlümmelte. »Hol einen Stuhl. Und dann mach eine Aufnahme von der Dame. Sie gestatten doch?«

Sie hatte nichts dagegen. Sie hatte überhaupt nichts gegen Zeitungsleute. Im Gegenteil, sie konnte etwas Publicity gebrauchen. Als der Fotograf das Bild gemacht hatte, ließ sie sich auf dem herbeigebrachten Stuhl nieder. Von Zeit zu Zeit rückte sie in der Schlange nach, und dazwischen beantwortete sie die Fragen Clarks. Sie sah sich den Reporter dabei genauer an, und er gefiel ihr. Ein nicht sehr großer, rötlichblonder junger Mann, der seine Arbeit mit jener natürlichen Nonchalance verrichtete, die darauf hindeutete, daß er sein Handwerk zwar perfekt beherrschte, es aber nicht sonderlich ernst nahm. England, dachte sie, ob das die Endstation für mich ist? Oder werden sie mit ihren Hakenkreuzfahnen auch hier landen, Großbritannien unterwerfen und alle ausrotten, die ihnen nicht arisch genug sind?

»Ich lese es Ihnen nochmals vor«, unterbrach Clark ihre Gedanken. »Sie heißen Maria Goldstein, sind achtundzwanzig Jahre alt, kommen aus Wien und sind Kunstmalerin. Erfolge bei Ausstellungen in Paris und Zürich, alleinstehend, die Nazis haben Ihre Wohnung in Wien demoliert, es gelang Ihnen, über die Schweiz zu entkommen, und nun wollen Sie in England neu anfangen.«

»Stimmt«, erwiderte sie.

»Und nun«, sagte Clark, »bevor wir zu Einzelheiten Ihrer Flucht und Ihrer beruflichen Karriere kommen, eine Frage. Warum haben die Nationalsozialisten ausgerechnet Sie verfolgt?«

»Ich heiße Goldstein«, antwortete sie lakonisch und rückte mit ihrem Stuhl einen Schritt näher an das Schalterfenster.

Clark überprüfte den Namen auf seinem Notizblock. »Sehr richtig. Maria. Hat man Sie deshalb verfolgt?«

»Ich bin Jüdin.«

»Du meine Güte«, sagte Clark, »auf was man alles achten muß! Ich verstehe.«

Er schrieb ein gutes Interview. Es gelang ihm auch, im Katalog einer Schweizer Galerie ein Bild der Emigrantin Maria Goldstein zu finden. Er ließ es reproduzieren, und die Zeitung druckte es zusammen mit dem Foto der Malerin und mit Clarks Interview. Vier Wochen später bekam Maria Goldstein ihren ersten Auftrag. Lord Ashley, dreimal verwitwet und Veteran aus verschiedenen Kolonialfeldzügen, Mitherausgeber des Hochglanz-Klatschblattes der oberen Gesellschaft »Tattler«, saß der attraktiven österreichischen Emigrantin für ein Porträt. In jenem Interview hatte Maria Goldstein dem Reporter Clark verschwiegen, daß sie bereits zwei Jahre ihres Lebens in England verbracht hatte. Und Clark war von der jungen Malerin so beeindruckt gewesen, daß ihn seine sonst selbstverständliche Berufsneugier bei einer nahezu unbedeutenden Kleinigkeit im Stich ließ: Er vergaß, sie zu fragen, wo sie ihr fehlerloses Englisch gelernt hatte.

Als das Porträt des Lords Ashley im »Tattler« erschien, fahndete Clark nach der Adresse der Malerin. Er besuchte sie an einem Abend, als sie gerade dabei war, Kaffee aufzubrühen. »Störe ich Sie?« erkundigte er sich vorsichtig. Die Frau lächelte.

26

»Wenn Sie Tee verlangen, ja.«

»Ich trinke etwas von Ihrem Kaffee mit«, entgegnete Clark grinsend. »Auch auf die Gefahr hin, daß Sie mich für einen Opportunisten halten.«

Einen Monat später zog er zu ihr. Sie mochte Clark. Obwohl sie nicht übersah, daß er eine Anzahl Schwächen besaß, kam sie recht gut mit ihm aus, denn es schien ihr, als wären seine Schwächen gerade die liebenswertesten Eigenschaften an ihm. Am Ende des Jahres heirateten sie. Clark, der bereits fünf Jahre Militärdienst hinter sich hatte, wartete auf seine erneute Einberufung. Doch bis jetzt hatte sich nichts gerührt, und so arbeitete er weiter für seine Zeitung. Man schätzte ihn dort, denn Clark war schnell und zuverlässig. Zudem verfügte er über eine Menge militärischer Kenntnisse, und das kam einem Blatt immer gelegen, das sich keinen bezahlten Militärkommentator leisten konnte. Allerdings verspürte Clark seit längerer Zeit wenig Lust, sich in militärische Debatten einzulassen. Er hatte nämlich vor Jahren in einer längeren Arbeit nachzuweisen versucht, daß die Admiralität ihre potentiellen Gegner unterschätzte. Wie wollte man die britischen Besitzungen in Fernost vor einem Angriff schützen, so hatte er gefragt, wenn eine Flotte zum Beispiel siebzig Tage brauchen würde, um von Portsmouth nach Singapore zu dampfen. Seine besser bezahlten Kollegen in der »Times« und im »Express« hatten sich daraufhin wochenlang über ihn lustig gemacht. Wer Englands Seemacht anzweifelte und auch nur den Anschein erweckte, daß er kein Vertrauen in die Nachfolger Horatio Nelsons setzte, der mußte entweder ein Linker oder ein Ignorant sein. Lord Beaverbrooks Organ erlaubte sich die Frage, ob er es vielleicht begrüßen würde, wenn sich Großbritannien – wie das auch die Kommunisten anregten – mit den Russen, den Verlierern von Tsushima, verbünden würde, um Englands Weltgeltung zu sichern. Und die »Times« konstatierte schlicht, Herr Clark sollte seine Fähigkeiten besser auf dem Gebiet des vorbeugenden Gesundheitsschutzes erproben als im Bereich militärischer Prognosen, die bekanntlich nicht nur großes Allgemeinwissen, sondern mindestens auch einige Semester Offiziersakademie erforderten.

Clark ärgerte sich noch heute über diese Abfuhr, denn er war nach wie vor überzeugt davon, daß er sie nicht verdiente. Aber er hatte den Schneid eingebüßt, sich auf weitere Auseinandersetzungen einzulassen. Gegen die traditionelle Überheblichkeit britischer Militärs gab es keine Chance, wenn man weiter nichts zur Verfügung hatte als seinen gesunden Menschenverstand und den Blick für Realitäten in der Beurteilung der Weltlage.

So hatte sich Clark darauf beschränkt, weiter als Reporter für sein

Blättchen zu arbeiten und im übrigen seine Gedanken für sich zu behalten, soweit sie militärische Fragen betrafen. Er hatte in Maria eine Lebenspartnerin gefunden, die eine große Ruhe auf ihn ausstrahlte. Sie bekam einen Auftrag nach dem anderen aus den Kreisen der begüterten Oberschicht, deren Repräsentanten es nicht ungern sahen, wenn ihr Name im Zusammenhang mit der Malerei genannt wurde. Das Paar hatte daher so gut wie keine finanziellen Sorgen. Clark konnte es sich leisten, diesen oder jenen Auftrag abzulehnen. Längst war es zur Gewohnheit geworden, daß er den Haushalt versorgte, während Maria mit dem Skizzenbuch unterwegs war oder im Atelier nebenan arbeitete. Und wenn er auch keine militärpolitischen Artikel mehr schrieb, so hieß das nicht, daß er die in der Welt vor sich gehende Entwicklung aus den Augen verlor. Im Gegenteil, er verfolgte die Ereignisse sehr genau. Die Politik Englands vor dem zweiten Weltkrieg hatte er mit ziemlicher Skepsis beobachtet, später mit wachsendem Unbehagen. Clark hielt nichts von jenem Antikommunismus, in dem die Politik der herrschenden Klasse Großbritanniens verhaftet war. Im Frühjahr 1939 hatte seine Regierung zusammen mit der französischen zwar Verhandlungen mit der Sowjetunion eingeleitet, doch die Ergebnisse gaben ihm recht. Beide Regierungen waren gar nicht interessiert, mit der Sowjetunion ein Bündnis gegen den zum Sprung ansetzenden deutschen Faschismus zu schließen. Man wollte die Völker beschwichtigen, die Sowjetunion isolieren und schließlich doch noch zu einem Ausgleich mit dem faschistischen Deutschland kommen. Deshalb hatte seine Regierung alle Bemühungen der Sowjetunion sabotiert, alle Angebote abgelehnt. Die saturierte Kolonialmacht Großbritannien zeigte wenig Interesse für die Sicherheit der Völker auf dem Kontinent, wie München und ihre Stellungnahme zu den späteren faschistischen Eroberungszügen bewiesen.

Im Sommer 1939 war die Außenpolitik Englands und der übrigen Westmächte gegenüber der Sowjetunion ausgesprochen hinterhältig. Die Japaner starteten zugleich ihren provokatorischen Angriff auf die mit der UdSSR verbündete Mongolische Volksrepublik. Die Kriegsgefahr erhöhte sich dadurch für die UdSSR außerordentlich. In dieser Situation ging die Sowjetregierung auf den vom faschistischen Deutschland vorgeschlagenen Nichtangriffspakt ein. Sie machte damit die Intrigen Englands und der anderen Westmächte zunichte, die darauf gerichtet waren, eine antisowjetische Einheitsfront zusammenzuzimmern. Außerdem gewann sie Zeit, sich auf den Angriff der deutschen Faschisten vorzubereiten. Hitler, der die antisowjetischen Bestrebungen innerhalb der herrschenden Klasse Englands einkalkulierte, ging so weit, der britischen Regierung in seiner Reichstagsrede am 19. Juli 1940, nach der Niederlage Frankreichs, den Frieden anzubieten. Er hoffte immer noch, mit England gemeinsam gegen die Sowjetunion vorgehen zu können. Doch die antifaschistische Grundhaltung und der Widerstand der englischen Bevölkerung sowie die zugespitzten Widersprüche zwischen beiden Staaten ließen ein gemeinsames Vorgehen mit dem faschistischen Deutschland nicht zu. Die faschistische Führung versuchte noch einige Zeit, England mit Landungsvorbereitungen, verstärktem Luft- und U-Boot-Krieg kompromißbereit zu machen. Doch sie erreichte ihr Ziel nicht. Der Luftkrieg richtete zwar erhebliche Verwüstungen in England an und hemmte die Produktion, aber die faschistische Luftwaffe verlor während der ersten Phase des verstärkten Luftkrieges, zwischen August und Oktober 1940, annähernd 2000 Flugzeuge. Die Verluste an englischen Maschinen betrugen mehr als 700. Jedes fünfte Haus auf der Insel war durch Bomben entweder zerstört oder beschädigt.

Um diese Zeit übten die Volksmassen einen ständig wachsenden Einfluß auf die Entschlüsse der britischen Regierung aus. Sie sah sich gezwungen, dem Druck der öffentlichen Meinung nachzugeben und die Kriegsanstrengungen gegen Deutschland zu verstärken. Faschistische U-Boote bedrohten zwar noch immer die Verbindungslinien auf den Weltmeeren, doch die Lieferungen aus den USA nahmen zu und füllten die Lücken im englischen Verteidigungspotential. In den ersten Monaten des Jahres 1941 war es britischen Truppen gelungen, Somaliland und den Sudan zurückzuerobern, ebenso Abessinien. Italien verlor in Afrika die Gebiete, die es im August und September 1940 okkupiert hatte. Die faschistische Führung verschob ihren Plan, in England zu landen, mehrere Male. Sie wollte mit der Aufrechterhaltung dieser ständigen Bedrohung doch noch einen Umschwung in der Haltung Englands herbeiführen. Inzwischen waren die Vorbereitungen für den Überfall auf die Sowjetunion in vollem Gange, und so benutzte man die mögliche Landung außerdem als Täuschungsmanöver zur Verschleierung dieser Vorbereitungen. Aus Fernost kamen für die Kolonialmacht Großbritannien beängstigende Nachrichten: Japan tastete sich über Thailand und Indochina an die malaiische Grenze heran. Es bestand kaum mehr ein Zweifel, daß der fernöstliche Achsenpartner der Faschisten seine Truppen für den entscheidenden Stoß südwärts massierte.

Am Tage des faschistischen Überfalls auf die Sowjetunion hatte Clark, wie die meisten seiner Kollegen, in einer schnell einberufenen Gewerkschaftsversammlung eine Petition an die Regierung unterzeichnet, die eine sofortige und wirkungsvolle Unterstützung für die Sowjetunion forderte. In der Zwischenzeit war eine Menge geschehen. Die englische Regierung hatte – ebenso wie die amerikanische – offiziell ihre Bereitschaft erklärt, ein Bündnis mit der UdSSR abzuschließen. Am 12. Juli 1941 wurde das sowjetisch-englische Abkommen über gemeinsame Kriegshandlungen gegen das faschistische Deutschland bereits unterzeichnet. Waren die antifaschistischen Züge des Krieges seit dem Sommer 1940 immer stärker hervorgetreten, so veränderte der Krieg mit dem erzwungenen Kriegseintritt der Sowjetunion endgültig seinen Charakter. Er wurde zum weltumspannenden Befreiungskampf der Völker gegen den Faschismus.

An diesem Morgen saß Clark lange über den Zeitungen. Eigentlich hätte er schon unterwegs sein sollen, um eine Reportage über eine Fabrik für Ballonseide zu schreiben. Aber er hatte diesen Auftrag über den neuesten Nachrichten aus Fernost vergessen. Gegen Mittag kam Maria nach Hause. Sie öffnete kopfschüttelnd alle Fenster und ließ den Zigarettenqualm abziehen. »Es ist Sommer! Und du hockst hier im dichtesten Nebel!« Clarks Gesicht war nachdenklich. Er sagte: »Die Japaner haben ganz Indochina besetzt.«

Maria wußte es schon.

Zwei Tage später brachte der Briefträger die Wiedereinberufung für Robin Clark. Ein Schreiben, aus dem nur hervorging, daß das Kriegsministerium es für notwendig erachte, auch ihn in die verstärkten Kriegsanstrengungen des Landes einzubeziehen.

Er hatte seit Monaten damit gerechnet. Nach fünf Jahren Dienst in Burma und Indien war er mit einem leichten Leberschaden ausgemustert worden. Er hatte sich diese Krankheit in den Sümpfen des Irawadi-Deltas zugezogen. Damals war noch Frieden gewesen. Ob sie mich zu meiner alten Einheit schicken? überlegte er. Als Gestellungsort war Portsmouth angegeben. Das bedeutete Schiffstransport. Maria packte seinen Koffer. Als sie damit fertig war, öffnete er ihn wieder und verstaute alles in einem Pappkarton, in dem einmal Lipton-Tee verpackt gewesen war.

»Es ist reine Verschwendung, einen Koffer zur Armee mitzunehmen«, sagte er. »Dieser Krieg dauert noch eine Weile. Und Leder fault schnell in den Tropen.«

»Vielleicht schicken sie dich nach Gibraltar«, meinte Maria. Aber Clark lächelte nur. Die 11. Britisch-Indische Division würde besser wissen, wohin der Sergeant Robin Clark aus der 2. Kompanie des 3. Regiments gehörte. Ob der Koch immer noch die Kessel mit Desinfektionsseife ausschrubbt? Widerlich! Clark hatte diesen unvergeßlichen Geschmack auf der Zunge, als er in Portsmouth an der Reling der »Leviathan« lehnte und zur Pier hinabblickte. Maria stand da unten, inmitten einer Menge anderer Frauen und Bräute. Sie winkte. Diese Armee, dachte Clark grimmig. Fünf Minuten nach dem letzten Kuß meiner Frau schmeckt die Welt bereits nach Kesselseife. – Maria winkte noch lange. Sie gab sich Mühe, nicht zu weinen. Solange sie Clark hatte sehen können, war ihr das nicht so schwergefallen. Jetzt aber ließ sie ihren Tränen freien Lauf. Wieder allein. Es war ihr gelungen, in England eine neue Heimat zu finden. Aber was war diese neue Heimat ohne Robin? Als das Schiff auf volle Fahrt ging, hob Maria noch einmal die Hand und spreizte zwei Finger zu einem V. Ganz England kannte dieses Zeichen. Victory – Sieg.

Der dickliche, behäbig wirkende Mann, unentwegter Zigarrenraucher, hatte mit diesem Siegeszeichen das englische Volk aufgerufen, Blut, Schweiß und Tränen zu ertragen, um am Ende doch den Sieg zu erringen. Dieser Mann, Premier Winston Churchill, saß zur selben Stunde, da die »Leviathan« auslief, in seinem Konferenzzimmer mit den Stabschefs aller Waffengattungen und einer Anzahl Spezialisten. Die Debatte war äußerst erregt. Es ging um Flugzeuge für Malaya und Singapore.

Jener entscheidenden Sitzung, in der Churchill nicht das allerbeste Gefühl hatte, war eine Kette von Debatten, Memoranden und harten Auseinandersetzungen vorangegangen. Begonnen hatte es im Grunde bereits im Mai 1938, als General Dobbie Oberkommandierender der britischen Streitkräfte in Malaya gewesen war. Dobbie war nicht nur ein fähiger Offizier, er besaß auch eine produktive Phantasie und versah seinen Dienst nicht so formal wie viele andere Generale um diese Zeit. Er machte sich ernsthafte Gedanken um das Gebiet, für das er verantwortlich war. Dobbie versetzte sich in die Lage eines feindlichen Offiziers, der einen Angriffsplan auf Englands Zwingburg Singapore auszuarbeiten hatte. Das Resultat seiner Überlegungen und eingehender Studien der Verhältnisse auf dem malaiischen Festland schickte er in Form eines längeren Memorandums nach London. Zum ersten Mal wurde hier auf die Gefahr hingewiesen, die Singapore nicht von See her, sondern von Land aus drohte.

Dobbie schrieb: »... Es ist ein Angriff vom Norden her, den ich als die größte Gefahr für die Festung betrachte. Ein solcher Angriff könnte während der Periode des Nordost-Monsuns ausgeführt werden. Der malaiische Dschungel ist an den meisten Stellen für Infanterieverbände nicht etwa unpassierbar...« Der General dachte damals nicht daran, daß der potentielle Gegner die gesamte Kolonie Malaya durchqueren würde. Er hielt es für möglich, daß beispielsweise ein größerer Schiffsverband

Truppen an der Ostküste des Staates Johore an Land setzte, die dann nur noch einen kurzen Weg bis Singapore haben würden. Von jener Küste verlief eine ausgezeichnete Autostraße bis nach Singapore. Ein Personenwagen schaffte die Strecke in etwas mehr als einer Stunde. Dobbie schlug deshalb vor, die nördliche Verteidigungslinie Singapores um einige Dutzend Kilometer nach Johore hinein zu verlegen. Aus London kam auf sein Memorandum kein entsprechender Befehl zurück. Immerhin aber ließ man es stillschweigend zu, daß General Dobbie im Rahmen der ihm zur Verfügung stehenden Mittel eine Kette von leidlich befestigten Infanteriestellungen in Johore anlegte. Dobbie war der erste Offizier, der an Ort und Stelle erkannte, daß man die Verteidigungskonzeption ändern mußte, weil die Möglichkeit bestand, daß Singapore, entgegen der vorherrschenden Meinung, von Land her und nicht von See aus angegriffen wurde.

Im Juni 1939 übernahm General Bond das Kommando in Malaya. Er löste Dobbie ab, nicht ohne dessen strategische Überlegungen sorgfältig zu prüfen. Er kam zu ganz ähnlichen Folgerungen wie sein Vorgänger. Deshalb ließ er die unter Dobbies Kommando begonnenen Arbeiten an der Verteidigungslinie am Johore-Fluß, durch die die Autostraße nach Singapore blockiert werden konnte, weiterführen. Er setzte auch durch, daß die Festungsanlagen zur See hin weiter verstärkt und zwei Infanteriebrigaden aus Indien nach Malaya verlegt wurden. Trotzdem blieb der alte Plan der Admiralität noch in Kraft, daß im Falle eines Angriffs die Festungsbesatzung bis zum Eintreffen einer Entsatzflotte aushalten sollte.

Im April 1940 erweiterte Bond Dobbies Memorandum durch den Vorschlag, man könne einem eventuellen Angriff Japans auf Malaya aus Thailand heraus zuvorkommen, wenn man zum geeigneten Zeitpunkt zwei Infanteriedivisionen in die japanischen Angriffsvorbereitungen in Thailand hineinstoßen ließe. Wenig später verfügte das Kriegsministerium im Sinne Bonds: Die gesamte Kolonie Malaya, nicht nur Singapore, sei gegen einen eventuellen japanischen Angriff zu verteidigen. Es verfügte weiterhin, daß die Luftwaffe dabei die entscheidende Rolle spielen sollte. Allerdings könnten die zusätzlich benötigten Maschinen erst Ende des Jahres 1941 in Malaya eintreffen. In der Zwischenzeit sollte versucht werden, soviel Truppen wie möglich aus Indien und Australien nach Malaya zu verlegen.

Die Sitzung, in der sich Premier Churchill mit seinen Stabschefs gegenwärtig befand, hatte sich damit zu beschäftigen, wie die immer noch recht geringe Produktion an Flugzeugen in Großbritannien jetzt den immer

dringlicher werdenden Anforderungen des Generals Percival nach-
kommen konnte, der Bond im Malayakommando inzwischen abgelöst
hatte. Gleichzeitig aber war noch eine andere, der Einschätzung
Churchills nach zumindest ebenso wichtige Verpflichtung zu erfüllen: Da
es England nützte, hatte Churchill gemäß dem Abkommen über gemeinsame sowjetisch-englische Kriegshandlungen gegen das faschistische Deutschland verfügt, daß Ausgang des Sommers bereits eine Anzahl
Panzer vom Typ »Matilda« und »Valentine« an die sowjetischen Verbündeten geliefert würden. Außerdem sollten zur selben Zeit zwei Staf-
feln Jagdflugzeuge des Typs »Hurrikane« samt Piloten und Bodenperso-
nal nach Archangelsk verschifft werden, um den sowjetischen Luftstreit-
kräften über einen zeitweiligen Engpaß an schnellen Jagdflugzeugen
hinwegzuhelfen. Das hatte die Stabschefs auf den Plan gerufen, die nun
in einer grotesken Opposition zu Churchill standen. Sie beschuldigten ihn
taktvoll, aber unüberhörbar, daß er die Interessen der Sowjetunion über
die des britischen Weltreiches stelle, indem er in dieser kritischen Phase
Material an die Sowjetunion liefere, das beispielsweise dringend in
Malaya, aber auch in England selbst und in Afrika gebraucht würde. Für
den notorischen Antikommunisten Churchill war das eine so unglaub-
liche Verdächtigung, daß er ungewohnt temperamentvoll protestierte:
»Ich wiederhole etwas, das ich am Tage des Kriegsausbruches zwischen
Deutschland und Rußland gesagt habe. Ich sagte: Niemand ist ein unver-
söhnlicherer Gegner des Kommunismus gewesen als ich selbst seit fünfundzwanzig Jahren. Ich nehme nicht ein einziges Wort zurück, das ich
zu diesem Thema gesagt habe. Aber...«

»Aber die ›Hurrikanes‹ werden in England gebraucht!« beharrte der
Stabschef der Air Force.

Churchill ließ sich nicht beirren. Er fuhr fort: »Aber ich habe auch noch
etwas anderes gesagt: Ich bin dafür, daß wir den Russen, die gegenwärtig
große Teile von Hitlers Armeen binden, technische Hilfe gewähren, damit
sie diese Armeen vernichten können. Jeder von den Russen vernichtete
Nazisoldat scheidet als künftiger Angreifer Englands aus. Die Russen
kämpfen in der Tat für uns. Sie töten mit unserem Material Nazisoldaten.
Tote Nazisoldaten können uns nicht mehr bedrohen. Wir sollten das erkennen.«

Es gelang dem routinierten Politiker, die Bedenken der Stabschefs zu
zerstreuen. Trotzdem blieb weiterhin ungeklärt, wie dem fraglos bevorstehenden Angriff der Japaner gegen Malaya taktisch wirkungsvoll be-
gegnet werden sollte. Immer noch gab es keine verläßliche Verteidigungskonzeption für Malaya und Singapore. Churchill selbst begriff, daß es eine

33

Lebensfrage für England war, den Hauptfeind, das faschistische Deutschland, zu schlagen. Diesem Ziel mußten wohl oder übel alle anderen Aktionen untergeordnet werden. Der zeitweilige Verlust von Kolonialgebieten mußte unter diesen Umständen sogar in Kauf genommen werden. Singapore allerdings stand auf einem anderen Blatt. Churchill dachte nicht im Traum daran, daß diese stärkste Zwingburg in Fernost von den Japanern ernstlich gefährdet werden könnte. Er rechnete so: Wenn es der Sowjetunion gelang, die Masse der faschistischen Armeen zu vernichten oder zumindest so hart zu schlagen, daß sie sich nicht so schnell wieder erholte, dann war selbst die Rückeroberung zeitweilig verlorengegangener Kolonialgebiete nur eine Frage der Taktik. Kam es zum Krieg mit Japan, so würde zweifellos Amerika mit verwickelt werden. Churchill kannte die Reserven der USA gut. Er baute auf sie. Außerdem liefen die ersten, unter dem Leih- und Pachtgesetz erworbenen Kriegsmaterialien aus den USA bereits in den britischen Häfen ein. Man mußte nur die Kräfte, die gegenwärtig verfügbaren ebenso wie die hinzukommenden, konzentrieren.

»General Percival will fünfhundertsechsundsechzig Flugzeuge für Malaya haben«, sagte Churchill. »Wieviel können wir ihm geben?«

Der Stabschef der Air Force wich aus: »Es sind heute in ganz Malaya, einschließlich Singapore, insgesamt achtundachtzig Flugzeuge stationiert. Die Hälfte davon ist veraltet, der Rest bedingt einsatzfähig. ›Hurrikanes‹ und andere modernere Typen sind nicht vorhanden. Die Frage ist, was wir überhaupt abgeben können. Gebraucht wird in Malaya alles, was wir schicken.«

»Wieviel Maschinen könnten die Japaner im Ernstfall gegen Malaya einsetzen?« Der Beauftragte der Abwehr, der an der Besprechung teilnahm, beantwortete diese Frage Churchills vorsichtig. »Nach dem, was wir wissen, könnten es siebenhundert, vielleicht auch achthundert sein. Über die Hälfte Trägerflugzeuge.« In das Schweigen, das nach dieser Mitteilung eintrat, sagte der Stabschef der Air Force: »Es muß berücksichtigt werden, daß die Leistungsfähigkeit der japanischen Maschinen fragwürdig ist. Ebenso die der Piloten. In China hat die japanische Luftflotte — wohl aus diesen Gründen — keine nennenswerte Rolle spielen können.«

Churchill nickte bedächtig. Percival wollte sich mit Flugzeugen versorgen. Verständlich. Aber er schien die Kampfkraft Japans doch wohl allzu hoch einzuschätzen.

Die Debatte ging hin und her. Am Ende gab das Gutachten des Rüstungsbeauftragten den Ausschlag. Dessen Berechnungen zufolge konnten bis Ende des Jahres 1941 noch dreihundertsechsunddreißig Flugzeuge nach Malaya geliefert werden. Es war eine beachtliche Zahl.

»Fassen wir zusammen«, schlug Churchill vor. »Wir müssen Percival mitteilen, daß er nicht auf die Flotte rechnen kann. Wahrscheinlich werden wir sie hier nicht entbehren können. Die Verteidigung Malayas wird also im wesentlichen von den Landstreitkräften und der Luftwaffe getragen werden. Zur Aufbesserung der Kräfte werden weitere Armee-Einheiten von weniger gefährdeten Punkten abgezogen und in Malaya stationiert. Einen Teil dieser Anstrengungen trägt Australien.«

Die Entscheidung war gefallen. Niemand bemängelte, daß ihr keine echte, weitblickende Verteidigungskonzeption zugrunde lag. Nun begann eine Reihe von Truppenverlegungen nach Malaya. Weitere australische Soldaten gingen in Singapore an Land. In Verhandlungen mit amerikanischen und holländischen Stellen wurde für den Fall, daß Japan Malaya angriff, festgelegt, daß sich das Asiengeschwader der US-Flotte auf Singapore zu bewegen sollte. Die in Fernost noch vorhandenen holländischen Streitkräfte sollten mit den britischen eng zusammenarbeiten. Aus London wurde auf weiteres Drängen Percivals zugesichert, daß im Ernstfalle kurzfristig darüber entschieden werden sollte, welche größeren Einheiten der britischen Flotte nach Singapore in Marsch gesetzt werden könnten. Man machte dem General jedoch klar, daß es sich unter allen Umständen nicht um das Gros der Flotte handeln würde, sondern nur um einen kleineren Verband.

Schließlich machte die militärische Abwehr Churchill im Verlaufe des Sommers nochmals auf jenen Teil in General Bonds Memorandum aufmerksam, in dem er von der Möglichkeit gesprochen hatte, einem eventuellen Stoß der Japaner aus Thailand heraus zuvorzukommen, indem man selbst nach Thailand hineinstieß und die japanischen Angriffsvorbereitungen zerschlug. Spezialisten arbeiteten daraufhin einen Angriffsplan aus, der den Decknamen »Matador« bekam. Über die Ausführung dieses Planes allerdings wurden strikte Richtlinien erlassen. Erst auf ausdrücklichen Befehl von London würde er durchgeführt werden. Die Entscheidung oblag also nicht dem nunmehrigen Oberkommandierenden Malayas, Percival, sondern dem Kriegsministerium in London.

Entgegen der Absicht Bonds, der mit japanischen Landungen in Südthailand rechnete und mit massierten Kräften in diese Landungen hineinzustoßen beabsichtigte, beschränkte sich der Plan »Matador« auf relativ geringfügige Störmanöver, von denen bereits vorauszusehen war, daß sie den Angreifer keinesfalls vernichtend schlagen, sondern seine Aktionen bestenfalls verzögern konnten. Diese Inkonsequenz hatte zur

Folge, daß der japanische Angriff sich trotz der britischen Überlegenheit an Menschen und Kriegsmaterial überhaupt entfalten konnte. Die Chance, den Aggressor durch einen entschlossenen Gegenschlag vor seiner Entfaltung aufzureiben und so den Ereignissen eine entscheidende Wendung zu geben, war damit von vornherein vertan.

Die »Leviathan« dampfte inzwischen südwärts. Sie passierte Gibraltar nicht, sondern fuhr die lange, sichere Route an der Westküste Afrikas entlang, um das Kap der Guten Hoffnung, an Madagaskar vorbei in den Indischen Ozean.

Maria erhielt die erste Post von Robin Clark aus Durban. Er schrieb auf der Rückseite einer bunten Postkarte, die Palmen und Meeresstrand zeigte: »Lange Reise! Und immer weiter südwärts. Schön eigentlich, denn wer in London lebt, vergißt manchmal, wie die Sonne aussieht. Dort wo der Regen warm ist, werden wir wohl an Land gehen...«

Die hellgraue »Shitei«

Über die Rollbahn des Flugplatzes von Saigon ging ein kleiner, unter-
setzter japanischer Monteur mit einem Topf Farbe und einem großen
Pinsel. Der Mann war noch etwas benommen. Die Mittagshitze hatte er
zu einem Schläfchen ausgenutzt, aber bereits nach kurzer Zeit war ein
Melder gekommen, der ihm den Befehl überbrachte, sofort eine wichtige
Veränderung an einer der Maschinen vorzunehmen, die unter den Tarn-
netzen am Rande der Piste standen. Gähnend war der Monteur aufgebrochen, hatte aus dem Depot Farbe und Pinsel geholt und trottete nun
auf die »Shitei« 04-82 zu, die letzte in der langen Reihe einsatzbereiter
Flugzeuge, die in Saigon stationiert waren. Immer noch ein wenig schläfrig, machte er sich daran, das Tarnnetz aus der Bodenverankerung zu
lösen und es von der Maschine abzustreifen. Der Schweiß brach ihm dabei
aus. Er kam aus dem nördlichen Japan, und das Tropenklima Saigons
setzte ihm zu. Als er schließlich das Netz herabgezerrt hatte, schob er ein
paar Kisten zusammen und kletterte hinauf. Der Farbtopf enthielt
dieselbe hellgraue Farbe, mit der die »Shitei« gespritzt war. Der Monteur
betastete mißtrauisch das Blech. Es war heiß. Das würde Blasen geben.
Er hatte versucht, dem Melder klarzumachen, daß es besser sein würde,
den Auftrag erst am Abend zu erledigen. Aber der Melder hatte ihn darauf
hingewiesen, daß die Sache eilig war. Also Blasen, dachte der Monteur.
Er übermalte mit der hellgrauen Farbe die Hoheitsabzeichen der »Shitei«
an Rumpf, Tragflächen und Leitwerk. Zu seinem Erstaunen blieb die
Blasenbildung gering. Vielleicht lag es an der Farbe. Jedenfalls war nach
einer Stunde von den Hoheitsabzeichen nichts mehr zu sehen. Die
Hi-no-Maru, Japans Kriegsflagge mit dem Sonnenball, war von der zwei-
motorigen Aufklärungsmaschine verschwunden.

Major Aseada, der in einem kühlen Zimmer des Flugplatzgebäudes saß
und gelangweilt ein paar Magazine durchblätterte, blickte nur kurz auf,
als ein Melder erschien und ihm zweierlei berichtete: Die Veränderung an
der »Shitei« sei vorgenommen worden, und die Maschine aus der Mandschurei befinde sich im Anflug. Niemand auf dem Flugplatz kannte den
Offizier. Er war im geheimen Auftrag hergekommen und würde in einigen
Tagen wieder verschwunden sein. Nur der Chef der Militärpolizei des
Flugplatzes wußte, daß der geheimnisvolle Fremde aus Taiwan kam, von
der Einheit 82. Das genügte, ihm alle Wege freizumachen und keine

überflüssigen Fragen zu stellen. Die Maschine, die aus der Mandschurei kam, war eine ältere »Darai«. Das dröhnende Geräusch ihrer Motoren war schon zu hören, lange bevor sie sichtbar wurde. Sie zog einen weiten Kreis und schwebte dann in die Landebahn ein. Hinter der Besatzung lag ein langer Flug, aber der Pilot sprang trotzdem mit einem forschen Satz auf den Erdboden, nachdem er die Motoren zum Stillstand gebracht hatte. Ein Motorrad brachte ihn zum Hauptgebäude. Wenige Minuten später stand er dem fremden Offizier gegenüber, der ihn freundlich aufforderte: »Setzen Sie sich, Hauptmann Ikeda.« Er bot ihm eine Zigarette an, und ein Soldat brachte eisgekühlten Tee. Dann wies der Offizier aus Taiwan dem Piloten ein Schriftstück vor, das dieser nur kurz überflog, worauf er sagte: »Ich bin informiert. Bitte, beginnen Sie mit der Einweisung.«

Aseada zog ohne weitere Umschweife eine Karte aus der Tasche und machte den Piloten auf eine eingezeichnete Flugroute aufmerksam.

»Wir werden morgen früh diese Strecke fliegen. Der Flug ist geheim. Weder Sie noch ein anderes Mitglied der Besatzung haben jemals darüber zu sprechen. Sie werden nach Beendigung der Aktion das Kommando über die hier stationierten Fernaufklärer übernehmen; Ihre Versetzung hat also einen plausiblen Grund. Haben Sie Fragen?«

Der Hauptmann besah sich nochmals die Karte. Er führte eine derartige Mission nicht zum ersten Male durch. Vor Jahren war er mit einer »Darai« zu ähnlichen Zwecken über sowjetisches und mongolisches Territorium geflogen.

»Malaya?« fragte er.

Der fremde Offizier nickte. »Bereiten Sie sich auf ungünstige Wetterbedingungen vor. Die Luftturbulenz über dem malaiischen Festland ist hoch.«

»Welche Maschine bekomme ich?«

»Die ›Shitei‹ 04-82.«

»Gute Maschine«, sagte der Pilot. »Und schnell.«

»Sie ist schneller als die in Malaya stationierten englischen Jagdflugzeuge. Außerdem kann sie in größeren Höhen fliegen, wenn es nötig ist. Ich muß Sie darauf aufmerksam machen, daß die Maschine unbewaffnet ist. Falls wir abgeschossen werden sollten, muß es so aussehen, als seien wir bei einem Trainingsflug vom Kurs abgekommen.«

»Ich verstehe.« Der Pilot überrechnete die Entfernung. Die »Shitei« konnte die eingezeichnete Strecke in etwa fünf Stunden schaffen. Viel länger würde ihr Treibstoffvorrat auch nicht ausreichen. Es durfte also nichts dazwischenkommen, sonst bestand die Gefahr, daß man vor der Küste auf das Wasser niedergehen mußte. Als der Pilot den Offizier darauf aufmerksam machte, beruhigte ihn dieser: »Wir werden kaum englische Abwehr zu befürchten haben. Die englischen Truppen haben strenge Anweisung von London, sich uns gegenüber sehr zurückhaltend und in keinem Falle offensiv zu verhalten.«

Der Pilot hatte keine Fragen mehr; er war noch jung. Einer der ehrgeizigen Nachwuchsoffiziere, die sich um jeden Preis hervortun wollten.

»Startzeit?« erkundigte er sich sachlich.

»Sechs Uhr.«

Der Pilot nahm stramme Haltung an. »Dann bitte ich um die Erlaubnis, mich jetzt zurückziehen zu dürfen.«

Aseada nickte. »Man wird Ihnen und der Besatzung Räume zuweisen. Um sechs Uhr an der Maschine.«

Der Flugplatz war noch still, als der Pilot mit den vier Besatzungsmitgliedern über die Startbahn zu der »Shitei« 04-82 ging. Die Bodenmannschaft hatte die Motoren bereits zur Probe laufen lassen. Verpflegung und Wasservorrat waren verstaut. Wenig später erschien der Offizier der Einheit 82. Die Sonne schob sich über den Horizont, als der Pilot die Motoren aufheulen ließ und die »Shitei« langsam in Startposition rollte. Die Bodenmannschaft salutierte, als sich die Maschine in Bewegung setzte. Bald verebbte das Geräusch der Motoren.

Die »Shitei« zog auf Höhe. In der geräumigen Kanzel saß Aseada neben dem Piloten. Je höher die Maschine stieg, desto kälter wurde es. Aber die Besatzung und auch der Fremde trugen warme Kleidung. Als die Luft zunehmend dünner wurde, griffen sie zu den Sauerstoffmasken. Sie überflogen Kap Ca-mau, den südlichsten Landzipfel Indochinas, in sechstausend Meter Höhe. Dann gab es unter ihnen für lange Zeit nur die Eintönigkeit des leicht bewegten Wassers. Sehr selten war ein Schiff zu sehen. In dieser Höhe mußte man ein gutes Fernglas haben, um es überhaupt auszumachen. Je näher die »Shitei« der malaiischen Küste kam, desto schlechter wurde die Sicht. Wolken ballten sich in wenigen hundert Metern Höhe über der Küste zusammen und versperrten den Blick. Nach den Berechnungen des Piloten mußten sie bald über Kota Bharu sein. Aseada befahl, tiefer zu gehen. Erst in dreihundert Metern Höhe gelang es ihnen, unter die Wolkenschicht zu tauchen. Plötzlich sahen sie die malaiische Küste. Sanfte Wellen brachen sich am Strand. Aber an Land war nichts zu erkennen. Dichter Morgennebel lag über den Wäldern. Immer wieder kurvte die »Shitei« an der Küste entlang und versuchte, den Weg nach Kota Bharu zu finden. Es gelang nicht. Auch als die Maschine kilometerweit landeinwärts flog, war es nicht möglich, durch die grauen

Dunstschleier Siedlungen, Straßen oder militärische Anlagen zu sehen. Enttäuscht trat man den Rückflug an. Um elf Uhr landete die »Shitei« wieder in Saigon. Aseada begab sich sofort zum Wetterdienst. Hier erfuhr er, daß für den übernächsten Tag, den 22. Oktober, günstigeres Wetter zu erwarten war.

»Sie haben zwei Tage Ruhe«, teilte er daraufhin dem Piloten mit. »Am zweiundzwanzigsten Oktober, sechs Uhr morgens, wiederholen wir den Flug.«

Die Luftaufklärung über Malaya in der letzten Phase vor dem Angriff gehörte zu den Abschlußarbeiten der Einheit 82. Aseada, der diese Aufgabe auszuführen hatte, war insofern ein typisches Produkt militaristischer Erziehung, als Malaya für ihn kaum mehr darstellte als ein Territorium, das für den Kaiser zu erobern war. Eine Komposition aus Dschungel, Küstenebenen und Felsengebirgen, Kautschukplantagen und Zinnminen. Er kannte den Verlauf aller Flüsse und den Zustand der wichtigsten Straßen, er wußte um den Wechsel der Monsune und die Tragfähigkeit der Brücken – das Land jedoch kannte er nicht. Es interessierte ihn auch kaum. Das Gitternetz der Angriffsplanung lag für ihn über einer Landschaft, nicht über einem Land, das von Menschen bewohnt war, die auf eine lange Geschichte zurückblicken konnten. Andere Spezialisten der Einheit 82 hatten sich mit der historischen Entwicklung Malayas beschäftigt, mit seinen politischen Verhältnissen, in der Absicht, sie auf Anknüpfungspunkte für die japanische Politik zu untersuchen. Es gab in der Tat Möglichkeiten, die gesellschaftlichen Verhältnisse der britischen Besitzung auf der malaiischen Halbinsel für Japans demagogische Legende von der »Großostasiatischen Wohlstandssphäre« auszunutzen, die den Kolonialvölkern dieses Raumes die japanische Aggression wünschenswert erscheinen lassen sollte.

Malaiische Stämme waren seit viertausend Jahren auf der langgestreckten Halbinsel ansässig gewesen. Zwischen dem 7. und dem 13. Jahrhundert hatte sich das starke buddhistische Reich Madjapahit herausgebildet. Es erstreckte sich über den größten Teil des Landes und beherrschte die Straße von Malakka und den Seeweg zu den Sunda-Inseln. Kedah war das Zentrum dieses Reiches gewesen. Aus Sumatra setzten in der zweiten Hälfte des 12. Jahrhunderts Malaien nach der dem Festland an der Südspitze vorgelagerten kleinen Insel über und gründeten hier die Stadt Singapore. Hinduistische Javaner drangen weiter auf die Halbinsel vor und unterwarfen sich im Süden Teile des Malaienreiches, während von Norden her die Thai einfielen und große Gebiete unter ihre Herrschaft brachten. Zum Islam bekehrte Inder hatten inzwischen diesen

Glauben nach Sumatra gebracht und trugen ihn von hier weiter nach Malaya. 1398 gründete der aus Sumatra geflohene Prinz Parameswara die Stadt Malacca, die in der Folgezeit zum Zentrum des neuen, erstarkten Malaienreiches Malacca wurde. Innerhalb eines Jahrhunderts beherrschte Malacca wieder den größten Teil des Landes. 1509 erschien dann die erste portugiesische Flotte unter dem Kommando des Admirals Diego Lopez de Sequeira vor Malacca. Es gelang diesem jedoch nicht, Fuß zu fassen. Aber was dieser erste Sendbote des europäischen Kolonialismus nach seiner Rückkehr zu berichten hatte, genügte, um eine zweite, verstärkte portugiesische Flotte zu entsenden, diesmal unter dem Admiral Alfonso d'Albuquerque. Dieser hatte zuvor das indische Goa und Teile Ceylons erobert und war so zum Begründer des portugiesischen Kolonialreiches in Asien geworden. 1511 lief er mit seinen Schiffen Malacca an und beschoß es. Im Schutze von Holzpalisaden, die den Pfeilhagel der Verteidiger abwehren sollten, arbeiteten sich die portugiesischen Soldaten buchstäblich Schritt für Schritt an Land vorwärts. Nach Wochen erbitterter Kämpfe hatten die Portugiesen festen Fuß in der Stadt gefaßt, und die erste Phase des Kolonialismus begann für Malaya. Doch die Rivalität der europäischen Kolonialmächte brachte bald neue Herren. Holland entriß den Portugiesen 1641 Malacca. Der Reichtum – besonders an Zinn – lockte die anderen Eroberer, die dabei waren, die Welt unter sich aufzuteilen. England nistete sich 1786 in Penang mit dem Ziel ein, das holländische Zinnmonopol zu durchbrechen. 1795 gelang es England schließlich, die Holländer aus Malacca hinauszuwerfen. Noch einmal – 1818 – konnte Holland durch Verträge mit England Malacca in seinen Besitz bringen, aber 1824 holte es die britische Ostindien-Company endgültig unter die englische Krone. Inzwischen war 1819 von Sir Stamford Raffles in Singapore eine britische Niederlassung gegründet worden. Penang einschließlich der Provinz Wellesley, Malacca und Singapore, dazu die Weihnachtsinseln, Labuan und die Kokosinseln wurden 1826 erstmals – mit der Verwaltungshauptstadt Penang – zu einer britischen Präsidentschaft vereinigt. 1867 wurden sie Kronkolonie unter der Bezeichnung »Straits Settlements«. Singapore war das neue Verwaltungszentrum. Von nun an drang England zielstrebig in das Innere Malayas vor. Es nutzte die Streitigkeiten zwischen den einzelnen malaiischen Sultanaten geschickt aus und zwang ihnen nach und nach ein System von »Schutzverträgen« auf. Bis 1885 hatte es auf diese Weise bereits Perak, Selangor, Negri Sembilan, Pahang und Johore unter seinem Protektorat. 1895 wurden diese Gebiete unter der Bezeichnung »Federated Malay States« zusammengeschlossen und von Kuala Lumpur aus durch einen britischen Generalresidenten verwaltet. 1909 entriß England schließlich Siam die Oberhoheit, die es bislang über Perlis, Kelantan, Trengganu und Kedah ausübte, und deklarierte diese Gebiete als »Unfederated Malay States«. Somit galt offiziell die Kronkolonie der »Straits Settlements« als britisches Territorium, während die »Federated Malay States« und »Unfederated Malay States« Protektorate waren, in denen die Sultane regierten – allerdings unter strenger Kontrolle und nach den Richtlinien britischer Residenten und »Berater«. Der geringe Spielraum, der ihnen zugebilligt wurde, reduzierte sich auf die Ausübung religiöser und kultureller Tätigkeit. England hatte das Gebiet politisch und wirtschaftlich fest im Griff.

Das 20. Jahrhundert brachte für Malaya die forcierte Ausbeutung der reichen Zinnvorkommen durch England und die Ausbreitung von Kautschukplantagen. Die kapitalistische Entwicklung hielt Einzug in dieses Land und führte zum Entstehen einer starken Arbeiterklasse, die sich jedoch zu beträchtlichen Teilen aus Einwanderern zusammensetzte, die aus China und Indien kamen. So betrug die Gesamtbevölkerung Malayas 1941 etwa fünfeinhalb Millionen. Nur die Hälfte davon waren Malaien, denen England weder politische noch Bürgerrechte zugestand. Spannungen zwischen den einzelnen Bevölkerungsgruppen waren unvermeidlich; sie wurden durch das britische Regime nicht abgebaut, sondern gefördert.

Viele Malaien betrachteten die chinesischen und indischen Einwanderer als ungebetene Fremde. Doch gerade der chinesische Bevölkerungsteil wurde, durch den japanischen Überfall auf das Heimatland China aufgerüttelt, politisch am aktivsten. Chinesen boykottierten beispielsweise überall die Einfuhr japanischer Erzeugnisse und übten aktive Solidarität mit ihrem Mutterland. Die 1925 in Malaya gegründeten Gewerkschaften und vor allem die seit 1931 bestehende Kommunistische Partei Malayas waren unermüdlich bemüht, alle Werktätigen gegen die heraufziehende Gefahr des japanischen Faschismus zusammenzuschließen. Aber die britische Kolonialpolizei erschwerte die Arbeit der Partei auf vielerlei Art, von offenem Polizeiterror über die Auslieferung von Funktionären an Tschiang Kai-schek bis zur Einschleusung von Agenten in den Parteiapparat.

Malaya war eine der reichsten Kolonien Englands. Mit seiner umfangreichen, hauptsächlich nach Amerika abgesetzten Zinn- und Kautschukproduktion war es vor allem das Dollararsenal der britischen Krone. Japan sah die Chance, die Zerrissenheit der multinationalen malaiischen Arbeiterklasse ebenso auszunutzen wie die Spannungen, die es innerhalb der malaiischen Bourgeoisie gab und deren Ursachen in nationalistischen Tendenzen zu suchen waren. Schließlich und endlich sollte das Lockmittel der »Befreiung« Malayas von der britischen Herrschaft die Widerstandskräfte gegen den neuen, japanischen Kolonialismus einschläfern und paralysieren.

Für Major Aseada, den Militärspion, spielten diese politischen Zusammenhänge weiter keine Rolle. Sie waren die Sache anderer. Für ihn kam es darauf an, seinen Flug möglichst erfolgreich zu absolvieren, damit der Vormarsch der kaiserlichen Armee reibungslos vonstatten gehen konnte.

Am 22. Oktober, bei Sonnenaufgang, rollte die »Shitei« wieder zum Start. Diesmal verlief die Flugroute anders. Zuerst wurde Singora angeflogen, eine kleine Küstenstadt am Golf von Siam, im Südzipfel Thai-

Geheimabkommen bereitet die Aggression vor
Die thailändische Regierung ermöglichte, daß japanische Truppen bei Singora und Patani landen konnten. Sie überfielen von hier die ungedeckte Landgrenze Malayas

lands, von wo zwei Eisenbahnlinien und eine wetterfeste Straße nach Nordmalaya hineinführten. Es war kurz nach acht Uhr, als die »Shitei« am wolkenlosen Himmel über Singora kreiste. Ununterbrochen klickten die Verschlüsse der Kameras, die Aseada betätigte. Die provisorischen Startbahnen für Flugzeuge, die von der thailändischen Armee um Singora angelegt worden waren, machten keinen sehr guten Eindruck. Sie würden der Luftflotte Japans kaum genügen. Auch weiter südostwärts, um Patani herum, verhielt sich das so. Aber beide Städte verfügten über Seehäfen, und es würde leicht sein, hier Truppen in großer Zahl an Land zu setzen. Gepflegte Asphaltstraßen verliefen in südlicher Richtung auf die malaiische Grenze zu. Aseada durchforschte die Umgebung der beiden thailändischen Städte immer wieder. Die Einheit 82 hatte Singora und Patani als voraussichtliche Landeplätze gewählt. Von hier aus sollte der Vormarsch über die Grenze nach Malaya beginnen. Die scheinbare Neutralität Thailands, mit dessen politischer Führung bereits insgeheim ein stillschweigendes Einverständnis ausgehandelt worden war, das die Landungen betraf, würde es den japanischen Truppen ermöglichen, vorerst einmal festen Fuß an Land zu fassen, bevor sie eventuell von den Engländern in Kämpfe verwickelt wurden. Weiter südlich, auf die malaiische Grenze zu, wurden die Straßen immer enger. Dichter Dschungel säumte sie. Auch das hatten die Spezialisten der Einheit 82 berechnet. Sie hatten dafür eine besondere Taktik entwickelt. Japans Truppen würden nicht in breiter Front durch das unwegsame Dschungelgebiet vorstoßen, sondern zunächst ausschließlich die Straßen benutzen, weil auch der Gegner vorwiegend diese Straßen verteidigen würde. Starke Angriffsabteilungen, mit Fahrrädern ausgerüstet und dadurch sehr beweglich, würden auf diese Weise konzentriert vorgehen und die gegnerischen Truppen in einzelne Grüppchen aufspalten, die später leichter zu vernichten waren. Hatte man erst die Straßen in der Hand, so lag der Weg frei. Die angreifenden Truppen waren dann direkt und schnell mit ihren rückwärtigen Diensten verbunden. Sie konnten in einem sehr kurzen Rhythmus abgelöst werden, so daß die Angriffsspitze stets aus neuen, frisch herangezogenen Truppen bestand. Das sicherte die Überlegenheit über die gegnerischen Kräfte und verbürgte ein schnelles, zügiges Vorgehen. Hindernisse gab es wahrscheinlich nur an den Flüssen, wo die Brücken sicherlich vom Gegner gesprengt werden würden. Man stellte sich auch darauf ein. Spezialtrupps waren ausgebildet worden, die in kürzester Zeit Übergänge schaffen konnten.

Als die »Shitei« an diesem Morgen über Kota Bharu an der Ostküste Malayas erschien, war die Sicht ausgezeichnet. Der Kelantan-Fluß mit seinen gegabelten Mündungsarmen war deutlich zu erkennen, ebenso die Befestigungsanlagen entlang der Küste. Wieder klickte die Kamera Aseadas. Hatte es schon über Singora und Patani keine Abwehr gegeben, so schwieg auch um Kota Bharu herum die Fliegerabwehr der Engländer. Kein gegnerisches Flugzeug stieg auf. Offenbar wollte man dieses einen japanischen Flugzeuges wegen, das sich da über der Küste herumtrieb, keinen Zwischenfall provozieren. Die Kamera hielt die startbereiten Maschinen auf dem Flugplatz von Kota Bharu fest. Es waren meist Torpedobomber, und sie konnten den Landungsschiffen der Japaner sehr gefährlich werden. Es würde also darauf ankommen, vor allem die Flugplätze im nördlichen Malaya blitzartig außer Gefecht zu setzen, wenn die Landung begann. Überhaupt war es nötig, zugleich mit der Landung bei Singora und Patani auch Kota Bharu anzugreifen, um jede ernsthafte Gegenaktion von diesem Stützpunkt auszuschalten.

Nach einigen Kreisen, die die »Shitei« über Kota Bharu zog, drehte sie ab und überflog die Gebirgszüge Zentralmalayas, hinter denen das Land zur Westküste hin abfiel. Hier wurde das Wetter wieder schlechter. Dicke Monsunwolken regneten sich ab, und der Regensturm rüttelte an der Maschine. Trotzdem gelang es Aseada, die an der Westküste neu errichteten Flugplätze der Engländer einwandfrei zu erkennen. Zuerst fotografierte er Alor Star, dann Sungei Patani und schließlich die Startpisten von Taiping. Das taktische Konzept der Einheit 82 rundete sich für den Stabsoffizier aus dem Kommando in Taipeh ab: Die angreifende japanische Armee mußte mit allen Kräften, und wenn es sein mußte auch unter hohen Verlusten, sofort nach der Landung vordringen, Malayas Nordprovinzen erobern, die Flugplätze von Kota Bharu und Alor Star in Besitz nehmen und sie sofort für die eigene Luftflotte benutzbar machen. Gelang das, dann war ganz Nordmalaya in Japans Hand, und von dieser festen Landbasis aus würde der weitere Vormarsch reibungslos vor sich gehen.

Bevor die »Shitei« abdrehte, warf Aseada einen letzten Blick auf Alor Star. Die Engländer hatten sich ihre neuen Flugplätze viel kosten lassen. Breite Schneisen waren in den Dschungel gehauen worden, man hatte sie betoniert und an den Rändern Boxen für die Flugzeuge geschaffen. Jetzt standen kleine, stubsnasige Jagdflugzeuge in diesen Boxen. Aber auch sie stiegen nicht auf, um das fremde Flugzeug abzuschießen. Offenbar waren es die Piloten nicht gewohnt, bei tropischem Regensturm zu fliegen. Kurz nach elf Uhr setzte die »Shitei« wieder in Saigon auf. Der Pilot rieb sich die Augen. Der Flug war ungewöhnlich anstrengend gewesen. Der Stabsoffizier der Einheit 82 bedankte sich bei der Besatzung. Er schüttelte jedem die Hand. Dann nahm er seine Kameras und verschwand. Er hatte alles gesehen und im Bild festgehalten, was wichtig war. Alles weitere würde General Yamashita entscheiden, der die angreifenden Armeen führen sollte.

Aufmarsch

Der kleine, bullig wirkende General Tomoyuki Yamashita hatte in der Mandschurei und in China Kriege geführt. Als Berufsoffizier stand er jenen Kräften in der japanischen Regierung nahe, die entschlossen waren, alle Probleme ausnahmslos mit den Mitteln des Krieges zu lösen. Der fünfzigjährige General war intelligent, aber sein Intellekt war einseitig auf Zerstörung, Brutalität und Skrupellosigkeit orientiert. Er war ein Mann, der militärische Macht zu handhaben verstand und im Besitz dieser Macht kühl rechnete. Vergleichbar mit den faschistischen Generalen bewegte er sich geistig in den Vorstellungen von der absoluten Herrschaft Japans über kleinere Völker, er träumte von der Weltbeherrschung, von der »Neuordnung« im Sinne japanischer Vormundschaft. Yamashita wußte Truppen geschickt einzusetzen, er beherrschte das Handwerk des Krieges und duldete keinen Widerspruch. Nachdem er damit beauftragt worden war, den Feldzug zur Eroberung Malayas und Singapores zu führen, hatte er das von der Einheit 82 zusammengetragene Material einer gründlichen Prüfung unterzogen. Seine eigenen Vorstellungen deckten sich mit den Vorschlägen der Spezialisten aus Taipeh. Zunächst besichtigte er die Einheiten der 5. Division, die auf der Insel Hainan Übungen abhielten. Tausende von Soldaten probten hier unter dem Kommando erfahrener Offiziere die Landung an einer Küste, die der malaiischen stark ähnelte. Täglich liefen Landungsboote den Sandstrand an, Soldaten sprangen ins Wasser und eilten durch die Brandung auf die Küste zu. Fahrzeuge und Geschütze wurden ausgeladen, Übungsgranaten verschossen. In den Nächten lagerten die Soldaten in den Ufersümpfen, umschwärmt von Moskitos. Sie wurden an magerste Rationen gewöhnt und in der geräuschlosen Fortbewegung im Dschungel geschult.

Yamashita äußerte seine Zufriedenheit über die intensiven Vorbereitungen. Als er von Hainan nach Tokio zurückflog, machte er sich bereits im Flugzeug die ersten Notizen über den Aufmarschplan. Man hatte ihm die 25. Armee mit fünf Divisionen zugestanden. Eine davon strich Yamashita sofort von der Liste. Er würde es mit vier Divisionen schaffen; die Engländer waren nicht so stark, wie es den Anschein hatte, das bewiesen die Berichte der Spione. Anfang November legte Yamashita dann seinen Plan dem Generalstab vor, den Feldmarschall Graf Terauchi, der Oberkommandierende der japanischen Südarmee, akzeptiert hatte.

Yamashita würde mit folgenden Kräften in den Kampf gehen:
der Kaiserlichen Gardedivision (Konoe-Division) mit 13 000 Mann, kommandiert von Generalleutnant Nishimura;
der 5. Division mit 16 000 Mann, kommandiert von Generalleutnant Matsui;
der 18. Division (Chrysanthemen-Division) mit 13 000 Mann, kommandiert von Generalleutnant Mutaguchi;
der 56. Division, die Yamashita als operative Reserve vorsah, die jedoch im Rahmen der Malaya-Aktion nicht mehr zum Einsatz kam, sondern nach den Anfangserfolgen der 15. Armee für die Burma-Operation übergeben wurde.
Dazu kamen:
die 3. Panzerbrigade mit 80 Panzern,
44 Schnellfeuerkanonen,
24 Gebirgsgeschütze,
2 Regimenter schwerer Feldgeschütze mit 48 15-cm-Haubitzen und 16 Geschützen vom Kaliber 10 cm,
68 Fla-Geschütze schweren Kalibers,
9 Pionierkompanien,
4 Nachrichtenkompanien,
8 Funktrupps,
4 Regimenter Eisenbahnpioniere,
2 Bataillone Spezial-Sturmtruppen (ausgebildet in der Anwendung von Nahkampfmitteln wie Grabenmörsern, direkt feuernden Schrappnellgeschützen und Schützenminen),
3 Kompanien Brückenbauer,
3 Kompanien Pontonleger,
459 Armeeflugzeuge,
158 Marineflugzeuge,
1 Kreuzer,
10 Zerstörer,
5 U-Boote.

Insgesamt betrug damit die Stärke der angreifenden japanischen 25. Armee 60 000 Mann, etwa 400 Geschütze aller Arten, 120 Panzer und gepanzerte Transportfahrzeuge.

Angesetzt wurden die Kräfte nach Yamashitas Plan, der von den Stäben des Landheeres, der Marine und der Luftwaffe gebilligt worden war. Danach sollte die gesamte Aktion nach folgendem Schema vor sich gehen:

Am 8. Dezember, eine halbe Stunde nach Mitternacht, landen die Hauptkräfte unter dem Schutz von Kräften der Luftwaffe und der Marine um

Singora und Patani und greifen sofort in Richtung auf den Perak-Fluß an, wo der Übergang zu sichern ist. Der Angriff wird durch weitere gelandete Kräfte ständig verstärkt und hinter dem Perak-Fluß in allgemeiner Richtung Kuala Lumpur weitergeführt. Von dort geht die Stoßrichtung auf Johore Bharu und die Straße von Johore. Nach entsprechenden Vorbereitungen wird der Übergang über die Straße von Johore erzwungen, und es werden Truppen auf der Insel Singapore gelandet.

Die Kräfte, die an der Ostküste Malayas, bei Kota Bharu an Land gesetzt werden, dringen entlang der Küste nach Süden vor.

Nach diesem generellen Konzept hatten die einzelnen Truppenteile folgende Aufgaben:

Die Truppen der 5. Division werden im Hafen Samah auf Hainan zusammengezogen und mit Transportschiffen am 4. Dezember auf See gebracht. Am 8. Dezember, null Uhr dreißig, gehen sie bei Singora und Patani an Land. Sie besetzen die Flugplätze und stoßen sofort in Richtung auf die malaiische Grenze vor, wobei sie von vorher eingeschleusten Spezialtruppen in thailändischen Uniformen unterstützt werden. Sie nehmen die englischen Stellungen um Alor Star und Betong, greifen die Engländer am Perak-Fluß an und versuchen, die Brücke über den Perak-Fluß zu erobern.

Die 18. Division wird ebenfalls bei Samah konzentriert und am 4. Dezember verschifft. Sie landet am 8. Dezember um Mitternacht bei Kota Bharu, greift die englischen Küstenbefestigungen an, erobert den Flugplatz und dringt dann südwärts durch das Gebiet Trengganu nach Kuantan vor. Auf diesem Weg besetzt sie alle Flugplätze und militärischen Anlagen. Die 18. Division vereinigt sich mit den übrigen Truppen in Johore zum Angriff auf Singapore. Die Kaiserliche Gardedivision wird nach der 5. Division in Thailand gelandet, konzentriert sich im Rücken der 5. Division und unterstützt diese bei ihren Kampfhandlungen, beide Verbände greifen abwechselnd an.

Die 3. Luftflotte, im südlichen Indochina stationiert, schirmt ab 4. Dezember die Truppentransporte über dem Golf von Siam ab. Vom 8. Dezember an greift sie die Flugplätze der Royal Air Force im nördlichen Malaya an, macht Jagd auf englische Flugzeuge, die japanische Truppenbewegungen zu stören versuchen, und stellt einen Teil ihrer Maschinen zur Unterstützung der Erdkämpfe ab. Der Rest der 25. Armee sammelt sich in der Camranh-Bucht (Indochina), in Taiwan und Kanton, um etwa drei bis acht Tage nach der Eröffnung der Kampfhandlungen gegebenenfalls verschifft und als Reserve eingesetzt werden zu können. Während der

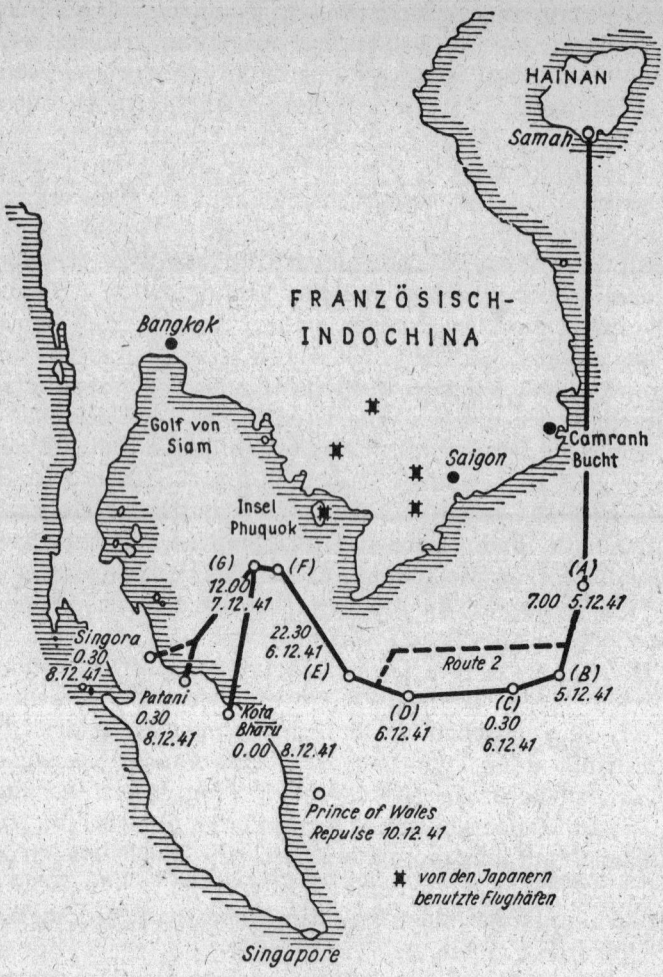

Japanische Darstellung der Route des Invasionskonvois

Aktionen am Perak-Fluß und im westlichen Teil Malayas operiert eine
Spezialeinheit mit kleinen Küstenfahrzeugen vor der malaiischen Westküste, wo sie Schiffsbewegungen der Engländer verhindert und möglichst
viele kleinere Seefahrzeuge erobert, die für den Übergang nach Singapore
gebraucht werden. Die gesamte 25. Armee konzentriert sich nach Abschluß der Operationen im Inneren Malayas in Johore zum entscheiden-

den Angriff auf Singapore. Fünfzehn Tage vor dem Angriff begibt sich der Stab der 25. Armee von Saigon nach Samah und richtet sich auf dem Transportschiff »Ryujo Maru« ein. Der Stab landet zusammen mit den ersten Einheiten der 5. Division bei Singora und folgt in Richtung Taiping und Kuala Lumpur.

Eine weitere wichtige Vorarbeit war noch zu leisten. Yamashita hatte sich lange mit Spezialisten, Diplomaten und Angehörigen des militärischen Spionageapparates beraten. Die Landung der Truppen in Thailand mußte durch Voraustrupps gesichert werden, die unerkannt in Thailand operieren und die landenden japanischen Truppen gegen Überraschungen abschirmen würden. Dem General waren dazu eine Anzahl abenteuerlicher Pläne vorgelegt worden. Nun kam es darauf an, das zu tun, was auch wirklich durchführbar war und zugleich Erfolg versprach. Mit dem 1938 durch einen Staatsstreich an die Macht gekommenen Ministerpräsidenten Pibul Songgram waren in Bangkok geheime Verhandlungen über die Stationierung japanischer Truppen auf thailändischem Boden geführt worden. Pibul ging dabei sehr vorsichtig vor. Er wollte vermeiden, daß durch eine vorzeitige offene Allianz mit Japan die Engländer die Initiative ergriffen und ihre malaiische Nordgrenze durch einen Einmarsch nach Thailand sicherten. Andererseits setzte er auf die Japaner, nicht zuletzt deshalb, weil er sich von einem Abkommen mit ihnen die Rückgabe der 1909 an die Engländer verlorenen Nordprovinzen Malayas erhoffte. Aber er hatte im Lande selbst mit erheblichem Widerstand zu rechnen, wenn er Thailand auf dem Verhandlungswege den Japanern auslieferte. Nicht zuletzt fürchtete er die angewachsenen demokratischen Kräfte und die 1928 gegründete Kommunistische Partei Thailands, die an Einfluß gewonnen hatte. Also galt es, taktisch klug zu Werke zu gehen und die Bevölkerung darüber zu täuschen, was wirklich geschah. Nach außen sollte der Anschein erweckt werden, als sei Thailand von Japan okkupiert und zu Abmachungen gezwungen. Heimlich aber kam die Regierung Pibul den Japanern in jeder Weise entgegen. Sie bot ihnen ein Sprungbrett für den Stoß nach Nordmalaya und öffnete den Weg nach Burma hinein. Trotzdem mußten auch die Japaner geschickt operieren, um das heimliche Einverständnis mit Pibul auszunutzen. Zunächst mußte man in den südlichen Gebieten Thailands Truppen stationieren, ohne Aufsehen zu erregen. Einige tausend thailändische Uniformen wurden an japanische Soldaten ausgegeben. Wenig später gingen diese Truppen heimlich an der Südwestküste Thailands an Land und drangen ins Innere vor, um die Straßen zu sichern, die von Singora und Patani zur malaiischen Grenze führten. Einige Wochen vor Beginn des Angriffs waren sie bereits an Ort und Stelle. In Saigon brachen Teile der Konoe-Division westwärts auf und bezogen Ausgangsstellungen nahe der thailändischen Grenze. Sie hatten den Befehl, am 8. Dezember die Grenze zu überschreiten und auf schnellstem Wege nach Bangkok vorzudringen, wo sie der Regierung Pibul ein Abkommen zu unterbreiten hatten, das den japanischen Truppen freie Hand in Thailand sicherte.

In der Tat gelang dieses Manöver. Teile der Konoe-Division, jener kaiserlichen Elitetruppe, drangen in Thailand ein und befanden sich am 9. Dezember, gegen Mittag, unmittelbar vor Bangkok. Hier machten sie halt, und ein Major namens Take-no-Uchi fuhr mit einem Personenauto nach Bangkok hinein, das Abkommen wohlverwahrt in der Tasche neben sich. Aber er kam nur bis in die Nähe des Flugplatzes Don Muang. Hier nämlich blockierten patriotische Soldaten und Zivilisten die Straße. Take-no-Uchi ließ seine Begleitung das Feuer eröffnen. Daraufhin wurde die Besatzung des Autos von der empörten Menge, die den faulen Handel zwischen Pibul und den Japanern wohl instinktiv spürte, getötet. Erst als Truppen herangezogen wurden, gelang es, die Leute zu zerstreuen. Am 11. Dezember, drei Tage nach der Eröffnung des Angriffs, unterzeichneten dann Premier Pibul und der japanische Botschafter in Thailand, Tsubogami, das insgeheim lange vorbereitete Abkommen, in dem es hieß: »Für die Regierungen des Kaiserreiches Japan und des Königreiches Thailand ist die Errichtung einer Neuen Ordnung in Ostasien der einzige Weg zur Prosperität Ostasiens.«

Der Artikel 2 des Abkommens lautete: »Wenn eine der vertragschließenden Parteien in militärische Auseinandersetzungen mit einer dritten Partei verwickelt wird, werden Japan und Thailand als Alliierte einander durch jede Art von politischen, militärischen und wirtschaftlichen Maßnahmen helfen.«

Am frühen Morgen des 4. Dezember 1941 stand noch ein blasser Mond am Himmel, als die Invasionsflotte der Japaner den Hafen von Samah verließ. Im Osten ging bereits die Sonne auf. Von den Masten der Truppentransporter flatterten die Kriegsflaggen.

General Yamashita befand sich an Bord der »Ryujo Maru«, einem wenig luxuriösen Schiff, das neben dem Armeestab Funkgeräte, Landeboote und anderes Ausrüstungsmaterial geladen hatte. Dicht hinter der »Ryujo Maru« fuhr die »Kashii Maru«, ihr folgten die übrigen Schiffe.

Am 6. Dezember, zwei Stunden vor Mitternacht, passierte der Konvoi Kap Ca-mau und ging auf Nordwestkurs. Damit sollte der Eindruck erweckt werden, der Konvoi bewege sich auf Bangkok zu. Ständig umkreisten Flugzeuge die Truppentransporter. Die Luftflotte setzte alle verfügbaren Maschinen von den Flugplätzen im südlichen Indochina zum Schutz des Konvois ein. Am Mittag des 7. Dezember erhielt Yamashita die Meldung, daß ein englisches Auflärungsflugzeug, das sich dem Konvoi genähert hatte, abgeschossen worden war. Um zwölf Uhr brach der General das Täuschungsmanöver mit dem Nordwestkurs ab. Es ging auf Singora und Patani zu. Die Schiffe, die Truppen nach Kota Bharu zu bringen hatten, gingen ebenfalls auf direkten Kurs dorthin. Das Wetter verschlechterte sich. Tiefhängende Wolken und Nebel hüllten die Konvois ein. In der Abenddämmerung stiegen nochmals vom südlichsten aller japanischen Luftstützpunkte, den Phuquok-Inseln, Jagdflugzeuge auf, die solange wie möglich die Anfahrt der Transportschiffe decken sollten. Einige von ihnen fanden in der Dunkelheit den Weg nach den Phuquok-Inseln nicht mehr und gingen auf das Wasser nieder. Der Angreifer erlitt die ersten Verluste in einem Kampf, der noch nicht eröffnet war.

Auf der Brücke der »Ryujo Maru« stand General Yamashita, barhäuptig, geduckt, und starrte in die Nacht. Dort vorn lag die Küste. Unten im Schiff sangen die Offiziere das alte Lied: »Unsere Soldaten, die mutigsten der Welt, verlassen jetzt das Land, das sie hervorbrachte, um nie zurückzukehren, es sei denn als Sieger...«

Der Überfall
Mit Landungsbooten wurden die japanischen Aggressionstruppen zur Küste von Kota Bharu gebracht. Sie überrannten nach kurzen heftigen Kämpfen die britischen Stellungen

Schlachtschiffe nach Singapore

Der Obermaat Edward Pratt kam an jenem Abend, als die Entscheidung über den Einsatz seines Schiffes gefallen war, ziemlich betrunken an Bord. Er war in einer Bierkneipe gewesen, nachdem es ihm nicht gelungen war, eine der Marinehelferinnen aus dem Stützpunkt davon zu überzeugen, daß er der Mann war, den sie brauchte.

Der Mißerfolg kam für Edward Pratt nicht so sehr überraschend. Die Marinehelferinnen waren oft Töchter der begüterten Oberschicht, die selbst in Uniform noch sehr genau darauf achteten, daß der Mann, mit dem sie sich einließen, standesgemäß war. Mary McGuire's Vater produzierte Whisky. Damit hatte er sich einen Landsitz und ein beachtliches Konto auf der Bank of England verdient. Die Tochter beabsichtigte, einen Mann zu heiraten, der eventuell einen weiteren Landsitz mit in die Ehe brachte, zumindest aber ein ebenso beachtliches Konto wie das ihres Vaters. Solange ihr dieser Mann nicht über den Weg lief, war sie fest entschlossen, ihre Abende beim Schachspiel im Hafenclub zu verbringen. Pratt hatte ihren Aufenthalt dort falsch ausgelegt. Er spülte seinen Ärger mit einigen Krügen Bier und einer respektablen Anzahl Whiskys herunter, die unter der Theke in Bouillontassen eingeschenkt wurden. Es war guter »Old Preacher« aus der Brennerei des alten McGuire. Trotz der hochprozentigen Ladung marschierte Pratt kerzengerade zum Flottenstützpunkt, wo ihn ein Boot auf sein Schiff brachte, die »Repulse«.

Der Schlachtkreuzer, der in Scapa Flow ankerte, lag schon einige Monate hier. Er hatte die Jagd auf das deutsche Schlachtschiff »Bismarck« mitgemacht, mußte aber dann wegen Treibstoffmangels Neufundland anlaufen und wurde von dort nach Scapa Flow zurückbeordert, wo die Heimatflotte stationiert war. Den ganzen Sommer über hatte die Besatzung ruhigen Hafendienst gemacht. Die »Repulse« war im Dock überholt worden und sah jetzt recht gut aus. Vor einigen Tagen war zum ersten Mal von Auslaufen die Rede gewesen. Und jetzt, als der Obermaat Pratt sich noch etwas schwankend beim diensthabenden Offizier zurückmeldete, eröffnete ihm dieser: »Schlafen Sie Ihren Rausch aus. Morgen bei Sonnenaufgang laufen wir aus.« Pratt regte diese Mitteilung zunächst nicht sonderlich auf. Es war zu erwarten gewesen, daß die »Repulse« wieder einmal eingesetzt wurde. Der Krieg war noch lange nicht zu Ende. Also legte sich Pratt in seine Koje und schlief sofort ein. Der Obermaat, der zur Bedienung eines Fla-Geschützes gehörte, kannte die vielen Diskussionen nicht, die diesem Einsatz vorausgegangen waren. Er ahnte nicht, daß mit dem Einsatzbefehl für die »Repulse« ein langes Tauziehen zwischen dem Verteidigungsminister und dem Ersten Seelord sowie einer Menge anderer Dienststellen ihr vorläufiges Ende gefunden hatte.

Im April hatte die Regierung über die Stabschefs an die Festung Singapore zum letzten Mal das Versprechen abgegeben, daß im Kriegsfalle ein englischer Flottenverband achtzig Tage nach Ausbruch der Feindseligkeiten auf diesem fernöstlichen Kriegsschauplatz eintreffen würde. Die immer deutlicher werdenden Kriegsvorbereitungen Japans hatten nun zu der Entscheidung geführt, bereits im August einen Flottenverband nach Singapore auslaufen zu lassen. Der Verteidigungsminister hatte sich in die Debatten über den Charakter der zu entsendenden Flotte eingeschaltet und dem Ersten Seelord vorgeschlagen, einen zahlenmäßig kleinen, aber schnellen Flottenverband in die Gewässer um Singapore zu entsenden, in der Absicht, die Japaner von Seeoperationen gegen die Festung abzuhalten. Der Verteidigungsminister schlug zunächst vor, die »Repulse« sowie einen älteren Schlachtkreuzer oder die gleichfalls bejahrte »Renown« zu entsenden, ferner das neue Schlachtschiff »Duke of York«, das noch nicht ganz fertiggestellt war. Dazu sollte noch ein älterer Flugzeugträger kommen.

Der Erste Seelord war mit dieser Zusammenstellung nicht zufrieden. Er schlug vor, die Schlachtschiffe »Nelson« und »Rodney« sowie den Schlachtkreuzer »Renown«, vier weitere Schlachtschiffe der R-Klasse sowie drei Flugzeugträger loszuschicken. Taktisch war von ihm aus vorgesehen, die Flugzeugträger und Schlachtschiffe in Trinkomali auf Ceylon zu stationieren und sie im Bedarfsfalle von dort aus nach Singapore zu beordern. Die vier Schlachtschiffe der R-Klasse, die »Revenge«, »Royal Sovereign«, »Resolution« und »Ramillies« hingegen sollten zu Geleitschutzzwecken im Indischen Ozean eingesetzt werden. Auch sie konnten dann, wenn es notwendig war, schnellstens nach Singapore abkommandiert werden. Der Verteidigungsminister hielt diesen Vorschlag für phantastisch. Außerdem betrachtete er die Schlachtschiffe der R-Klasse als hoffnungslos veraltet und für solche Aufgaben nicht mehr geeignet. Er setzte sich gegen die Admiralität durch und bestimmte, daß das Schlachtschiff »Prince of Wales«, der Schlachtkreuzer »Repulse« und der Flugzeugträger »Indomitable« zu entsenden seien. Zuerst lief die »Repulse« aus. Ihr Kommandant, Kapitän zur See Tennant, hatte noch in den ersten Kriegsmonaten Dienst in der Admiralität getan. Als das britische Expeditionskorps von Dünkirchen evakuiert werden mußte, übernahm Tennant die Leitung dieser schwierigen Operation. Er war der buchstäblich letzte Engländer, der den Strand von Dünkirchen verließ. Bei Rückkehr nach England wurde ihm das Kommando über die »Repulse« übergeben.

Nun lief das im Dock überholte Schiff zum Kap der Guten Hoffnung aus. Es begleitete einen Geleitzug, und die Fahrt verlief reibungslos. Aber auch um das Kap der Guten Hoffnung herum ereignete sich nichts, das die Matrosen der »Repulse« an den Krieg erinnert hätte. Der Schlachtkreuzer lief verschiedene südafrikanische Häfen an und kreuzte in küstennahen Gewässern. Es gab Landurlaub für die Besatzung, und die Wochen verliefen nahezu idyllisch. Der Obermaat Pratt begab sich mit derselben Ruhe auf seine Gefechtsstation, als es im Oktober wieder auf große Fahrt ging. Das Ziel war der Indische Ozean. Dort sollte sich die »Repulse« mit der »Prince of Wales« treffen.

Das Schlachtschiff »Prince of Wales« kam von England. Ihr Kommandant, Kapitän zur See Leach, war mit Recht stolz auf sein Schiff. Die »Prince of Wales« war erst seit wenigen Monaten in Dienst. Ihr erstes Kommando war die Jagd auf die »Bismarck« gewesen. Bei dem Gefecht hatte sie einige Treffer erhalten, außerdem waren Mängel an den Drehkränzen der Geschütztürme festgestellt worden. Daher lief sie nach der Aktion zurück nach England, wurde auf der Werft überholt und weiter modernisiert. Ihr nächstes Ziel hieß Scapa Flow, wo sie Gefechtsübungen abhalten sollte, doch sie wurde sogleich wieder umbeordert und mußte nach Gibraltar auslaufen, um einen wichtigen Geleitzug zu sichern. Nach England zurückgekehrt, bekam Kapitän Leach den Befehl, am 21. Oktober mit der »Prince of Wales« nach Fernost zu dampfen, als Flaggschiff des Verbandes, den Admiral Phillips kommandierte. Phillips kam aus der Admiralität. Zu dem, was er als Fernostflotte bezeichnete, gehörten außer der »Repulse«, die zum Indischen Ozean unterwegs war, noch einige ältere Kreuzer des Chinageschwaders. Dazu kam nun die »Prince of Wales«, begleitet von den beiden Zerstörern »Express« und »Electra«. Auf Drängen Phillips' wurde der britische Befehlshaber im Mittelmeer angewiesen, zwei weitere Zerstörer an das Fernostgeschwader abzugeben. Phillips erhielt die »Vampire« und die »Tenedos«. Zur Entsendung des Flugzeugträgers »Indomitable« kam es nicht. Die »Indomitable« war ein relativ neues Schiff. Es war nach den Westindischen Inseln ausgelaufen, wo die Besatzung ohne Bedrohung durch U-Boote ihre Gefechtsausbildung vervollständigen sollte. Im Laufe des Sommers aber lief der Flugzeugträger in den westindischen Gewässern auf Grund, mußte zur Reparatur ins Trockendock und fiel auf unbestimmte Zeit aus. Admiral Phillips wußte, daß sich im Indischen Ozean noch der kleinere Flugzeugträger »Hermes« befand. Er versuchte über die Admiralität zu erreichen, daß die »Hermes« in seinen Verband eingegliedert wurde, aber die Admiralität gab ihm abschlägigen Bescheid. Dadurch war der kleine Flottenverband gegen Angreifer aus der Luft wenig gesichert. Die Offiziere um Phillips nahmen diese Gefahr nicht so tragisch. Immerhin hatte die »Prince of Wales« modernste amerikanische Fla-Geschütze mit Radarsteuerung an Bord, sogenannte Chicago-Pianos. Das Schiff hatte bislang alle Kampfaufträge glänzend gelöst, darunter auch so bedeutsame Missionen wie die Reise mit Premier Winston Churchill quer über den Atlantik zu dem Treffen mit Präsident Roosevelt. Scherzhaft nannte man die »Prince of Wales« auch »Churchills Yacht«. Admiral Phillips allerdings machte sich Sorgen. Er würde mit dem Verband immer so operieren müssen, daß jederzeit Luftunterstützung von Land her angefordert werden konnte. Das engte den Aktionsradius ein. Nach einigen dringenden Funksprüchen an die Admiralität gelang es Phillips, noch zusätzlich einige moderne Bofers-Fla-Geschütze zu erhalten, die den Mangel ausgleichen sollten. Die »Prince of Wales« nahm sie in der letzten Novemberwoche in Colombo an Bord. In Trinkomali, an der Ostküste von Ceylon, wartete bereits die »Repulse«. Admiral Phillips flog von Colombo seinem Verband voraus nach Singapore und übergab Kapitän Tennant das Kommando, der mit den beiden Schlachtschiffen und den vier Zerstörern am 2. Dezember in Singapore einlief. An der Pier des Marinestützpunktes hatte sich auch General Percival eingefunden. Die Hoffnungen in Singapore stiegen. Man fühlte sich etwas sicherer, obwohl noch niemand eine Ahnung hatte, wie der Schiffsverband eingesetzt werden würde. Von Premier Winston Churchill gab es eine Äußerung, die wenig realistisch klang und außerdem erneut davon zeugte, wie sehr er den Aggressor Japan, dessen Kriegstaktik und Technik unterschätzte: »Wir entsenden die Schiffe in diese Gewässer, damit von ihnen jene unbestimmte Drohung ausgehe, die schwerstbewaffnete Großkampfschiffe, deren Position unbekannt ist, auf alle feindlichen Flottenpläne ausüben.«

Zwei passive Schlachtschiffe jedoch bedeuteten keine ausreichende Drohung für einen Gegner mit der Flottenstärke Japans. Befand sich bei diesen Schlachtschiffen noch nicht einmal entsprechender Schutz durch Jagdflugzeuge, so konnten sie unter den gegebenen Umständen sehr leicht zum Jagdobjekt für die gegnerische Luftflotte werden. Das wußte Percival, und Admiral Phillips wußte es auch. Für die beiden Offiziere stand fest, daß ihre Chance im schnellen, überraschenden Angriff lag. Sie mußten mit den Mitteln, die ihnen zur Verfügung standen, dem Gegner nicht nur drohen, sondern ihn angreifen und schlagen.

Die Vertreter aller Nachrichtenagenturen in Singapore wurden von Percival ersucht, die Ankunft der Schiffe groß aufzumachen. Selbst davon versprach man sich psychologische Auswirkungen. Die »unbestimmte Drohung«, von der Churchill gesprochen hatte, sollte gehört werden. Sie wurde noch am selben Abend in Tokio, Saigon und auf der »Chokai«, dem Flaggschiff des Verbandes von General Yamashita, vernommen. Ein japanischer Frisör aus Singapore zählte indessen in aller Ruhe die »Chicago-Pianos« und die Bofors-Fla-Geschütze auf der »Prince of Wales«. Dann ging er in seinen Laden zurück, schloß ihn zur gewohnten Zeit und funkte auf einem japanischen Gerät die Meldung nach Saigon.

Als Yamashita den Funkspruch bekam, übergab er ihn einem seiner Artillerieoffiziere. Der nahm einen Bleistift und begann zu rechnen. Schließlich sagte er: »Wenn die ›Prince of Wales‹ mit allen diesen neuen Waffen gleichzeitig schießt, dann fliegen unseren Maschinen pro Minute sechzigtausend Geschosse entgegen.«

Yamashita überlegte eine Weile. Dann wies er seinen Adjutanten an: »Sorgen Sie dafür, daß die Meldung sofort an die Marineluftflotte geht. Man wird dort taktische Überlegungen anstellen müssen.«

In Singapore gingen die Matrosen der »Repulse«, der »Prince of Wales« und der vier Zerstörer an Land. Aber der Landgang war auf wenige Stunden befristet. Und der Obermaat Edward Pratt schnupperte mißtrauisch an dem Getränk, das man ihm in der ersten besten Hafenkneipe anbot: Gin mit Tonic.

»Wofür soll das gut sein?« erkundigte er sich mißtrauisch. Die Landratten um ihn herum grinsten.

»Gin für die Seele und Tonic gegen die Malaria.«

»Komische Sitten«, bemerkte Pratt. Aber er trank das Gemisch. Dann kaufte er noch bei einem Händler ein seidenes Halstuch mit skurrilen chinesischen Schriftzeichen. Es gefiel ihm, aber als er es gekauft hatte, wußte er nicht so recht, was er damit anfangen sollte. Daher erkundigte er sich bei einem Sergeanten der Stützpunktwache: »Habt ihr hier wenigstens Marinehelferinnen?«

Der Sergeant sah ihn mitleidig an. »Hast du eine Autofabrik zu Hause?«

Pratt holte tief Luft. »Nein, aber eine Großmutter. Die zieht die beiden unehelichen Kinder meiner einzigen Schwester auf.« »Dann«, riet der Sergeant ihm, »wird es am besten sein, wenn du die Marinehelferinnen vergißt. Du gehst hier immer geradeaus, bis du drei Schilder siehst. Honky-Tonk, Blue Mouse und Fagg's. Es ist egal, in welches der drei Lokale du gehst. Bekommst überall das gleiche. Die Sanierstelle ist da drüben, in dem Schuppen mit dem roten Kreuz drüber.«

Vaterland, dachte Pratt im Weitergehen, wie weit bist du, und wie seltsam sind deine Sitten! Er trottete zu einer der Kneipen. Als er wieder auf das Schiff zurückkam, las er gegenüber der Gangway am Schwarzen Brett den Tagesbefehl des Kapitäns Tennant: »Wir werden ausfahren, um den Kampf zu suchen, Männer. Wir werden finden, was wir suchen!«

Yamashita geht an Land

Es war gegen Mittag am 6. Dezember 1941. Der Nordostmonsun trieb dicke, qualmgraue Wolken vor sich her. Starker Regen prasselte auf die Erde, verwandelte die Ebenen in trügerische Sümpfe, zauberte Sturzbäche an die Berghänge und peitschte die Wellen vor der Küste. Um diese Zeit startete vom Flugplatz Kota Bharu eine »Hudson« zur Seeaufklärung vor der Küste Ostmalayas. Die Maschine gehörte zum 1. Geschwader der Australian Imperial Force, jener aus Australien herbeigeholten Einheiten unter dem Kommando von General Gordon Bennett, die die Verteidigung von Malaya verstärken sollten.

Leutnant Ramshaw, der Pilot der »Hudson«, hatte Mühe, die schwerfällige Maschine von der Piste hochzubringen. Der Monsun brachte bockige Bodenwinde mit sich, die an jeden Flugzeugführer erhöhte Anforderungen stellten. Aber Ramshaw flog nicht das erste Mal im Monsun. Er nahm seinen Dienst in Malaya überhaupt sehr ernst. Wie es

Großbritannien mobilisiert Kolonialtruppen
Luftmarschall Pulford begrüßt soeben eingetroffene holländische Piloten.
Die Generale Murray-Lyon, Kommandeur der 11. Indischen Division, und Gordon Bennett (rechts), Kommandeur der nach Malaya entsandten australischen Truppen

schien, waren die Japaner darauf aus, ganz Südostasien unter ihr Regime zu bringen. Damit war auch Australien erheblich gefährdet. Der Stoß mußte also, wenn möglich, abgefangen werden, bevor er das Heimatgebiet erreichte. Mit diesem Bewußtsein standen die Soldaten der 8. Australischen Division in Malaya. Vieles, was sie in diesem Land sahen, begriffen sie nicht, aber schließlich war dies ein fremdes Land, zu dem sie keinerlei Beziehung hatten. Es fiel ihnen kaum auf, wie grotesk der Verhaltenskodex der englischen Kolonialbeamten und ihrer Angehörigen zu den Einheimischen war, wie streng man darauf achtete, daß zwischen Engländern und Einheimischen keine gesellschaftliche Annäherung stattfand. Nach Meinung der Engländer unterhöhlte jede Lockerung einmal bestehender gegenseitiger Beziehungen die Position des weißen Mannes in Malaya. Es gab Australier, die gelegentlich bemerkten, England hätte allen jungen wehrfähigen Malaien Waffen in die Hand geben sollen, dann hätte sich der Einsatz australischer Truppen erübrigt, denn die Einheimischen würden sich dann selbst ihrer Haut gegen die Japaner erwehren können. Aber derlei Ansichten durften nicht sehr laut geäußert werden. England war entschlossen, das alte Kolonialregime in Malaya unter allen Umständen aufrechtzuerhalten, auch wenn sich daraus zeitweilige Nachteile ergaben. Schließlich wurde hier die Hälfte der Welterzeugung an Zinn und ein Drittel der Weltkautschukproduktion bei niedrigsten Investitionskosten für die Krone herausgeholt. Jede Lockerung des gesellschaftlichen Korsetts würde nach Meinung der Engländer das Verlangen nach Unabhängigkeit nähren und so die Besitzverhältnisse in Gefahr bringen. Seit Monaten hatten sich Vertreter der Kommunistischen Partei Malayas darum bemüht, mit den englischen Kolonialbehörden über die militärische Sicherung Malayas gegen einen eventuellen Zugriff der Japaner zu verhandeln. Große Bevölkerungsteile waren bereit, sich in den Dienst der Landesverteidigung zu stellen. Aber die Engländer wiesen alle diese Angebote zurück. Der Gedanke an eine Bewaffnung und militärische Ausbildung der Einheimischen flößte ihnen mehr Schrecken ein als die Gefahr, die von Japan drohte. Zweifellos wäre es möglich gewesen, innerhalb eines Jahres Hunderttausende von jungen Malaien, Chinesen und Indern für die Verteidigung ihres Landes auszubilden. Eine solche Streitmacht wäre in der Lage gewesen, den Japanern ernsthaften Widerstand entgegenzusetzen, zumal sich der Kampf auf ihrem heimatlichen Territorium abspielen würde, das sie wesentlich besser kannten als die Japaner. Doch England duldete eine solche Organisation des Volkswiderstandes nicht. Für London war Malaya eine Kolonie und sollte es bleiben. Um sie zu sichern, wollte man die Bevölkerung von jeglichem Waffendienst abhalten, sie überhaupt dahingehend beeinflussen, daß Malaya nicht in erster Linie ihr Heimatland, sondern ein Besitztum Englands war.

Ramshaw, der mit seiner »Hudson« von Kota Bharu abflog, in die düsteren Monsunwolken hinein, steuerte die Maschine weit hinaus über das Meer und ging dann so tief herunter, daß er knapp unter der Wolkenschicht dahinflog. Er war etwas mehr als eine Stunde unterwegs, als er unten auf dem Wasser drei Schiffe ausmachte. Vorsichtig flog er sie an. Es waren zwei Minenleger und ein kleineres Begleitfahrzeug.

»Das können nur Japaner sein«, sagte er zu seinem Beobachter. »In dieser Gegend haben wir keine Schiffe.«

Die Meldung ging sofort nach Kota Bharu. Eine halbe Stunde später sichtete Ramshaw einen großen Konvoi. Er bestand aus einem Schlachtschiff, fünf Kreuzern, sieben Zerstörern und etwa fünfundzwanzig Truppentransportern.

Ramshaw gab noch die Position des Verbandes durch, dann mußte er umkehren. In der Zwischenzeit war eine zweite »Hudson« von Kota Bharu aufgestiegen, die den von Ramshaw gesichteten Konvoi weiter verfolgen sollte. Aber bereits auf dem Wege zu der angegebenen Position sichtete dieses Flugzeug einen anderen Schiffsverband, der aus zwei Kreuzern, zehn Zerstörern und etwa zwanzig Truppentransportern bestand. Das Wetter hatte sich etwas gebessert, und von einem der Kreuzer startete ein Flugzeug, das die »Hudson« angriff. Nur mit Mühe entkam sie den Maschinengewehren des Angreifers.

In Kota Bharu wurden die Meldungen ausgewertet. Der von Ramshaw gesichtete Konvoi bewegte sich auf Nordwestkurs in den Golf von Siam, als wolle er Bangkok anlaufen. Der zweite lag auf Westkurs. Die Meldung ging sofort über Singapore nach Java und gelangte zu dem dort inzwischen stationierten britischen Oberkommando Fernost unter Marschall Robert Brooke-Popham. Dieser mußte eine Entscheidung treffen. Er ordnete »Bereitschaft ersten Grades« an. Noch wäre Zeit gewesen, die Truppentransporter auf See anzugreifen, mit Bombern, die auf den Flugplätzen Nordmalayas bereitstanden. Aber Brooke-Popham erließ keinen Befehl dazu. Nach seiner Meinung galt diese Aktion der Japaner Thailand, und er bestand auf der von London gegebenen Anweisung, nichts zu tun, das die Japaner provozieren könnte. Niemand in der näheren Umgebung Brooke-Pophams machte sich auch nur die Mühe, darüber nachzudenken, weshalb wohl die Japaner mit großen Konvois an der Küste Thailands landen sollten, wenn es von ihren Truppenstützpunkten in Indochina nur ein paar Stunden Autofahrt bis nach Bangkok waren. Selbst General Percival in Singapore ließ sich durch die Meldungen nicht aus der Ruhe bringen. Er schloß sich Brooke-Pophams Betrachtungsweise an. In der gröblichen Unterschätzung der Aggressivität des japanischen Imperialismus unterschieden sich die hohen britischen Offiziere in Fernost nicht von ihren militärischen Vorgesetzten in London. Am 7. Dezember stiegen bereits morgens weitere Aufklärungsflugzeuge von Kota Bharu auf, um die Konvois der Japaner zu beobachten. Gegen Mittag wurden »Catalina«-Flugboote eingesetzt. Aber das Wetter hatte sich wieder verschlechtert, und es gelang keinem der Flugzeuge, die Konvois auszumachen. Eines der Flugboote kehrte nicht zurück. Erst am Abend kam die Meldung, daß eines der Flugboote einen japanischen Kreuzer, vier Zerstörer und einige Truppentransportschiffe mit Südkurs gesichtet habe. Südkurs bedeutete die malaiische Küste. Aber von Singapore kam kein Befehl für einen Luftangriff auf die japanischen Schiffe. Obwohl mit Sicherheit feststand, daß sich der Angriff nicht gegen Thailand richten würde, zögerte das britische Oberkommando Fernost mit der Entscheidung. Die Zeit, in der es noch möglich gewesen wäre, mit den vorhandenen Kräften dem Gegner zuvorzukommen, blieb ungenutzt. So wurde eine weitere wichtige Chance verpaßt, die den Ausgang des unvermeidlich bevorstehenden Kampfes noch hätte beeinflussen können.

Eine Stunde nach Mitternacht jagten sich dann plötzlich die Funksprüche aus Nordmalaya: Japanische Kriegsschiffe beschießen die Küstenbefestigung bei Kota Bharu. Japanische Bomber greifen die Flugplätze in den Nordprovinzen an. Tausende von Landungsbooten setzen japanische Soldaten an Land.

Um vier Uhr heulten in Singapore zum ersten Mal die Luftwarnsirenen. In der nächsten halben Stunde befand sich die Stadt in heller Aufregung. Japanische Flugzeuge waren gemeldet. Trotzdem brannten in Singapore alle Straßenlaternen. Polizei, Militärkommandos und Mitarbeiter des Elektrizitätswerkes suchten in der ganzen Stadt verzweifelt nach dem Beamten, der den Schlüssel zum Hauptschalter der Elektrizitätszentrale bei sich hatte. Die Straßenlampen brannten weiter, denn der Mann konnte nicht gefunden werden. Sein Schicksal wurde überhaupt nie geklärt. Um vier Uhr dreißig erschienen die ersten japanischen Flugzeuge am nächtlichen Himmel. Neun Bomber zogen im Formationsflug über die Stadt, ohne Bomben abzuwerfen. Sie flogen in etwa dreitausend Metern Höhe. Alle Scheinwerfer suchten sie zu fassen, die Fla-Geschütze feuerten. Inzwischen flog in nur eintausend Meter Höhe die zweite Formation an und bombardierte Hafen, Flugplätze und Stadtzentrum.

Nachdem sie einen Kreis gezogen hatte, lud auch die erste Formation ihre Bomben ab. Von den Flugplätzen der Royal Air Force hatte sich nicht ein einziges Flugzeug erhoben. Die Jäger hatten Startverbot, sie sollten nicht ins eigene Feuer geraten. Eine halbe Stunde später war alles vorbei. Hochauf loderten die Brände in Singapore, als die Sirenen den Abflug der Bomber verkündeten. Die unbewaffnete einheimische Zivilbevölkerung, auf deren Rücken sich das Duell der beiden imperialistischen Mächte England und Japan abspielte, hatte die ersten schweren Verluste zu be-

Die Luftstreitkräfte, hier Jagdflugzeuge der Typen »Buffalo« und »Hurrikane«, wurden nicht ihren Möglichkeiten entsprechend eingesetzt und weitgehend vom Gegner schon am Boden zerstört

klagen. Der Beginn des Krieges zeichnete sich durch skrupelloses Zuschlagen der Angreifer aus, aber auch durch unverantwortlich langes Zögern der britischen Kommandostellen.

General Yamashita beobachtete die Küste bei Singora durch sein Nachtglas. Sie lag ruhig vor ihm. Die Schützengräben, die die thailändische Armee am Strand gezogen hatte, waren nicht besetzt. Yamashita lächelte zufrieden. Das Leuchtfeuer von Singora war in Betrieb. Weiter landeinwärts konnte man die Lichter der Stadt erkennen. Langsam schoben sich die Transportschiffe näher an die Küste. Von der »Ryujo Maru« kam das Signal zum Aussetzen der Landungsboote. Alles lief wie ein oftmals geübtes Manöver ab. Nur die Brandung an der Küste war von den Spezialisten der Einheit 82 nicht richtig eingeschätzt worden. Die Wellen schlugen ziemlich hoch und ließen eine Anzahl der kleinen Landungsboote kentern, bevor sie auf den Strand liefen. Überall wateten japanische Soldaten, ihre Waffe über den Kopf erhoben, durch das Wasser an Land. Es war zwei Uhr nachts. Ein blasser Mond erhellte die Szene. Das Motorengeräusch der Landungsboote wurde vom Rauschen der Brandung völlig verschluckt. Es war ein gespenstisches Bild, wie die japanischen Soldaten, die zahllos wie Ameisen aus dem Wasser krochen, unermüdlich vorwärtsstrebend den Strand überfluteten, sich in Trupps zusammenfanden und in langen Reihen landeinwärts verschwanden. Offenbar hatte niemand überhaupt die Landung beobachtet. Nur ein einzelnes Cyclo, eines jener Dreiräder zur Personenbeförderung, stand einige hundert Meter vom Strand entfernt. Der Fahrer saß im Sattel. Er schien über die Vorgänge am Strand überhaupt nicht erstaunt zu sein, denn er rauchte seelenruhig seine Zigarette, bis plötzlich zwei japanische Offiziere auf ihn zukamen. Der Mann sah ihnen ruhig entgegen und wartete, bis sie ihm ein bestimmtes Wort zuriefen.

»Ich bin es, Herr Hauptmann«, erwiderte der seltsame Cyclofahrer da. »Steigen Sie ein.«

Der Geheimdienst hatte ihn vor Monaten bereits ins Land geschleust, als Thailänder zurechtgemacht. Er wartete, bis die beiden Offiziere in das Gefährt gestiegen waren, dann trat er in die Pedalen. Eine Viertelstunde später fuhr er in die nächtlich ruhige Stadt ein und nahm den kürzesten Weg zum japanischen Konsulat. Der Hauptmann blieb im Cyclo sitzen. Auf seinem Schoß hielt er ein umfangreiches Bündel. Es enthielt einhunderttausend Ticals, thailändisches Geld, das für den Gendarmeriekommandanten von Singora bestimmt war. Der andere Passagier, ein Leutnant mit thailändischen Sprachkenntnissen, läutete an der Tür des Konsulats. Kurz darauf erschien der japanische Konsul Katsuno und rief, als er den Leutnant sah, erfreut aus: »Ah, die Armee ist da!«

Mit leise surrendem Motor schob sich das Auto des Konsuls aus der Garage. Die beiden Offiziere stiegen ein. Der Cyclofahrer verschwand im Konsulat. Das Auto rollte durch die Stadt, auf die Gendarmeriestation zu. Japan hatte diese Invasion auf vielerlei Weise vorbereitet. Neben den Abmachungen mit der Regierung hatte man es für klug gehalten, auch mit den örtlichen Kommandanten zu verhandeln, um sie von eventuellen eigenmächtigen Aktionen gegen die gelandeten japanischen Truppen abzuhalten. Korruption war in diesem Lande etwas Selbstverständliches, und der Kommandant der Gendarmerie von Singora hatte zugesagt, für jene einhunderttausend Ticals seiner Truppe keinen Schießbefehl zu erteilen. Doch er kam nicht dazu, dieses Vorhaben in die Tat umzusetzen. In Erwartung der immensen Summe hatte er am vorausgegangenen Abend ein Gelage veranstaltet und sein Geheimnis ausgeplaudert. Unter den Gästen aber hatte es einige antijapanisch eingestellte Gendarmen gegeben, die den Verrat ablehnten. Sie hatten den total betrunkenen Kommandanten eingesperrt und das Kommando übernommen. Als der Wagen des Konsuls Katsuno sich nun der Gendarmeriestation näherte, fiel der erste Schuß. Er löschte einen der Scheinwerfer des Autos. Weitere folgten. Der Wagen blieb stehen. Katsuno und die beiden Offiziere flohen den Weg zurück, der Chauffeur verkroch sich in einer der Gassen. Gleichzeitig wurde in der Garnison der thailändischen Truppen am Stadtrand der erste Kanonenschuß gegen die landenden Japaner abgefeuert. Auch hier gab es eine Anzahl patriotischer Offiziere, die entschlossen waren, sich zur Wehr zu setzen. Yamashita handelte schnell. Er gab einem Bataillon der 5. Division den Befehl, jeglichen Widerstand in kürzester Frist zu brechen. Für eine Stunde ratterte daraufhin Maschinengewehrfeuer durch die Straßen von Singora. Dann war das Gefecht beendet. Nur noch vereinzelte Schüsse fielen. Sie beeinträchtigten die Aktionen der Japaner nicht mehr. Die Angriffsspitzen der 5. Division befanden sich bereits auf dem Weg zur malaiischen Grenze.

Knapp hundert Kilometer südostwärts von Singora bei dem kleinen Städtchen Patani, ebenfalls an der Küste gelegen, spielte sich um dieselbe Zeit ein ähnlicher Vorgang ab. Zuerst landete das 4. Infanterieregiment der 5. Division. Es besetzte ohne nennenswerten Widerstand die Straße, die von Patani in Richtung auf die malaiische Grenze, zum oberen Tal des Perak-Flusses führte. Auch hier wurde der anfängliche Widerstand einzelner thailändischer Soldaten und Einheiten, die ihr Land nicht kampflos den Japanern ausliefern wollten, rasch gebrochen. Die schon lange zuvor ins Land geschleusten japanischen Kommandotrupps hatten gute Vorarbeit geleistet. Trotzdem ging der Vormarsch nicht ganz so schnell vonstatten, wie man es erwartet hatte. Der Regen hatte die Straße aufgeweicht, und der Weg über die Berge war weit beschwerlicher, als es angenommen worden war. Englische Flugzeuge aus Kota Bharu bombardierten bei Tagesanbruch die vor Patani liegenden Truppentransporter. Sie konnten zwei der Schiffe ernstlich beschädigen, doch das änderte nichts mehr.

Truppen und Material waren längst auf dem Weg in Richtung Malaya.

Bei Tagesanbruch kreisten über Singora die ersten japanischen Flugzeuge. Die Landebahnen der thailändischen Flugplätze waren für sie bereit. Auch hier hatte der tagelange Monsunregen einigen Schaden angerichtet, aber er wurde schnell beseitigt. Nur riesige Wasserpfützen standen noch auf den Startbahnen, die ausnahmslos nicht betoniert waren. So wirbelten die ersten landenden Flugzeuge hohe Wasserfontänen auf. Benzintanks und Bomben wurden ausgeladen, Maschinengewehrmunition und Ersatzteile. Während sich an der einen Seite der Pisten die Materialstapel auftürmten, versammelten sich auf der anderen bereits die Besatzungen, um ihre Einsatzbefehle zu empfangen. In Minutenschnelle wurden die Maschinen herumgedreht, aufgetankt und aufmunitioniert, und dann erhoben sie sich wieder, um in Richtung malaiische Grenze zu verschwinden. Der Mechanismus der Invasion lief auf Hochtouren.

General Yamashita berichtete bei Sonnenaufgang nach Tokio, daß die Aktion Singora und Patani ein voller Erfolg gewesen sei. Dann stieg er in seinen Geländewagen, der ihn hinter seinen Truppen herfuhr, die bereits die ersten Kilometer Vormarsch hinter sich gebracht hatten.

Tai atari

Es war kurz vor Mitternacht am 7. Dezember 1941, als auf dem Truppentransporter »Awagisan Maru«, der knapp vor der malaiischen Küste gegenüber Kota Bharu ankerte, eine merkwürdige Zeremonie vor sich ging.

Etwa fünfzig japanische Soldaten waren in einem der Mannschaftsräume angetreten, gefechtsmäßig ausgerüstet. Jeder hielt eine Schale Wein in der Hand, während der Kommandeur des 56. Infanterieregiments, zu dem diese Soldaten gehörten, ihnen eine kurze Rede hielt. Er sprach viel von der ruhmreichen Geschichte der japanischen Armee, von ihren Siegen und von der großen Aufgabe, die ihr nun bevorstand. Er sprach vom Ruhm des Inselreiches, das in Zukunft den Weg der Menschheit bestimmen werde, von den Eltern und Frauen daheim, die stolz auf ihre Söhne und Ehemänner seien und die von ihnen den letzten Einsatz für Kaiser und Reich erwarteten. Er erwähnte auch, daß jeder der Angetretenen nach seinem Heldentod um einen Dienstgrad befördert und sein Name in der Ehrenliste des Regiments verewigt werden würde. Die Szene mutete gespenstisch an. Gewiß waren alle Soldaten, die jetzt in die Boote gingen, vom Tode bedroht, denn die Verteidiger ließen erkennen, daß sie die Küste nicht kampflos aufgeben würden. Aber hier wurde vor jungen Menschen mit einer Selbstverständlichkeit über ihren kurz bevorstehenden Tod gesprochen, die unglaublich anmuten konnte. Und doch war dies alles weiter nichts als die zielbewußte Vorbereitung der Soldaten auf ihren rücksichtslosen Einsatz, eine Art Verpflichtung zum freiwilligen Sterben, die ihren Ursprung in der geistigen Konzeption der japanischen Armee hatte, in der Erziehung zum absoluten Kadavergehorsam, zur widerspruchslosen persönlichen Aufopferung, zum Selbstmord im Interesse der weiteren Kriegführung. Ungleich stärker als in jeder vergleichbaren Armee der Welt wurde den japanischen Soldaten eingeimpft, sich von vornherein als Todeskandidaten zu betrachten, sie sollten den Tod als Krönung ihres Lebens empfinden und ihn deshalb suchen. Tai atari, das war es, was hier verlangt wurde, die bewußte Selbstaufopferung des einzelnen Kämpfers. Er hatte weder nach dem Sinn des Kampfes zu fragen noch nach der Gerechtigkeit der Sache, für die er stritt, er hatte den Befehl zu hören und auszuführen. Lautete er, freiwillig in den Tod zu gehen, so war daran nichts Besonderes. Generationen japanischer

Jugendlicher waren zuerst von chauvinistischen Jugendorganisationen und dann von der Armee in diesem Sinne erzogen worden. Ein williges, widerspruchsloses Material, zum Verschleiß bestimmt in einem Kampf, der in seiner Skrupellosigkeit dem Maß entsprach, mit dem der Wert des eigenen Soldaten gemessen wurde.

Die fünfzig Soldaten, die auf der »Awagisan Maru« angetreten waren, sollten bei der Eroberung der englischen Stellungen vor Kota Bharu eine entscheidende Rolle spielen. Sie trugen weiße Stirnbänder, Hashimakis, die mit Schriftzeichen bedeckt waren. Im Verlaufe von Jahrhunderten hatten die militaristischen Ideologen Japans um einen einstmals harmlosen Gebrauchsgegenstand eine Legende gewoben. Viele Bauern auf den Feldern oder Arbeiter in den Häfen hatten sich einst weiße Tücher um die Stirn geschlungen, die das lange Haar festhalten und außerdem verhindern sollten, daß ihnen Schweißtropfen in die Augen liefen und die Sicht nahmen. Die Samurai, Angehörige der feudalen Kriegerkaste im alten Japan, hatten diese Sitte übernommen. Aber schon bei ihnen wurde der Hashimaki zum Symbol für Mut und männliche Haltung eines Kriegers. Die moderne kaiserliche Armee gab dem Hashimaki vollends lebensfeindliche Bedeutung. Wer heute mit einem Hashimaki in den Kampf ging, der demonstrierte, daß er keinen Wert darauf legte, zu überleben und vielleicht den Sieg mitzufeiern. Er wollte sterben, weil ihm eingeredet worden war, daß der Tod ihm mehr Ruhm brachte als das Überleben selbst nach einer gewonnenen Schlacht.

Der Kommandeur hob seine Weinschale. Die Soldaten setzten ebenfalls die Gefäße an die Lippen und leerten sie in einem Zug. »Geht hin und sterbt im Kampf!« rief der Kommandeur. Er hob die Hand zum Gruß an den Helm und entfernte sich.

Kota Bharu war die am nördlichsten gelegene Stadt an der malaiischen Ostküste, die Hauptstadt des Sultanats Kelantan, ein wichtiger Stützpunkt der englischen Armee. Bei Kelantan befand sich auch der bedeutendste Flugplatz dieser Gegend. Die Stadt lag etwa zwei Kilometer von der Küste entfernt hinter der Deltamündung des Kelantan-Flusses. Das Mündungsgebiet war zur Festung ausgebaut worden. Hier, auf den morastigen Inseln, im Gewirr der Wasserarme und Mangrovenwälder lagen hintereinander drei Befestigungsgürtel, die von Soldaten der 8. Brigade der 9. Britisch-Indischen Division besetzt waren. Es gab kaum Betonbunker, meist nur Gräben und aus Hartholz gefertigte MG-Stellungen mit zwei oder drei Schießscharten. Hinter dem dritten Verteidigungsgürtel, vor dem Flugplatz, lagen die Geschützstellungen. Sie eröffneten zuerst das Feuer auf die Landungsflotte. Vor der Küste herrschte schwerer Seegang. Die kleinen Boote der Japaner wurden wie Spielzeug hin- und hergeworfen, viele von ihnen kenterten, aber die japanischen Soldaten waren ausnahmslos mit Schwimmwesten ausgerüstet. Sie schwammen ans Ufer. Inzwischen beschoß die Artillerie der Zerstörer, die den Konvoi sicherten, die englischen Stellungen an Land.

Vom Flugplatz Kota Bharu stiegen zwei Ketten »Hudsons« auf. Sekunden später waren sie über den japanischen Schiffen. Die Piloten leisteten in den wenigen Minuten, in denen sie die Truppentransporter angriffen, ganze Arbeit. Trotz des heftigen Abwehrfeuers warfen sie ihre Bomben aus geringer Höhe mit großer Präzision ab. Bald standen die »Ayatosan Maru« und die »Awagisan Maru« in Flammen. Jedes der beiden Schiffe hatte mindestens ein halbes Dutzend Treffer abbekommen. Doch das half jetzt nicht mehr gegen die bereits an Land ausschwärmenden Japaner. Während draußen auf dem Meer die leeren Transporter ausbrannten, durchbrachen die japanischen Infanteristen die ersten Drahthindernisse und die Minenfelder an der Küste. Voran liefen die Männer mit den leuchtend weißen Hashimakis. Sie traten die Gassen in die Minenfelder. Hier und da schoß ein feuriger Pilz aus der Erde, eine Explosion zerriß einen der Selbstmörder, aber sogleich lief ein anderer an seiner Stelle weiter, den übrigen Truppen vorangehend.

Die indischen Soldaten, die in den Stellungen hinter den Minenfeldern lagen, waren auf einen solchen Blitzangriff nicht vorbereitet gewesen. Sie hatten damit gerechnet, daß die Japaner zunächst vor den Drahthindernissen und Minenfeldern liegenbleiben würden und man sie dort mit Granatwerferfeuer eindecken konnte. Als aber nun die langen Reihen der Japaner, ohne sich durch die Hindernisse aufhalten zu lassen, auf die Stellung zustürmten, erhoben sich die indischen Soldaten aus ihren Gräben und begannen den Bajonettkampf. Um die eigenen Männer nicht zu treffen, konnten die weiter hinten postierten Maschinengewehre nicht eingreifen. Die Niederlage war besiegelt. Die Angreifer drangen in ihren völlig durchnäßten Khakiuniformen, die Schwimmwesten noch am Körper, unaufhaltsam gegen die Bunker und MG-Stellungen vor. Wieder tauchten überall dort, wo aus Schießscharten Maschinengewehre bellten, die Träger der weißen Hashimakis auf, warfen sich vor die Schießscharten und blockierten sie so lange, bis andere Soldaten die Bunker mit Handgranaten gesprengt hatten. Die meisten von ihnen kamen bei diesen Aktionen um, aber das kümmerte niemanden. Ohne zurückzublicken, warfen sich die japanischen Angreifer hinter den eroberten ersten Stellungen wieder ins Wasser des Kelantan-Flusses, um auf den zweiten

Verteidigungsgürtel zuzuschwimmen. Die Schwimmwesten, die sie immer noch trugen, erleichterten dieses Vorhaben. So tauchten sie auch vor der zweiten englischen Linie unerwartet schnell und zudem in großer Zahl auf. Ein neuer, erbitterter Kampf Mann gegen Mann entspann sich. Die zweite Linie hielt die Japaner stundenlang auf. Außerdem gab es auf den kleinen Inseln im Kelantan-Fluß noch eine Menge englischer Maschinengewehrnester, die bei Tagesanbruch mit gut gezieltem Feuer in den Kampf eingriffen und die Japaner in den Flanken packten.

Die »Hudsons« vom Flugplatz Kota Bharu, der unter dem Geschützfeuer der japanischen Zerstörer lag, waren bei Tagesanbruch so gut wie außer Gefecht gesetzt. Die größere Zahl von ihnen war abgeschossen worden, der Rest mußte repariert werden. Aber dafür tauchten im ersten Morgenlicht Ketten von Torpedobombern vom Typ »Vildebeeste« auf. Auch die ebenfalls in Kota Bharu stationierten Jagdflugzeuge »Buffalo« griffen in den Erdkampf ein. Das Gefecht nahm an Intensität zu. Es gelang den englischen Fliegern, die Zerstörer hinter die dem Festland vorgelagerten Perhentian-Inseln abzudrängen. Aber nun flogen die ersten japanischen Bomberformationen von Singora heran, schnelle und wendige zweimotorige »Mitsubishi«-Bomber. Sie begannen, systematisch die restlichen Stellungen um Kota Bharu zu bombardieren, und zerstörten den Flugplatz. Gleichzeitig rückten von See her Verstärkungen heran. Weitere Truppentransporter, von einem Kreuzer und mehreren Zerstörern begleitet, tauchten auf. Die englischen Soldaten hofften auf Unterstützung durch ihre Luftwaffe. Aber die konnte ihnen nicht mehr helfen. Japanische Bomber hatten nicht nur die Startbahnen in Kota Bharu zerstört, sondern auch die Flugplätze von Gong Kedah und Machang sowie Sungei Patani, Butterworth, Penang und Alor Star angegriffen und für längere Zeit unbrauchbar gemacht. Damit war das Schicksal der britischen Truppen bei Kota Bharu entschieden. Immer mehr Landungsboote setzten japanische Soldaten an der Küste ab. Um vier Uhr nachmittags standen die ersten Angreifer vor dem Flugplatz von Kota Bharu. Sie hatten den dritten Verteidigungsgürtel der Engländer überrannt. Der Flugplatzkommandant, der inzwischen die gröbsten Schäden an den Rollbahnen hatte ausbessern lassen, gab allen noch intakten Maschinen den Befehl, aufzusteigen und nach Kuantan zu fliegen. Es begann heftig zu regnen, und zudem kam Sturm auf. Einige der Maschinen überschlugen sich beim Start, aber mit Tagesende waren alle noch flugfähigen Maschinen von Kota Bharu abgezogen.

In den letzten Tagesstunden hatten die Angreifer eine Verschnaufpause eingelegt. Die Einheiten wurden gesammelt und umgruppiert. Ersatz kam von See heran, Munition und Verpflegung. Dann aber griffen sie von neuem an. Um Mitternacht, genau vierundzwanzig Stunden nach der Landung, war der Flugplatz von Kota Bharu in japanischem Besitz. Pioniere begannen unverzüglich damit, ihn für den Anflug der eigenen Maschinen herzurichten.

Im Morast zwischen den Flußarmen, im Schlamm der Mangrovensümpfe und im triefenden Regenwald schoben sich die Angreifer immer weiter vorwärts. Sie umgingen das englische Stellungssystem, durchlöcherten es so, daß dem Kommandanten nichts weiter übrigblieb, als die verbliebenen englischen Truppen zurückzuziehen. Um zwei Uhr besetzten die Japaner Kota Bharu. Südlich der Stadt sammelten sich die englischen Truppen. Aber sie wurden von einer Stellung auf die andere zurückgedrängt, überrannt von den Schwärmen japanischer Invasionstruppen, die mit dem Schlachtruf »Banzai« vorwärtsstürmten, ihr eigenes Leben mißachtend. Diese erste Konfrontierung mit einem Gegner, der taktisch klug und mit vollem Einsatz kämpfte, warf alle konventionellen Vorstellungen der englischen Soldaten über den Haufen und hinterließ einen begreiflichen Schock bei ihnen. Der britische Soldat in Malaya war an leichten Dienst gewöhnt, an eine Art Polizeitätigkeit, die sich vornehmlich gegen unbewaffnete Angehörige der einheimischen Bevölkerung gerichtet hatte. Es dauerte längere Zeit, bis er in der Lage war, sich auf die neue Situation einzustellen.

Inzwischen rückten die japanischen Truppen in drei Stoßkeilen vor, von Singora, Patani und Kota Bharu aus. Am 13. Dezember besetzten sie den englischen Feldflugplatz bei Tanah Merah, am 19. den bei Kuala Krai. Damit war die britische Luftverteidigung in Nordmalaya weitgehend gelähmt. Die Japaner erbeuteten Flugzeuge und Geschütze, Hunderte von Lastwagen und anderen Gefechtsfahrzeugen. An General Yamashita ging nach der Eroberung von Kota Bharu die Verlustmeldung: Der Kampf habe das 56. Infanterieregiment 320 Tote und 538 Verwundete gekostet. Zwei Truppentransporter seien verlorengegangen. Das waren nicht unbeträchtliche Verluste. Aber die Anfangsbasis für einen weiteren schnellen Vormarsch durch Malaya nach Singapore war geschaffen.

Operation »Matador«

Robin Clark wischte sich zum hundertsten Mal an diesem Tag das Wasser aus dem Gesicht und vom Hals. Die Regenpelerine, die er sich aus seiner Zeltbahn gefertigt hatte, war ebenso durchnäßt wie seine Kleidung. Der Monsun schüttete wahre Sturzbäche über die Männer aus, die um das Lager der 2. Kompanie Wache standen.

Clark war mit den übrigen Reservisten in Singapore an Land gegangen. Malaya war weder mit Indien zu vergleichen noch mit Burma, aber für einen Soldaten, der jahrelang in den Tropen gedient hatte, bot es trotzdem wenig Überraschungen. Die 11. Division hatte ihre Reservisten mit Lastwagen aus Singapore abgeholt. Die Reise hatte Tage gedauert. Clarks Einheit lag im nordwestlichen Zipfel von Perak, unweit der Grenze zu Thailand. Wochen waren mit Übungen ausgefüllt gewesen. Clarks Vorgesetzte waren sämtlich neue Leute. Die Division, deren Gros weiter nördlich, in Kedah und Perlis lag, bestand aus Indern und wurde von Engländern geführt. Es gab zwar indische Sergeanten, aber das war schon der höchste Dienstgrad für die Inder, die meist aus Punjab stammten. Die Führungsposten waren ausschließlich mit Engländern besetzt.

Clark hatte Grund genug, sich darüber zu wundern, daß sich seine Einheit hier im Norden der Kolonie durchaus nicht auf Verteidigung vorbereitete. Die Übungen deuteten darauf hin, daß angegriffen werden sollte, und bis zum Regimentskommandeur war man sich auch darüber einig, daß es sich nicht darum handeln konnte, eine feste Stellung zu verteidigen. Man würde vorrücken, und zwar nach Thailand hinein. Anfang Dezember waren die Soldaten dann in den Plan eingeweiht worden, der den Decknamen »Matador« trug. Danach sollte eine Kampfgruppe der 11. Indischen Division, die aus zwei Kompanien indischer Infanteristen, einer Batterie Panzerabwehrgeschütze und zwei Pionierabteilungen bestand, nach Singora vordringen. Der Befehl über diese Einheit wurde Major Andrews übertragen, einem jüngeren Offizier mit gewissen Erfahrungen im Dschungelkrieg. Er teilte nun den um ihn versammelten Engländern mit, daß es sich bei der Aktion »Matador« um einen Plan handle, der schon seit dem Sommer ausgearbeitet sei und für den zu gegebener Zeit aus London direkt das Startzeichen kommen würde. Daraufhin sollte sich seine bei Changlun versammelte Gruppe auf schnellstem Wege über die thailändische Grenze in Marsch setzen und versuchen, Singora zu erreichen, das als möglicher Landeplatz für japanische Invasionstruppen erkannt worden war. Der Vormarsch sollte auf der von Changlun in Richtung Haad-yai-Singora verlaufenden Straße und der von Padang in gleicher Richtung führenden Eisenbahnstrecke vor sich gehen. Die zweite »Matador«-Gruppe, zu der Robin Clark gehörte und die unter dem Kommando von Colonel Moorhead stand, hatte ihre Ausgangsstellung weiter südlich. Sie führte den zusätzlichen Decknamen »Krohçol« und war vorwiegend aus Angehörigen des 3. Punjab-Regiments zusammengesetzt. Bei der kleinen malaiischen Grenzstadt Kroh, in deren Nähe sich Moorheads Gruppe befand, gabelte sich die vom thailändischen Patani her kommende Straße nach Westen und Süden. Würde diese Straßengabelung von gegnerischen Truppen erreicht, so wäre es ihnen möglich, in kürzester Zeit die gesamte 11. Indische Division einzuschließen. Daher sollte Moorhead nach dem Plan »Matador« nach Nordosten auf der Straße nach Patani vorstoßen und versuchen, die dort landenden Japaner aufzuhalten, bis weitere Kräfte nachgezogen werden konnten. Kam er nicht bis Patani, so sollte er in einer Gegend etwa fünfundsechzig Kilometer von der Grenze entfernt, wo die Straße seitlich an einer steilen Felswand, Ledge genannt, verlief, streckenweise sogar aus dem Felsgestein herausgesprengt war, einen Hinterhalt für den vordringenden Gegner legen. Diese Straße war durch Sprengungen leicht unpassierbar zu machen. Hier konnte es gelingen, den Gegner noch auf thailändischem Territorium und bevor er die kritische Straßengabelung erreichte, entscheidend aufzuhalten.

Der Plan »Matador« ging von der zweifellos richtigen Voraussetzung aus, daß die Japaner versuchen würden, auf dem Landwege in Nordmalaya einzudringen und gegen Singapore zu marschieren. Dazu, so vermuteten die Urheber des Planes, würden sie Singora und Patani als Landeplätze auswählen, weil diese Orte an den Enden der entscheidenden Einfallstraße in Richtung Malaya lagen. Ohne daß die Abwehr etwa japanische Unterlagen gekannt hätte, war von scharfsinnigen Praktikern genau vorausberechnet worden, was potentielle Angreifer tun würden. Der Plan »Matador« war einerseits in seinen Grunderwägungen das seltene Beispiel logischen Denkens und richtiger Berechnung der strategischen und taktischen Ziele des Gegners. Andererseits – und das verurteilte ihn von vornherein zum Scheitern – zeugte er wiederum von der erstaunlichen Unterschätzung des Aggressors Japan durch die führenden Militärs und Politiker in London. Er war absolut unzureichend angesichts des bereits vorauszusehenden massiven Einsatzes der Japaner. Unter der Voraussetzung, daß die japanischen Truppen bei Singora und Patani

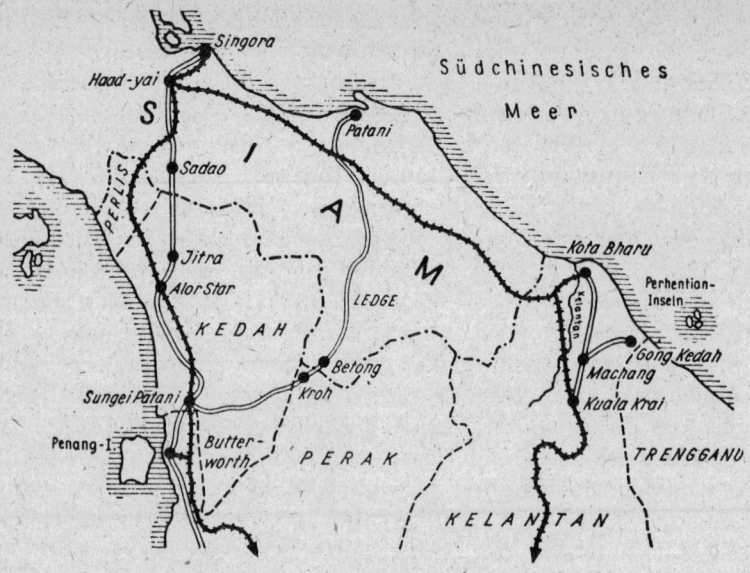

Angriffsrichtung der Japaner nach der Landung in Malaya

landen würden, sollten zwei kleine Einheiten der britischen Armee, die lediglich Stoßtruppcharakter hatten, im Augenblick der Landung auf schnellstem Wege die beiden Plätze erreichen und den eindringenden Gegner dort zum Kampf stellen. Dabei hätten sie allein auf Grund ihrer zahlenmäßigen Unterlegenheit keine Chance gehabt. Wären starke britische Truppenverbände – beispielsweise aus Indien – bereits im Herbst 1941 nach Nordmalaya verlegt und massiert in Richtung Singora und Patani eingesetzt worden, als man die Konvois ausgemacht hatte, wäre es den angreifenden Japanern nicht gelungen, sich so günstige Ausgangspositionen zu schaffen. Damit hätte England dem Verlauf der Kriegsereignisse in Südostasien eine völlig andere Wendung geben können.

Der Pferdefuß des Planes »Matador« war, daß die britischen Kampfgruppen zu schwach waren und daß sie außerdem erst nach der Eröffnung der Kampfhandlungen und der Bildung von Brückenköpfen durch die Japaner in Thailand einrücken sollten, obwohl sich selbst in der britischen Regierung niemand ernstlich darüber hinwegtäuschte, daß Thailand auf der Seite Japans stand. Die letzte Weisung aus London, die die Kommandeure der beiden Kampfgruppen bekamen, hieß sie mit ihren Leuten vierundzwanzig Stunden vor der erkannten Landeabsicht der

Japaner bei Singora und Patani die Grenze zu überschreiten und umgehend auf die beiden Orte vorzurücken. Doch bis jetzt hatte London den Marschbefehl noch nicht gegeben. Als sich dann die Anzeichen für ein baldiges Losschlagen der Japaner buchstäblich häuften, erhielt der Oberbefehlshaber Fernost, Sir Robert Brooke-Popham, am 5. Dezember die Erlaubnis aus London, den Befehl zum Start der Aktion »Matador« selbst zu erteilen, wenn folgende Situation eingetreten sei: erstens eine japanische Invasionsflotte in Richtung auf Südthailand anrücke und zweitens die Japaner auch an anderen Stellen in Thailand bereits Kampfhandlungen eröffnet hätten.

Am nächsten Morgen bekam Brooke-Popham die Meldung der englischen Luftaufklärer über die japanischen Geleitzüge im Golf von Siam. Aber er ließ »Matador« nicht anlaufen, denn er hatte noch einen anderen, ausdrücklichen Befehl aus London, keinesfalls japanische Einheiten anzugreifen, solange diese nicht bereits kriegerische Akte gegen England, Holland oder die USA verübt hatten. Damit wurde die ganze, ohnehin schon fragwürdige Aktion »Matador« endgültig zum Paradoxon: Man kann nicht einem Gegner zuvorkommen, wenn man gleichzeitig auf dessen formelle Eröffnung der Kampfhandlungen zu warten gedenkt. So kampierten die »Matador«-Einheiten im strömenden Monsunregen unter freiem Himmel und warteten. Währenddessen landete in der Nacht vom 7. zum 8. Dezember in Singora, Patani und Kota Bharu die japanische Armee. Gerüchte machten die Runde, daß der Krieg begonnen habe. Man wartete auf den Einsatzbefehl, aber er kam nicht.

Am Morgen jagte Major Andrews einen Funkspruch nach dem anderen zu seinem Divisionsstab, und von dort lief eine Anfrage nach der anderen nach Singapore. »Matador« bekam das Startzeichen nicht. Dafür entschied gegen Mittag des 8. Dezember das Oberkommando Fernost, den Plan aufzuschieben. General Percival, der diesen Beschluß von sich aus nicht umgehen konnte, war ziemlich unzufrieden. Kaum eine Stunde später erging aber per Telefon an ihn der Befehl, »Matador« jetzt doch anlaufen zu lassen. Offenbar hatte Brooke-Popham angesichts der ersten japanischen Bombardements und neuer Nachrichten von den Invasionsstellen seine Haltung nun doch geändert und selbständig entschieden. Allerdings, das begriff Percival als erfahrener Soldat, war der ursprüngliche Plan »Matador« in diesem Stadium der Entwicklung bereits illusorisch geworden. Als er deshalb General Heath, dem Kommandeur der 11. Indischen Division, befahl, die für »Matador« vorgesehenen Truppen in Marsch zu setzen, modifizierte er den Kampfbefehl. Anstatt bis Singora vorzudringen, bekam die nördliche Gruppe jetzt den Auftrag, nur den thailändischen Straßen- und Eisenbahnknotenpunkt Haad-yai zu erreichen und den Gegner dort zu stellen. In der so gewonnenen Zeit sollten die Bahnlinie nach Perlis und die Straße nach Kedah hinein zerstört sowie die Brücken nach dem abschnittsweisen Rückzug der Truppen gesprengt werden. Die weiter südöstlich operierende »Kroh-col«-Gruppe erhielt den Befehl, auf der Straße Kroh–Patani bis zum »Ledge« vorzudringen, dem anrückenden Gegner dort den Weg zu verlegen und ihn so lange aufzuhalten, wie das unter den gegebenen Umständen möglich war.

Es war Mittag, als Robin Clark von seinem Posten abgelöst wurde. Eigentlich hätte er als Sergeant nicht unbedingt Posten zu stehen brauchen, aber er konnte es nicht mit ansehen, wie die durchnäßten indischen Soldaten allein Dienst taten, während seine englischen Kameraden in den Zelten ununterbrochen Poker spielten oder in Magazinen lasen. Außerdem kam er aus dem Zivilleben, und wenn er den bevorstehenden, zweifellos harten Kampf überstehen wollte, dann mußte er sich so schnell wie möglich an die neuen Lebensumstände, an das Dasein in Regen, Hitze, schlammigen Waldquartieren, an das üble Essen und die vielen ungewohnten Dinge gewöhnen. Deshalb freute er sich, als er jetzt abgelöst wurde, daß er offenbar das Klima und alles, was damit zusammenhing, noch leidlich vertrug. Er ging durch die Kautschukplantage zum Lager zurück. Auf halbem Wege begegnete er Ah Pin, dem Lastwagenfahrer der Plantage, einem kleinen, intelligenten Malaien, der seit Jahren Latexsaft von der Plantage nach Sungei Patani fuhr, wo die Eisenbahn den Weitertransport übernahm. Clark zog eine Schachtel Zigaretten aus der Tasche und hielt sie Ah Pin hin. Der Malaie bedankte sich. Eine Weile rauchten sie beide schweigend und lauschten dem eintönigen Geplätscher des Regens. Dann sagte Ah Pin: »Die Japaner sind gelandet. Es ist kein Gerücht. Der Chef packt schon seine Sachen.«

»Ich habe geahnt, daß es kein Gerücht ist«, erwiderte Clark. Er kannte den Malaien seit einigen Wochen. Der junge Mann war gefällig gewesen, als Clark ihn darum bat, ein Päckchen mit ein paar Kleinigkeiten an Maria für ihn an der Poststation aufzugeben. Seitdem unterhielten sie sich manchmal miteinander. Der Malaie meinte unbestimmt: »Wenn sie schnell marschieren, können sie in zwei Tagen hier sein, in drei vielleicht...«

»Wir werden sie aufhalten«, entgegnete Clark, aber es klang nicht sehr überzeugend. Der Malaie lächelte.

»Glaubst du nicht, daß wir das können?« fragte Clark herausfordernd.

»Ich weiß nicht. Es sind viele Japaner.«

»Wir sind mehr«, sagte Clark.

Der Malaie sah ihn an. »Wie lange glauben Sie, Sergeant, daß Sie im Dschungel leben könnten?«

Es dauerte eine Weile, bevor Clark ihm antwortete. »Nicht lange, Ah Pin. Wenn sie uns in den Dschungel treiben, sind wir verloren.«

»Sie werden es tun«, sagte Ah Pin. »Die Engländer werden Malaya nicht halten können. Wir könnten es. Aber die großen Chefs wollen nicht, daß wir das tun. Wir würden den Japanern Feuer unter dem Hintern anzünden. Wir kennen das Land. Jeden Weg und jeden Wasserlauf, wir können im Wald schlafen, und wir finden dort sogar etwas zu essen. Warum, Sergeant, hat der Oberkommandierende nicht die Bevölkerung Malayas aufgerufen, ihr eigenes Land zu verteidigen?«

»Ich weiß es nicht«, antwortete Clark ausweichend. Die Frage war ihm unbequem. Der Malaie lächelte wieder. »Aber ich weiß es. Und Sie werden es auch noch erfahren. Es wird zu spät sein.«

»Du bist nicht gut auf den Oberkommandierenden zu sprechen, Ah Pin«, beschwichtigte Clark den jungen Mann. »Aber die Sache ist gar nicht so einfach. In Europa brauchen wir die meisten unserer Soldaten, auch die meisten Waffen. Wir müssen die Deutschen bekämpfen. Wenn wir sie nicht niederschlagen, sind wir verloren, egal, ob wir vorher in Malaya gesiegt haben oder nicht. So ist das. Und der Oberkommandierende hat eine Menge Sorgen.«

Der Malaie nickte. »Ich weiß das. Natürlich muß man die Deutschen schlagen. Das ist mir alles klar. Nur – warum nimmt der Oberkommandierende dann nicht wenigstens das Angebot an, das ihm die malaiischen Kommunisten gemacht haben? Waffen an uns auszugeben, damit wir mithelfen können, Malaya zu verteidigen?«

»Es werden keine Waffen da sein«, gab Clark gegen seine Überzeugung zurück. Er wußte, daß die Waffenlager gestopft voll waren.

»Sergeant«, sagte der Malaie, »der Oberkommandierende gibt uns deshalb keine Waffen, weil wir die Bewohner einer englischen Kolonie sind und das bleiben sollen. Japaner oder nicht – die Bewohner dieser Kolonie sollen nicht auf die Idee kommen, ein Vaterland zu haben. Sie könnten eventuell darauf kommen, wenn sie das Land gegen die Japaner verteidigen, nicht wahr? Seien Sie ehrlich, glauben Sie nicht, daß der Oberkommandierende das befürchtet?«

»Jesus«, stöhnte Clark, »wie soll ich wissen, was der Oberkommandierende denkt?«

»Und Sie? Denken Sie nicht?«

Clark ließ den Stummel seiner Zigarette fallen. Er verzischte in einer Wasserlache.

»Doch, ja. Ich denke sogar, daß du recht hast, Ah Pin. Und was soll ich jetzt tun?«

»Sie könnten mir ein Gewehr beschaffen.«

»Wozu?«

»Was würden Sie mit einem Gewehr in England machen, wenn die deutschen Truppen an der Küste landeten?«

»Schießen«, sagte Clark. »Aber ich kann dir leider kein Gewehr geben. So gern ich möchte. Ich habe nur dieses eine.«

»Wenn ich jetzt ein Gewehr hätte«, sagte der Malaie, »würde ich in den Wald gehen und Jagd auf die Japaner machen. Ich würde ihnen entgegengehen und ihnen zeigen, was es kostet, Malaya zu erobern. Doch ich habe kein Gewehr. Deshalb werde ich heute abend mit dem Morris nach dem Süden fahren. Den Chef der Plantage in Sicherheit bringen. Und seine Frau und die Kinder. Er will nach Singapore. Es sollen noch Schiffe abgehen, mit Zivilisten, nach England.«

»Gute Reise«, wünschte Clark trocken. Er legte dem kleinen Malaien die Hand auf die Schuler. »Wenn wir uns nach dem Krieg treffen sollten, werden wir ein paar darauf trinken, daß du recht gehabt hast. Paß gut auf dich auf!«

Der Malaie sah ihm nach, wie er zu den Zelten ging. Clark hatte sich eigentlich vorgenommen, eine Stunde zu schlafen. Doch er kam nicht mehr dazu. Colonel Moorhead hatte den Marschbefehl bekommen. Zwölf Stunden nachdem die Japaner bei Patani gelandet waren, brach die Gruppe »Krohcol« auf. Kurz vor vierzehn Uhr erreichte sie die thailändische Grenze. Der Gruppe gehörten ein Bataillon des 3. Punjab-Regiments an, das auf leicht gepanzerte australische Mannschaftstransportwagen verladen worden war, außerdem ein Pionierzug mit Sprengfachleuten und eine Panzerabwehrabteilung mit einem halben Dutzend Geschützen. Robin Clark saß durchnäßt und mürrisch auf dem ersten Transportfahrzeug, das Gewehr gesichert im Schoß. Über den Rand des Stahlhelms lief ihm das Regenwasser ins Genick. Er beobachtete die beiden indischen Soldaten, die mit Äxten zu dem hölzernen Tor gingen, das Malaya von Thailand trennte. Es war mit einem einfachen Vorhängeschloß Hongkonger Produktion gesichert. Der indische Soldat, der die Axt hob, um das Schloß zu zertrümmern, hielt plötzlich in der Bewegung inne. Gleichzeitig verhallte ein einzelner Gewehrschuß. Clark ließ sich vom Rand des Wagens ins Innere gleiten und beobachtete durch den Sehschlitz, wie der Inder die erhobene Axt fallen ließ und langsam in sich zusammensackte. Der zweite Soldat kroch zu ihm, entfernte sich aber sogleich wieder. Offenbar war sein Kamerad tot. Aus dem Wagen

Moorheads begann ein Maschinengewehr den Wald zu beschießen, der hinter dem Grenztor lag. Die Straße war nur eng, rechts und links stand die grüne Wand des Dschungels. Einige Minuten schoß das Maschinengewehr, dann eilten mehrere Punjabis geduckt auf das Tor zu. Diesmal fiel kein Schuß. Das Schloß zerbrach, das Tor zersplitterte unter den Axthieben. Die Motoren der Transporter heulten auf, und die Kolonne setzte sich in Bewegung. Voran der stärker gepanzerte Aufklärungswagen mit einem Dutzend Spähern, dann das Gros und am Schluß zwei weitere Panzerfahrzeuge.

Moorhead ließ seine Truppe äußerst vorsichtig vorgehen. Zunächst blieb alles ruhig. Aber bereits nach wenigen hundert Metern machte die schmale Straße eine Biegung, und hier war die erste Straßensperre aus gefällten Bäumen errichtet. Der Führungswagen bekam Feuer aus dem Wald. Moorhead ließ absitzen und seine Leute rechts und links von der Straße im Wald vordringen. Pioniere sprengten inzwischen die Straßensperre, und die Fahrzeuge zogen nach. Aber die Schießerei riß nicht mehr ab. Niemand sah den Gegner.

Clark führte die Gruppe, die links der Straße vorging. Er schlich hinter einem der indischen Soldaten vorwärts, der mit seinem Haumesser Schritt für Schritt den Weg freimachte. Es war erst Nachmittag, aber im Wald herrschte trotzdem nur ein trübes Dämmerlicht. Von den Zweigen tropfte der Regen. Clark warf sich hinter dem Inder zu Boden, als plötzlich ein Maschinengewehr zu schießen begann. Es kam unerwartet. Niemand hatte damit gerechnet, daß auch im Wald Widerstand geleistet werden würde. Hinter sich wußte Clark den Sergeanten Crooker, der ebenfalls aus London stammte. Er winkte ihn heran und flüsterte ihm zu: »Bleib mit deinen Leuten hier liegen, ich gehe links an dem MG vorbei...«

Es dauerte lange, bis Clark mit einem Dutzend Soldaten einen großen Bogen um das Maschinengewehr gemacht hatte. Er konnte es sehen, es lag unmittelbar am Straßenrand, und es konnte nicht nur die Straße selbst, sondern auch den Wald links und rechts davon bestreichen. Zwei Männer lagen in der flachen Mulde. Sie trugen die Uniformen der thailändischen Gendarmerie. Aber das Maschinengewehr war ein japanisches Nambu. Clark überlegte nur kurz, dann gab er zwei Punjabis den Befehl, näherzukriechen und Handgranaten zu werfen. Die beiden Inder erledigten diesen Auftrag vorbildlich. Nach der Detonation betrachtete Clark die Gesichter der beiden getöteten Gendarmen. Zu Crooker, der hinzukam, sagte er: »Ich lasse mich fressen, wenn das Siamesen sind...« Crooker zuckte die Schultern. Er griff in die Uniformtaschen der Getöteten, aber es fand sich nichts darin, das ihre Identität hätte bezeugen können. Auch für Crooker, der länger als Clark in Malaya war, schienen die Gesichter keine siamesischen Züge aufzuweisen.

Auf der Straße rückten die Fahrzeuge weiter vor, im Schrittempo. Colonel Moorhead sprang von seinem Wagen und warf nur einen Blick auf die beiden Toten, dann pfiff er durch die Zähne. Für ihn gab es keinen Zweifel: Die Japaner waren ihnen zuvorgekommen. Sie hatten Soldaten in thailändischen Uniformen an dieser Straße abgesetzt. Es war unwahrscheinlich, daß die thailändischen Behörden nichts davon wußten.

Die Erkenntnis Moorheads bestätigte sich, doch sie kam zu spät. Lange vor dem Angriff hatten japanische Agenten der Einheit 82 die Aufgabe übernommen, diese wichtige Vormarschstraße durch Thailand nach Malaya hinein zu sichern. Mit reichlichen Geldmitteln ausgestattet, hatten sie viele der örtlichen Gendarmeriebeamten bestochen und sich so deren stillschweigende Duldung erkauft. Die thailändischen Uniformen waren aus Japan geliefert worden, samt Waffen und Gerät. Die Infiltration war vollkommen. Das spürten die Soldaten Moorheads nun, die mit erheblicher Verspätung das Unternehmen »Matador« durchzuführen versuchten. Als es Nacht wurde, war die Gruppe »Krohcol« nicht mehr als etwa fünf Kilometer vorangekommen. Eine Straßensperre nach der anderen mußte überwunden werden. Zuweilen kam es zu erbitterten Nahkämpfen, in denen sich die an den Dschungelkampf gewöhnten Punjabis großartig schlugen. Während der Regen stärker wurde, ließ Moorhead seine Leute mitten auf der Straße kampieren. Patrouillen durchstreiften in den Nachtstunden die Umgebung. Immer wieder fielen Schüsse. Der Gegner war wach. Als der Tag kam und die Männer sich fröstelnd unter ihren Regenplanen erhoben, gab Moorhead das Zeichen zum Weitermarsch.

Inzwischen war in Kroh das 5. Punjab-Regiment eingetroffen, bereit, Moorheads Gruppe zu folgen und sie bei ihrer Aktion zu unterstützen. Bevor es die Grenze überschritt, wurde es jedoch von Moorhead über Funk aufgefordert, in Kroh zu bleiben. Seiner Meinung nach war die Lage auf der Straße und in ihrer Umgebung noch zu ungeklärt, und es gab keine Garantie, daß nicht das 5. Regiment in einen gefährlichen Hinterhalt gelockt werden konnte. Er vereinbarte mit dem Regimentskommandeur, daß zunächst nur er mit seiner Gruppe vordringen werde und das 5. Regiment nachgezogen werden sollte, falls es notwendig wurde. Trotzdem aber setzten sich Fahrzeuge des 5. Regiments nach Thailand hinein in Bewegung. Sie brachten in den frühen Morgenstunden fünfzehn Tote zurück, die Moorheads Einheit bis jetzt gehabt hatte.

Am Vormittag des 9. Dezember gelang es Moorhead, weitere zehn Kilometer vorzudringen. Er gelangte bis in die Nähe der ersten thailändischen

Ortschaft Betong, wo mehr als dreihundert Schützen in thailändischen Gendarmerieuniformen ihm ein erbittertes Gefecht lieferten. Bis gegen fünfzehn Uhr dauerte die Schießerei. Dann meldeten Späher, daß sich die thailändischen Gendarmen zurückzogen. Clark, der jetzt den Voraustrupp anführte, sah durch sein Fernglas, daß in Betong weiße Flaggen wehten. Er ließ aufsitzen und fuhr bis zum Ortseingang, immer auf einen plötzlichen Überfall vorbereitet. Aber zu seinem Erstaunen marschierte ihm aus dem Ort ein thailändischer Gendarmerieoffizier, ebenfalls mit einer weißen Flagge, entgegen.

»Was ist los?« rief Clark ihn an. »Warum schießen Ihre Leute, bevor wir ihnen unsere Absicht erklären können?«

Der Gendarm lächelte verlegen. Es war ein kleiner, fetter Mann. Er faltete die Hände zum Gruß und bat in holprigem Englisch, den Fehler zu entschuldigen, den seine Leute gemacht hätten.

»Fehler ist gut«, brummte Clark. »Dieser kleine Fehler hat uns zwei Dutzend Leute gekostet!« Er bedeutete ihm weiterzugehen. »Der dritte Wagen. Sag dem Kommandeur, was los ist...«

Der Gendarm lächelte nur. Er blieb vor Moorheads Wagen stehen und nahm unbewegt dessen Erklärung entgegen, daß England sich entschlossen habe, zur Wahrung seiner Interessen dem Vormarsch der Japaner durch Thailand entgegenzutreten. Als Moorheads Gruppe in Betong einzog, fiel kein Schuß. Moorhead entschloß sich, die Kräfte seiner Leute zu schonen und ihnen eine Nacht Schlaf zu gönnen. Um den Ort wurden Wachen aufgestellt. Aber die Nacht verlief ereignislos. Es war, als hätten sich die geheimnisvollen »Gendarmen« in Luft aufgelöst. Um sechs Uhr brach Moorheads Gruppe erneut auf. Wider Erwarten zeigte sich auf der Straße kein Gegner. Nicht ein einziger Schuß fiel. Robin Clark, im ersten Fahrzeug, verschlang während der Fahrt sein Frühstück, das aus Corned beef, Brot und kaltem Tee bestand. Er kaute mißmutig auf dem trockenen Brot herum. Das Fleisch schmeckte ranzig. Wie es aussieht, werden wir dieses Felsenriff doch noch erreichen, dachte er. Er hatte an der Besprechung teilgenommen, in der die Aktion erläutert worden war. Pioniere würden oberhalb der Straße in den Felsen Sprengladungen anbringen und sie beim Eintreffen der Japaner zünden. Ringsum würde die Gruppe »Krohcol« in Deckung liegen und mit ihrem Feuer den Japanern den Rest geben. Clark war im Zweifel, ob das alles so funktionieren würde. Man durfte die Japaner nicht unterschätzen, das hatten bereits die vergangenen zwei Tage gezeigt. Wer konnte wissen, welche neue Teufelei sie planten.

Zehn Kilometer vor dem Felsenriff, als die Straße bereits anstieg, ließ

Clark halten. Laut Aktionsplan sollten die schweren Mannschaftswagen hier stehenbleiben, denn dies war die letzte Stelle, an der sie drehen konnten. Weiter vorn wurde die Straße so eng, daß jeder Versuch, ein solches Fahrzeug zu wenden, mit seinem Sturz in den Abgrund geendet hätte. »Absteigen!« kommandierte Clark. Die Soldaten sprangen auf die Straße. Moorheads Wagen kam heran. Die übrigen folgten. Sobald die Mannschaften abgesessen waren, drehten die Wagen und fuhren zurück. Clark sammelte seine Männer zum weiteren Vorgehen, als er das entfernte Motorengeräusch vernahm. Er nahm den Helm ab, der das Gehör täuschte, und jetzt war kein Irrtum mehr möglich: Flugzeuge waren in der Luft.

Die Transportwagen konnten erst wenige hundert Meter zurückgefahren sein, als die beiden japanischen »Zeros« mit kreischenden Motoren über die Straße zogen. Clark lag unter einem breitblättrigen Busch. Er konnte ohne Glas die roten Kreise auf den Tragflächen der Maschinen erkennen. Sie kurvten ein und stießen herab. Offenbar hatten sie jedoch die Gruppe Moorheads nicht genau ausmachen können, denn die Splitterbomben, die sie warfen, fielen zwischen den Soldaten und den zurückgezogenen Fahrzeugen in den Wald.

»Vorwärts!« befahl Moorhead, als die Maschinen abgeflogen waren. Im Eiltempo ging es weiter. Immer noch zeigte sich kein Widerstand. Der Wettlauf um das Felsenriff war noch nicht entschieden.

Ein paar hundert Meter vor der Ortschaft Kampong To stießen Moorheads Leute auf eine Holzbrücke, die über den ziemlich angeschwollenen Patani-Fluß führte. Voraus lag die Ortschaft, ruhig, ohne ein Zeichen dafür, daß der Gegner nahe war.

»Clark zu mir!« befahl Moorhead. Als sich der Sergeant bei ihm meldete, erklärte der Kommandeur: »Clark, wir haben vorsichtig zu sein. Erreichen wir das Felsenriff noch, haben wir gewonnen. Erreichen wir es nicht, ist diese Brücke wenigstens ein kümmerlicher Ersatz. Ich lasse sie verminen, und Sie stoßen mit dem Voraustrupp über die Ortschaft hinaus vor. Es sind knapp fünf Kilometer bis zu dem Felsenriff. Nehmen Sie meinen Jeep. Wenn Sie bis dorthin kommen, ziehe ich den Rest der Einheit nach. Werden Sie aufgehalten, ziehen Sie sich wieder zurück. Verstanden?«

Clark sprang in den Wagen und hob die Hand. Das Fahrzeug rollte schnell über die Brücke und fuhr auf die Ortschaft zu. Clark hatte das Fernglas an den Augen, und er sah den ersten Abschußblitz zwischen den Hütten. Instinktiv ließ er sich in den Wagen fallen und rief: »Stop!« Da schlug auch schon die Granate neben dem Wagen ein. Sie kippte das

Fahrzeug halb um. Die Soldaten krochen heraus und gingen in Deckung. Clark wurde vom Luftdruck der zweiten Explosion ins Gebüsch geschleudert. Die zweite Granate hatte den Wagen voll getroffen.

»Zurück!« kommandierte Clark. Es gelang nicht mehr, den Fahrer des Wagens zu retten. Er verbrannte in dem Wrack, das mitten auf der Straße lag. Maschinengewehrfeuer setzte vom Dorfrand ein. Aber es gelang Clark und seinen Leuten, die Brücke wieder zu erreichen. Der Wettlauf war entschieden: Die Japaner hatten das Felsenriff bereits überwunden. Sie waren nur wenige Minuten zu spät gekommen, um auch noch die Holzbrücke zu nehmen. Clark hetzte mit seinen Männern über die dicken Bohlen, unter denen bereits die von den Pionieren schnell angebrachten Sprengladungen hingen. Aus dem Dorf rollten vier japanische Panzer auf die Brücke zu. Es war die Spitze der 5. Division, die in Patani gelandet war und in Eilmärschen unangefochten die Strecke bis Kampong To zurückgelegt hatte. Hundert Meter waren die Panzer noch von der Brücke entfernt, als sie in die Luft flog. Gleichzeitig schossen die englischen Panzerabwehrkanonen auf den Gegner. Durch den Beschuß vorsichtig geworden, zogen sich die Panzer zurück.

Moorhead ließ am Südufer des Flusses Stellungen anlegen. Er war entschlossen, die Japaner hier so lange aufzuhalten, bis er einen neuen Befehl bekam. Das Flußufer war flach und nur leicht bewachsen. Es war nicht gerade eine ideale Stellung, aber Moorhead wußte, daß die Japaner den Fluß unter Beschuß nicht so leicht überwinden konnten.

Clark schaufelte an seinem Loch. Als er weit genug in den weichen, feuchten Boden eingedrungen war, überzeugte er sich davon, daß seine Männer richtig verteilt waren. Er riet ihnen, ihre Schützenlöcher weiter zu vertiefen. Bereits wenig später zeigte sich, wie notwendig diese Maßnahme gewesen war. Vom Dorf aus schossen nicht nur die Panzer, sondern auch eine Batterie japanischer Infanteriegeschütze auf die Einheit »Krohcol«.

Während Moorhead mit seinen Leuten in Richtung auf das Felsenriff unterwegs gewesen war, hatten auch die übrigen beiden Gruppen des Unternehmens »Matador« mit der Ausführung ihres Auftrages begonnen. Aus der kleinen Ortschaft Padang Besar an der Grenze des Sultanats Perlis zu Thailand war ein gepanzerter Eisenbahnzug mit einer Kompanie des 2. Punjab-Regiments nach Thailand hineingefahren. In dem Zug befand sich auch ein Sprengtrupp. Nachdem der ursprüngliche Plan geändert worden war, hatte die Besatzung des Zuges noch in letzter Minute den Auftrag bekommen, so weit wie möglich nach Thailand hinein vorzudringen und den Schienenweg gründlich zu zerstören. Wider Erwarten kam der Zug schnell und unangefochten vorwärts. Er legte etwa fünfundzwanzig Kilometer zurück und überquerte dann die etwa sechzig Meter lange Stahlbrücke, die über die Landstraße Sadao-Singora führte. Hier mehrten sich die Anzeichen dafür, daß bereits japanische Voraustrupps zu Fuß entlang der Bahnlinie vorstießen. Der Kommandeur des Zuges beschloß, sich nicht auf ein Gefecht mit dem Gegner einzulassen, und ließ den Zug bis hinter die Stahlbrücke zurückrollen. In aller Ruhe brachten die Pioniere dann an dieser Brücke ihre Sprengladungen an, während Patrouillen die Gegend absicherten. Zwei Stunden später war alles vorbereitet. Der Zug fuhr zurück. Hinter ihm flog die Stahlbrücke in die Luft. Immer noch waren keine Japaner aufgetaucht. Die Sprengung zerstörte die Eisenbahnbrücke vollständig, und sie durchkreuzte den japanischen Plan, Truppen auf dem Schienenweg von Singora nach Perlis hinein zu transportieren. Ohne Verluste, ohne den Feind auch nur gesehen zu haben, kehrte der Zug nach Padang Besar zurück.

Major Andrews, der mit zwei Kompanien Punjabis, einer Batterie Panzerabwehrgeschützen und einem Pionierzug nördlich der Ortschaft Changlun im Sultanat Kedah unweit der thailändischen Grenze auf der Lauer gelegen hatte, bekam ebenfalls am 8. Dezember, spätnachmittags, den Befehl, auf der Landstraße, die von Changlun über die thailändische Grenze nach Singora führte, vorzugehen. Er sollte nicht mehr versuchen, bis Singora zu kommen, sondern beim ersten Kontakt mit dem Gegner hinhaltenden Widerstand leisten und während seines Rückzuges die Straße durch Sprengungen unpassierbar machen. Andrews überschritt mit seiner kleinen Kampfgruppe die thailändische Grenze unbehindert und konnte im Eilmarsch zunächst bis in den etwa fünfzehn Kilometer entfernten Ort Sadao vordringen. Er erreichte ihn bei Einbruch der Nacht, und da weder die Bevölkerung noch die beiden anwesenden Gendarmen Widerstand leisteten, befahl Andrews seinen Männern, bis Tagesanbruch zu schlafen. Die Soldaten kampierten im Halbkreis rings um den Ort und stellten weit vorgeschobene Sicherungsposten aus. Alles deutete auf eine ruhige Nacht hin. Aber bereits zwei Stunden später wurden die Posten auf die Lichtkegel von Autoscheinwerfern aufmerksam, die sich aus Richtung Haad-yai näherten. Es hatte inzwischen zu regnen begonnen. Obwohl die Sicht außerordentlich schlecht war, meldeten die Späher schon bald, daß es sich um eine größere Kolonne handle, die von mehreren Panzern angeführt wurde, sie bewege sich deshalb auch relativ langsam vorwärts. Sofort gingen am Nordausgang des Dorfes Sadao die Panzerabwehrgeschütze in Stellung. Sie ließen die japanischen Panzer bis auf etwa hundert Meter herankommen, dann eröffneten sie ein gezieltes Feuer. In wenigen Sekunden standen von den vier Panzern, die die Kolonne anführten, drei in Flammen. Die dahinter fahrenden Lastwagen wurden blockiert, und Andrews' Soldaten konnten im Schein der Brände die aus den Fahrzeugen springenden japanischen Soldaten unter Beschuß nehmen.

Aber die Japaner waren auf solche unerwarteten Überfälle trainiert worden. Sie gerieten nicht in Panik, sondern brachten sehr bald ihre Granatwerfer an den Straßenrändern in Stellung, die nun mit ihrem Feuer Andrews' Leute zu Boden zwangen. Am Südende des Dorfes liefen bereits die Motoren der britischen Transportfahrzeuge. Alles war zu einem schnellen Rückzug bereit. Trotzdem gab Andrews diesen Befehl noch nicht. Er wartete ungeduldig. Der Major war ein kluger Mann, und er hatte seine Aktion umsichtig geplant. Auf der Strecke, die er bis Sadao zurückgelegt hatte, gab es drei größere Brücken. An jeder hatte Andrews Pioniere mit Sprenggerät zurückgelassen und ihnen befohlen, die Brücken in aller Ruhe zu verminen und dann auf seine Rückkehr zu warten. Das Gefecht am Nordrand von Sadao dauerte bereits eine Stunde, als ein Kradfahrer am Südrand des Dorfes auftauchte und die Meldung brachte, daß die drei Brücken zur Sprengung vorbereitet waren. Da erst zog Andrews seine Gruppe zurück. Blitzschnell wurde sie von den Fahrzeugen aufgenommen, während einige Maschinengewehre und die Panzerabwehrgeschütze am Nordrand des Dorfes noch Widerstand leisteten. Um elf Uhr wurden auch diese zurückgezogen, und die Kolonne Andrews' preschte durch den strömenden Regen auf der Straße zurück, die sie am Nachmittag gekommen war. Immer, wenn die Kolonne eine Brücke überquert hatte, flog diese in die Luft. Die Japaner tasteten sich zunächst langsam in das Dorf Sadao vor. Eine Stunde nach Mitternacht befand sich Andrews' Gruppe wieder auf malaiischem Boden. Hier, unmittelbar an der Grenze, waren inzwischen Einheiten des 1. Punjab-Regiments in Stellung gegangen. Andrews hatte nur wenige Verluste gehabt. Obwohl er nicht sehr weit vorgestoßen war, hatte er doch durch die Sprengungen den Vormarsch der Japaner zumindest verzögert.

Robin Clark hockte in seinem schlammigen Erdloch am Ufer des Patani-Flusses und starrte auf das Wasser. Colonel Moorhead wartete auf den Rückzugsbefehl. Es würde nicht mehr lange dauern, und man würde den Fluß den vordringenden Japanern überlassen. Mochten sie durch die gesprengte Brücke ein paar Stunden, vielleicht auch einige Tage aufgehalten werden – es würde nichts daran ändern, daß sie in absehbarer Zeit an der Grenze zu Perak standen, an jenem zerschmetterten Holztor.

Sie würden auch dort nicht entscheidend aufzuhalten sein. Clark war kein Fatalist. Er war intelligent genug, um zu wissen, daß Japan eines Tages an seinem Machthunger zugrunde gehen würde. Es hatte sich einen zu großen Bissen gewählt. Aber bis es daran erstickte, würden viele Männer fallen. Clark dachte einen Augenblick lang an Maria. Es war beruhigend, sie in England zu wissen. Die letzten Nachrichten aus Europa besagten, daß sich die faschistische Armee auf den verschneiten Ebenen vor Moskau festgefahren hatte. Auch das ist ein zu großer Bissen, dachte Clark. Was Maria betraf, so bedeutete jeder vor Moskau gefallene faschistische Soldat eine Erleichterung. Hitler würde nicht mehr dazu kommen, England mit einer Invasion zu bedrohen. Die Russen würden ihm und seinem Klüngel das Rückgrat brechen.

Über dem Fluß zischte eine Leuchtkugel durch den Regen. Sie gab kaum Licht. Aber Clark sah trotzdem die Helme der Japaner, die wie Fußbälle über dem Wasser des Flusses tanzten. Er schrie den ihm am nächsten liegenden Soldaten zu: »Sie kommen wieder!« Im selben Augenblick begann auch schon das Höllenfeuerwerk der Maschinengewehre. Die Japaner schossen mit Granatwerfern und leichten Infanteriegeschützen, nachdem ihr Angriff erkannt worden war. In Sekundenschnelle sprangen am Nordufer mehr als hundert Japaner ins Wasser und schwammen vorwärts. Ihre Kommandeure hatten nach der Landung bei Patani angeordnet, daß die Schwimmwesten weiterhin getragen werden mußten. Jetzt kam den Soldaten dieser Befehl zustatten. Sie bewegten sich unerwartet schnell über den Fluß, und ehe die Verteidiger damit rechneten, kletterten die ersten am südlichen Ufer an Land. Kleine, buschgrüne Gestalten, triefend naß, brüllend, die langen Gewehre mit den Bajonetten weit vorgestreckt.

Clark bekreuzigte sich unwillkürlich. Hätte man ihn später danach gefragt, dann hätte er sich kaum daran erinnert. Er war nicht besonders religiös. Aber der gespenstische Anblick der aus dem Wasser hervorbrechenden Japaner, die sich mit ihrem kehligen »Banzai«-Gebrüll auf die Stellung stürzten, erinnerte ihn daran, daß er in jeder Sekunde, hier, an diesem unbekannten Fluß, sterben konnte.

Es war eine alte Regel, daß man einen derart angreifenden Gegner nicht geduckt im Erdloch erwarten sollte. Die indischen Soldaten waren unerschrockene Kämpfer, und der Nahkampf lag ihnen. Clark sprang aus dem Deckungsloch und schwenkte den Arm mit dem Gewehr. Seine Leute sahen ihn, und sie hörten seinen gebrüllten Befehl. Er kam in der richtigen Sekunde, und er machte aus den geduckt im Schlamm hockenden Gestalten wütende Kämpfer, die sich unerschrocken auf die Japaner stürzten. Clark wußte tapfere Männer neben sich, als er vorwärtsstürmte. Der Schlamm machte das Laufen schwer, aber auch die Japaner in ihren Schwimmwesten waren nicht schneller. Sie stutzten verwirrt, denn eine so erbitterte Verteidigung hatten sie nicht erwartet. Ihre Offiziere redeten ihnen täglich ein, wie feige und schwach ihre Gegner seien. Nun aber stürmten aus dem Dunkel die Ketten der Punjabis auf sie zu.

Die Bajonette blitzten im Schein der Leuchtkugeln. Clark sah das verblüffte Gesicht des ersten Japaners für den Bruchteil einer Sekunde, bevor er zustieß. In diesem Augenblick war er sich nicht mehr bewußt, daß er tötete und daß er getötet werden konnte. Und so mochte es auch den anderen gehen. Wie sie schoß und stach er und schrie sich heiser. Erst am Wasser machte er halt. Verwirrt blickte er sich um. Überall trat Ruhe ein. Die Japaner schwammen zurück. Dutzende von ihnen lagen getötet am Ufer. Clark stand auf dem Gasmaskenbeutel eines Mannes, den er getroffen hatte. Er schob ein neues Magazin in sein Gewehr und zielte wie die anderen, stehend, ungedeckt, auf die Zurückflutenden. Dann, als die

Erzwungener Rückzug
Großbritannien hatte wegen der schwierigen geographischen Verhältnisse nicht mit einem Kampf in Zentralmalaya gerechnet. Eilige Verteidigungsmaßnahmen führten zu keinem Erfolg

regennasse Dunkelheit die letzten Flüchtenden verschluckt hatte, ließ er
das Gewehr sinken und stapfte langsam zurück. Er lebte. Ermüdet hockte
er sich auf den Rand des Loches. Zwei seiner Soldaten trugen einen toten
Kameraden zurück.

Colonel Moorhead hatte inzwischen den Rückzugsbefehl erhalten. Er
sollte bei Tagesanbruch seine Gruppe vom Gegner lösen und mit den
verbliebenen Fahrzeugen den Rückzug zur malaiischen Grenze antreten.
Der fünfte Tag brach mit neuen Angriffen der Japaner an. Sie kamen um
vier Uhr früh und gegen sieben Uhr zum zweiten Mal. Nur nach und nach
konnte Moorhead seine Leute zurückziehen. Erst um neun Uhr brach die
Kolonne auf, als die Japaner offenbar beschlossen hatten, eine Pause
einzulegen oder auf Nachschub zu warten. Moorhead ließ die Wracks
einiger zerstörter Transportfahrzeuge als Straßensperre zusammen-
schieben. Als der Rückzug begann, setzte sofort dichtes Granatwerferfeuer der Japaner ein. Die Verluste unter den indischen Soldaten stiegen
an. Es gelang trotzdem, die Verwundeten wegzubringen. Nur die Toten
wurden zurückgelassen. Dann ging es mit hohem Tempo zurück. Etwa
fünfzehn Kilometer nördlich von Betong preschte die Kolonne über eine
lange Stahlbrücke, die eine Schlucht überspannte. Moorhead hatte auch
hier Sprengladungen anbringen lassen. Er selbst gab das Zeichen, die
Ladungen zu zünden, nachdem der letzte Mann seiner Kampfgruppe die
Brücke überquert hatte.

Gegen Mittag erreichte Moorheads Gruppe die Grenze. Clark saß auf
dem Kotflügel eines Transportwagens. Der Fahrtwind hatte seine Klei-

dung nahezu getrocknet. Es regnete nicht mehr. Aus Grau wurde wieder Grün. Vor den Soldaten lag Kroh, der Ort, aus dem sie aufgebrochen waren. Ein Idyll von Bambushütten, weißgetünchten Häusern, Palmen und lärmenden Kindern. Der Gedanke daran, daß hier in wenigen Stunden dasselbe geschehen würde wie am Ufer des Patani-Flusses, mutete unwirklich an. Clark schnupperte den Rauch der Kochfeuer. Plötzlich spürte er, daß er Hunger hatte.

»Force Z« vernichtet

Admiral Tom Phillips, Kommandeur der neu zusammengestellten Fernostflotte, die aus der »Repulse«, der »Prince of Wales« und den vier Be-
gleitzerstörern bestand, war mit dem Flugboot von Manila nach Singapore unterwegs, als die Truppen Yamashitas in Malaya an Land gingen.
Phillips hatte in Manila mit dem amerikanischen General Douglas Mac-
Arthur konferiert, dem amerikanischen Oberkommandierenden im
Fernostgebiet. Mit ihm und Admiral Hart, der die Asienflotte der USA
befehligte, hatte Phillips versucht, eine Art gemeinsames Aktionspro-
gramm aufzustellen. Die drei Militärs waren mit ihren Bemühungen nicht
sehr weit gekommen. Es gab weder für MacArthur noch für Hart aus
Washington präzise Anweisungen, was zu tun war. So beschränkte sich
die amerikanische Flotte auf Erkundungsfahrten. Aber auch daran nahm
nur ein kleiner Teil der Schiffe teil. Der Rest lag in Pearl Harbor. Die
Unentschlossenheit der amerikanischen Militärs spiegelte die Haltung der
amerikanischen Politiker wider, die immer noch daran glaubten, mit
Japan zu einem Ausgleich kommen zu können. Griff Japan dann nur die
britischen Stützpunkte an, so würden sich die USA zunächst aus dem
Konflikt heraushalten können. Erst im Falle eines akuten japanischen
Angriffs auf amerikanische Einheiten sollte ein gemeinsames Vorgehen
mit den britischen und holländischen Kräften in Fernost erwogen werden.
Diese Kurzsichtigkeit, die auf das politische Schaukelspiel der USA zu-
rückzuführen war, Japan gegen die Sowjetunion zu drängen, führte dazu,
daß die – zusammengenommen – nicht geringen Seestreitkräfte der
Vereinigten Staaten, Englands und Hollands in den südostasiatischen
Gewässern – etwa 2 Schlachtschiffe, 12 Kreuzer, 25 Zerstörer, 50 U-Boote
und 70 kleinere Einheiten – nicht konzentriert gegen den Angreifer Japan
ins Treffen geführt werden konnten. Admiral Tom Phillips kehrte aus
Manila mehr oder weniger unverrichteterdinge zurück. Als seine Maschine in Singapore aufsetzte, lief der japanische Angriff bereits. Der Tag
verging in Konferenzen, die durch jene Zerfahrenheit gekennzeichnet
waren, die sich aus den fehlenden Anweisungen aus London einerseits
und der beschränkten Handlungsfreiheit der britischen Befehlshaber in
Fernost andererseits ergab. Phillips jedoch war nicht der Mann, der sich
damit zufriedengegeben hätte. In Gesprächen mit seinen höheren Offizieren wurde ihm klar, daß einfach gehandelt werden mußte. Er über-

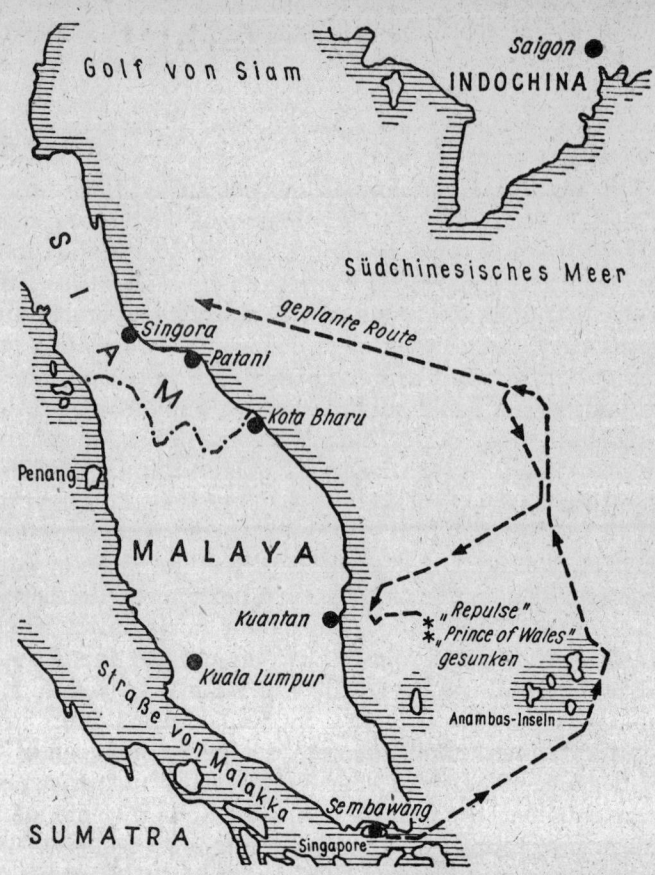

Route der »Force Z«

nahm die Verantwortung selbst. Angesichts der japanischen Landungen an der Ostküste glaubte er, alles, was er tat, jederzeit vor seinem Land vertreten zu können. Phillips hielt ohnehin nicht viel von der Devise Churchills, die beiden großen Schlachtschiffe »als unbestimmte Drohung für den Angreifer« im Hinterhalt zu belassen. Er war dafür, anzugreifen und den Gegner bereits bei der Entfaltung seines Angriffs so zu stören, daß er keine entscheidenden Fortschritte erzielen konnte. Phillips' Rezept hieß, offensiv werden. Auf den beiden Schlachtschiffen wurde mit den Auslaufmanövern begonnen, ebenso auf den vier Zerstörern. Am 8. Dezember, siebzehn Uhr dreißig, war es soweit. Die sechs Schiffe, die

Phillips ab sofort mit der Deckbezeichnung »Force Z« versah, verließen Singapore und gingen auf Nordkurs. Kurz zuvor hatte Phillips den Chef der Luftwaffenkräfte in Fernost, Luftmarschall Pulford, gebeten, ihn zu unterstützen. Pulfords Flugzeuge sollten vom Morgengrauen des 9. Dezember an jeweils hundertfünfzig Kilometer vor der nordwärts dampfenden Streitmacht Aufklärung fliegen. Ab 10. Dezember sollten sie bis fünfzehn Kilometer vor der Küste bei Singora aufklären und schließlich der Streitmacht Phillips' bei Singora, wo er das erste Gefecht mit den Japanern vermutete, Jagdschutz geben. Pulford hatte die Luftaufklärung zugesagt. Für den Jagdschutz vor der Küste von Singora machte er keine verbindliche Zusage. Er versprach zwar, eine Anzahl »Blenheim«-Maschinen, die auf dem Luftstützpunkt Kuantan stationiert waren, dafür bereitzustellen, allerdings nur so lange, wie dieser Stützpunkt aktionsfähig blieb. Jagdflugzeuge vom Typ »Buffalo« machten den größten Teil der auf den Flugplätzen in Nordwestmalaya stationierten Maschinen aus. Für sie war die Entfernung bis in die Gegend von Singora zu weit, außerdem befürchtete Pulford mit Recht, daß die am weitesten nördlich liegenden Flugplätze bereits von den Japanern zerstört waren. Admiral Phillips war bereits mit seiner Streitmacht auf See, als ihn Pulfords Funkspruch erreichte, daß er nicht mit Jagdschutz rechnen konnte. Phillips erhöhte daraufhin sofort die Gefechtsbereitschaft an den Fliegerabwehrwaffen. Wie er sah, begann sein Unternehmen unter schlechten Vorzeichen, und er machte sich keine Illusionen, daß er ungeschoren davonkommen würde. Als der Obermaat Pratt auf der »Repulse« kurz vor zwei Uhr nachts aus dem Schlaf gerüttelt wurde, schimpfte er mürrisch: »Was wollt ihr? Ich habe mich gerade hingelegt.« Aber es war kein Irrtum. Pratt mußte sich anziehen und an das Geschütz gehen. Er hatte für ganz schwere Zeiten eine flache Whiskyflasche in seinem Spind, die nahm er heraus, bevor er an Deck stieg, besah sie sich von allen Seiten, brummte dann: »Darling, es ist Krieg!«, nahm einen kräftigen Zug und stieg hinauf zu seiner Gefechtsstation.

Phillips unterschätzte den Gegner, denn er rechnete nicht damit, von japanischen Flugzeugen angegriffen zu werden, die panzerbrechende Bomben oder Torpedos trugen. Er erwartete höchstens eine Anzahl von konventionellen Bombern, die ihm nicht viel anhaben würden. Als es Abend wurde, war der Himmel plötzlich vollkommen klar. Es dauerte nicht lange, und das Motorengeräusch japanischer Flugzeuge war in der Luft. Noch gab es keinen Feuerbefehl für die Schiffsflak. Phillips wartete. Den ersten, einzelnen Maschinen folgten keine weiteren. Es gab immer nur das Geräusch von zwei oder drei Flugzeugen, die sich in gebührlicher

Entfernung hielten und die nicht daran dachten, die Schiffe anzugreifen. Phillips begriff, daß man ihn ausgemacht hatte. Schon im Morgengrauen konnte man mit den Bombern rechnen. So lange würden die einmotorigen »Nakajimas«, sich ablösend, das Ziel umkreisen. Er stand vor einem schweren Entschluß. Sollte er sich auf ein ungleiches Gefecht einlassen? Doch die Meldung: »Feindliche Landung bei Kuantan erfolgt!«, um Mitternacht aus Singapore eingetroffen, befreite ihn von dieser Entscheidung.

Kuantan lag etwa zweihundertvierzig Kilometer südlich von Kota Bharu. Im Hauptquartier wurde es als Schlüsselposition an der Ostküste bewertet. Kurz nach Mitternacht änderte deshalb »Force Z« im Einverständnis mit dem Kommando in Singapore ihren Kurs und lief südwärts zurück, Richtung Kuantan.

Auf den Flugplätzen Kallang und Sembawang in Singapore wurden die Piloten des Jagdgeschwaders 453 geweckt und bekamen den Auftrag, sich bereitzuhalten. Pulford beabsichtigte, sie bei Tagesanbruch als Jagdschutz für die »Force Z« aufsteigen zu lassen. Doch der Startbefehl wurde nicht gegeben.

Am Morgen war Admiral Phillips' Streitmacht der Küste bei Kuantan bereits ziemlich nahe. Zugleich aber erschienen erneut japanische Beobachtungsflugzeuge und folgten dem Schiffsverband. Admiral Phillips wußte immer noch nicht, daß die Meldung von der japanischen Landung bei Kuantan nicht den Tatsachen entsprach. Er fuhr auf das Ziel los, ohne die Lage genau zu kennen. Der Funkspruch, der die Kursänderung bewirkte, war verfrüht abgegeben worden. In den ersten Nachtstunden waren vor Kuantan einzelne japanische Schiffe aufgetaucht. Die englischen Küstengeschütze hatten ein paar Salven auf sie abgefeuert, und daraufhin waren die Schiffe verschwunden. Sie blieben es auch, selbst als am Morgen Aufklärungsflugzeuge die Küste vor Kuantan absuchten. Doch davon wurde Phillips seltsamerweise nicht verständigt.

Es wurde Vormittag. Um diese Zeit befand sich das 1. Japanische Luftgeschwader, bestehend aus Bombern und Torpedoflugzeugen, bereits lange in der Luft. Aber die Flugzeuge suchten vergeblich. Sie konnten die von den Beobachtern lokalisierten britischen Schlachtschiffe nicht entdecken. Erst um elf Uhr fünfzehn drückte ein japanischer Bomberpilot die Sprechtaste seines Bordfunkgerätes, um den Rest des Geschwaders zu informieren. Phillips war entdeckt. Da schwammen sie, voraus die »Prince of Wales«, dahinter die »Repulse« und an den Flanken die Zerstörer!

Minuten später hatten sich die japanischen Flugzeuge zum Angriff formiert. Zuerst flogen die Bomber an. Und während ihre Bomben auf die Schiffe herabregneten, griffen gleichzeitig Torpedoflugzeuge aus niedriger Höhe an. Die »Repulse« erhielt den ersten Treffer. Er zerstörte das Katapult für ihr Beobachtungsflugzeug. Zugleich detonierten drei weitere Bomben an Deck. Sofort stieg eine dicke Qualmwolke auf. Aber während auf der »Repulse« der Ruf »Feuer im Schiff« ertönte, wurde bereits die »Prince of Wales« von mehreren Torpedos zugleich getroffen. Die japanischen Torpedoflugzeuge nutzten die lockeren Wolken in etwa tausend Meter Höhe geschickt aus. Erst unmittelbar vor dem Schiff lösten sie ihre Torpedos und verschwanden sofort wieder. Die »Prince of Wales« bekam bald Schlagseite. Die Ruderanlage und beide Backbordschrauben waren zerstört. Aus dem stolzen Schlachtschiff war binnen weniger Sekunden ein bewegungsunfähiges Wrack geworden. Der nächste Torpedoangriff galt der »Repulse«.

Edward Pratt sah die Japaner kommen. Kleine, schwarze Striche zwischen den wabernden Wolken. Pratt saß im »Blechkorb«, dem Richtkanoniersitz der vierläufigen Oerlikon. Die Waffe war bereits heißgeschossen, aber das Gefecht fing jetzt erst richtig an. Pratt sah durch die Zieloptik, wie die Geschosse platzten. Er stand im Ruf, ein guter Schütze zu sein, obwohl die Oerlikons zur neueren Ausrüstung gehörten und er damit das erste Gefecht erlebte. Die schwarzen Striche kamen näher. Sie tanzten zwischen den Wolkenfetzen, schaukelten gleich Schmetterlingen heran, schienen sich zu ducken, den Geschossen auszuweichen. Dann war wieder eine Welle über das Schiff hinweg. Ein paar hundert Meter davor hatten sie ihre Torpedos abgeworfen. Die Blasenbahnen liefen auf das Schiff zu. Gab es denn nichts, das sie aufhalten konnte?

Auf der Brücke mußten sie die Gefahr längst erkannt haben. Die »Repulse« versuchte etwas, das wie ein Zickzackkurs aussah. Aber das Schiff war viel zu schwer, um schnell auszuweichen. Die japanische Angriffstaktik zielte genau auf den schwächsten Punkt des Gegners – mit fächerförmig abgeworfenen Torpedogruppen. Die Japaner flogen in Ketten zu je drei Maschinen an. Pratt hörte über den Kopfhörer die Feuerbefehle. Ihm wurde der mittlere Japaner »zugeteilt«. Er traf ihn auch. Es war kein großes Kunststück, die hochziehende Maschine zu treffen, die nur ein paar Dutzend Meter vor der »Repulse« steil in die Luft stieg. Sie zerplatzte förmlich, als Pratt sie getroffen hatte. Aber ihr Torpedo lief genau mittschiffs heran! Pratt konnte ihn nicht sehen. Er hörte die Detonation und spürte die Erschütterung, die durch das ganze Schiff ging. Gleichzeitig detonierten am Heck weitere Torpedos. Die »Repulse« lief geradeaus weiter. Das Ruder war getroffen. Das Geschütz neben der

Brücke traf einen weiteren Japaner. Und gleichzeitig mit dem Jubelgeschrei der Bedienungsmannschaft schoß aus dem Rumpf der »Repulse« eine giftgelbe Stichflamme. Eine Kette Bomber ließ ihre Last aus tausend Meter Höhe fallen. Zwei kleine Bomben rissen das Heck auf. Aus den Kanzeln der Bomber prasselten die Maschinengewehrsalven zwischen die Kanoniere an den Geschützen. Dann stieg schwarzer, ätzender Qualm aus dem aufgerissenen Deck. Eine Wolke, in der es kein Leben mehr gab. Langsam legte sich das Schiff auf die Seite. Pratt schoß, solange das Geschütz zu bewegen war. Das Rohr zeigte steil in den Himmel. Aber dort war kein Flugzeug. Nichts war dort. Neben Pratt rutschten die anderen Kanoniere über die Stahlplanken. Er selbst wurde mit dem »Blechkorb« emporgehoben. Sekundenlang fingerte er an dem Gurt herum, der ihn hielt. Dann konnte er ihn lösen. Das Deck stand senkrecht. Nirgendwo gab es Halt. Pratt fiel. Er fiel auf die schwarze Qualmwolke zu, und es gab keine Möglichkeit, den Fall aufzuhalten. Eine aufwärtsgebogene Planke, durch die Explosion hochgetrieben, messerscharf und nahezu glühend, zerschmetterte ihm das Genick.

Die »Prince of Wales« quälte sich noch ein paar Minuten langsam durch die See. Dann aber erfolgten in ihren Munitionskammern kurz hintereinander zwei dumpfe Explosionen, und wenig später war das Schiff verschwunden. Nur Wrackstücke blieben von den beiden Schlachtschiffen übrig und riesige Ölflecke auf dem wieder sanft bewegten Wasser. Die Bomber waren bereits abgeflogen. Jetzt zogen nur noch die Torpedoflugzeuge eine Schleife über dem Ort des Geschehens. Unter ihnen kämpften die Überlebenden der beiden großen Schiffe mit dem Wasser, mit dem stinkenden Öl, das ihnen die Augen verklebte. Und die Zerstörer setzten Boote aus, um die Überlebenden zu retten.

Von 2921 Seeleuten auf den beiden Schlachtschiffen wurden 2081 gerettet. Die Zerstörer, die von den Japanern nicht angegriffen worden waren, brachten sie nach Singapore zurück. Admiral Phillips war unter den Toten. Ebenso Kapitän Leach von der »Prince of Wales«. Kapitän Tennant von der »Repulse« konnte gerettet werden.

Die erste Brewster »Buffalo«, gesteuert von Leutnant Vigors vom Geschwader 453 aus Sembawang, tauchte erst über dem Kampfplatz auf, als die Japaner bereits abgeflogen, die Schlachtschiffe gesunken und die Zerstörer mitten in ihrer Rettungsarbeit waren. Zu Beginn des Luftüberfalls hatte Admiral Phillips nochmals Jagdschutz angefordert. Er war ihm sofort gewährt worden. Zu spät allerdings, um noch wirksam zu werden. So hatte man die beiden kampfstärksten Schiffe Englands in Fernost bei einer Aktion eingebüßt, die schlecht geplant und schlecht ausgeführt worden war. Admiral Phillips hatte nicht »unbestimmte Drohung« sein wollen, er wollte angreifen. Aber er hatte den Gegner unterschätzt. Und diese gefährliche Unterschätzung des Gegners, die nicht erst hier so deutlich zutage trat, bestimmte die gesamte strategische und taktische Planung der britischen Streitkräfte bei der Verteidigung Malayas und Singapores.

Winston Churchill wurde durch das Läuten seines Sondertelefons auf dem Nachttisch am nächsten Morgen sehr früh geweckt. Die Stimme des Ersten Seelords war brüchig, als er meldete: »Herr Premier, ich muß Ihnen leider mitteilen, daß die ›Prince of Wales‹ und die ›Repulse‹ von den Japanern versenkt wurden. Vermutlich durch Flugzeuge. Tom Phillips ist tot.«

Für Churchill war von diesem Augenblick an das Ende in Malaya abzusehen. Er war ein Mann ohne Illusionen. Er begriff, daß er diesen Gegner Japan unterschätzt hatte. Auch der Aufstieg der faschistischen Bewegung in Deutschland war von ihm nicht ernst genommen worden. Und streng geurteilt hatte Churchill sogar durch sein abwartendes Verhalten gegenüber dem deutschen Faschismus mit dazu beigetragen, daß dessen erste Annexionen in Europa so glatt verlaufen konnten. Was Churchill sich allerdings absolut nicht eingestehen wollte, das wurde ihm in dieser Phase des Krieges drastisch bewiesen: Er hatte nicht mit der Stärke der Roten Armee gerechnet. Als er an diesem Morgen seine Post durchsah und sich in die Nachrichten vertiefte, las er von den Kämpfen

Kampf ohne Ziel
Die Schlachtkreuzer »Prince of Wales« und »Repulse« wurden, selbst ungenügend geschützt, von der japanischen Luftwaffe versenkt

vor Moskau. Etwa um die gleiche Zeit, als »Force Z« vernichtet wurde, hatten sowjetische Regimenter zwischen Rogatschow und dem Wolgastaubecken die deutschen Stellungen der 14. Infanteriedivision zerschlagen, auch die 36. motorisierte Infanteriedivision wurde vernichtet, als die T-34 auf sie zurollten, sich die Skibataillone und Schützenregimenter der Roten Armee zum Sturm erhoben. Die Rote Armee bewies: Die Faschisten waren zu schlagen, und sie würden in der Sowjetunion geschlagen werden. Churchill kannte die Stimmung im Unterhaus. Als er am 11. Dezember vor die Abgeordneten trat, wußte er, daß sie unzufrieden waren, weil es in Afrika nicht recht vorwärts ging. Und nun noch das Fiasko in Asien. Nach dem Verlust der »Force Z« gab es keine britischen Schlachtschiffe, überhaupt keine größeren britischen Einheiten mehr im Indischen Ozean und im Pazifik. Also verwandte er in seiner Rede unverhältnismäßig viel Zeit darauf, die sowjetischen Erfolge zu schildern. So ungern er das tat – es half ihm, den Zuhörern Mut zu machen. Die Erfolge des faschistischen Regimes waren gestoppt worden, vor Moskau. Zähneknirschend benutzte Churchill diese Erkenntnis, um jene in den eigenen Reihen abzulenken, die von den Verlusten in Fernost allzusehr entmutigt waren.

Südwärts: »Banzai«!

Die in Malaya stationierten britischen Luftwaffenkräfte wurden infolge einer dilettantischen Einsatzplanung bereits in den ersten Tagen so entscheidend dezimiert, daß sie für die Folgezeit kaum noch eine Rolle zu spielen imstande waren. Insgesamt waren bei Kriegsbeginn mit allen Verstärkungen, einschließlich der aus den holländischen Kolonien herbeigeholten, etwa 100 Jagdflugzeuge sowie 130 Bomber leichteren Typs und an die 50 Aufklärungsflugzeuge vorhanden gewesen. Obwohl es sich um Maschinen handelte, die den neueren japanischen Typen teilweise unterlegen waren, unternahm die Führung nichts, diesen Mangel durch geeignete Taktik wettzumachen. Die meisten der Maschinen wurden auf den Flugplätzen am Boden vernichtet, also bevor sie überhaupt eingreifen konnten. Die japanische Luftwaffe verfügte über fast lückenloses Aufklärungsmaterial. Sie wußte genau, wo die verschiedenen Flugplätze lagen, und sie griff dort aus der Luft systematisch und so konzentriert an, daß die Beherrschung des Luftraumes über dem Kampffeld Malaya zu keiner Zeit in Frage gestellt war. Die britische Truppenführung hatte diesem zielstrebigen, entschlossenen Vorgehen keine entsprechende Taktik entgegenzusetzen. Sie reagierte konfus, unelastisch und planlos.

Zuerst bahnte sich das Desaster in Nordmalaya an. Luftmarschall Pulford hatte für den 9. Dezember einen Luftangriff auf die japanische Landezone bei Singora befohlen. Einige Ketten leichter Bomber vom Typ »Blenheim« sollten ihn ausführen. Als Jagdschutz waren »Buffalos« vorgesehen, die bei Beginn der Kämpfe noch in Alor Star stationiert gewesen, jetzt aber nach Butterworth zurückgezogen worden waren. Als die »Blenheims« Butterworth anflogen, wurde ihnen mitgeteilt, daß man die Jagdflugzeuge nicht entbehren könne. Butterworth befände sich unter dauernden japanischen Luftangriffen. So flogen die »Blenheims« allein in Richtung Singora. Dort aber gerieten sie in ziemlich konzentriertes Flakfeuer, und als sie höher zogen, erschienen die von den thailändischen Feldflugplätzen eilig gestarteten »Zeros« und schossen die Hälfte der »Blenheims« ab, noch bevor diese ihre Bomben hatten abladen können.

Verzweifelt befahl Pulford den Besatzungen der übriggebliebenen Maschinen, in Butterworth zu landen, dort aufzutanken, aufzumunitionieren und gegen siebzehn Uhr mit Jagdflugzeugen aus Butterworth gemeinsam nochmals Singora anzufliegen. Doch es kam nicht mehr dazu.

Die Motoren wurden gerade angelassen, da erschienen japanische Bomber über dem Flugplatz, und in Sekundenschnelle luden sie einen Hagel von Bomben ab. Es gelang noch einer einzigen »Blenheim« zu starten. Der Pilot, Leutnant Scarf, kreiste mit seiner Maschine längere Zeit um den Flugplatz herum, aber er wartete vergebens, keine andere Maschine schloß sich ihm an. So flog er allein in Richtung Singora und lud dort seine Bomben ab. Obwohl er durch Flaksplitter lebensgefährlich verletzt wurde, brachte er es fertig, die Maschine noch bis Alor Star zu fliegen und sie auf dem bereits geräumten Flugplatz zu landen. Wenig später starb er. Der Rest der »Blenheims« und die meisten der in Butterworth stationiert gewesenen »Buffalos« lagen um diese Zeit bereits als ausgebrannte Wracks zwischen den Bombentrichtern auf dem Flugfeld. Am 10. Dezember gab es in ganz Malaya, einschließlich Singapore, noch insgesamt fünfzig einsatzfähige Flugzeuge aller Typen. Pulford zog sie von den weiter nördlich gelegenen Flugplätzen zurück. Selbst der Flugplatz von Kuantan wurde geräumt. Doch noch während der Räumung griffen die Japaner Kuantan aus der Luft an, und weitere acht britische Flugzeuge fielen ihren Bomben zum Opfer. Es gelang der zunehmend taktisch erstarrenden britischen Führung nicht, sich auf die Angriffsmethode der Japaner einzustellen. Die Aggressoren hatten zudem den Überraschungsfaktor für sich. Sie diktierten das Geschehen, denn ihre Aktionen waren bis ins Detail geplant und vorbereitet worden. Dem konnten die Engländer nichts entgegensetzen. Ihre Truppen gerieten immer mehr in die Position von spontan reagierenden Verteidigern, deren Kampfmittel von den Angreifern durch eine ebenso bewegliche wie wohlüberlegte Taktik außer Gefecht gesetzt wurden. Was in der Luft und auf See geschah, setzte sich auf dem Land fort.

In den frühen Morgenstunden des 10. Dezember erreichte eine neue Hiobsbotschaft das Kommando in Singapore. Etwa vierzig Kilometer südlich von Kota Bharu, in der Nähe der Ortschaft Besut an der Ostküste, landeten starke japanische Verbände. Die Kommandeure der ihnen gegenüberstehenden britischen Einheiten fürchteten, durch die aus dem Brückenkopf Kota Bharu vorrückenden Japaner in die Zange genommen zu werden, und zogen sich mit ihren Truppen kämpfend in Richtung auf Kuala Krai und von dort, entlang der Eisenbahnlinie, bis Kuala Lipis zurück. Auf diesem beschwerlichen Weg quer durch die zentralmalaiische Gebirgskette versuchten sie, die wichtigsten Brücken der langen Bahnlinie zu zerstören. Es glückte zu einem Teil. Es gelang auch, andere, bereits in den Kämpfen um Kota Bharu angeschlagene Truppen westwärts zurückzuziehen. Entlang der Westküste bahnte sich indessen eine neue

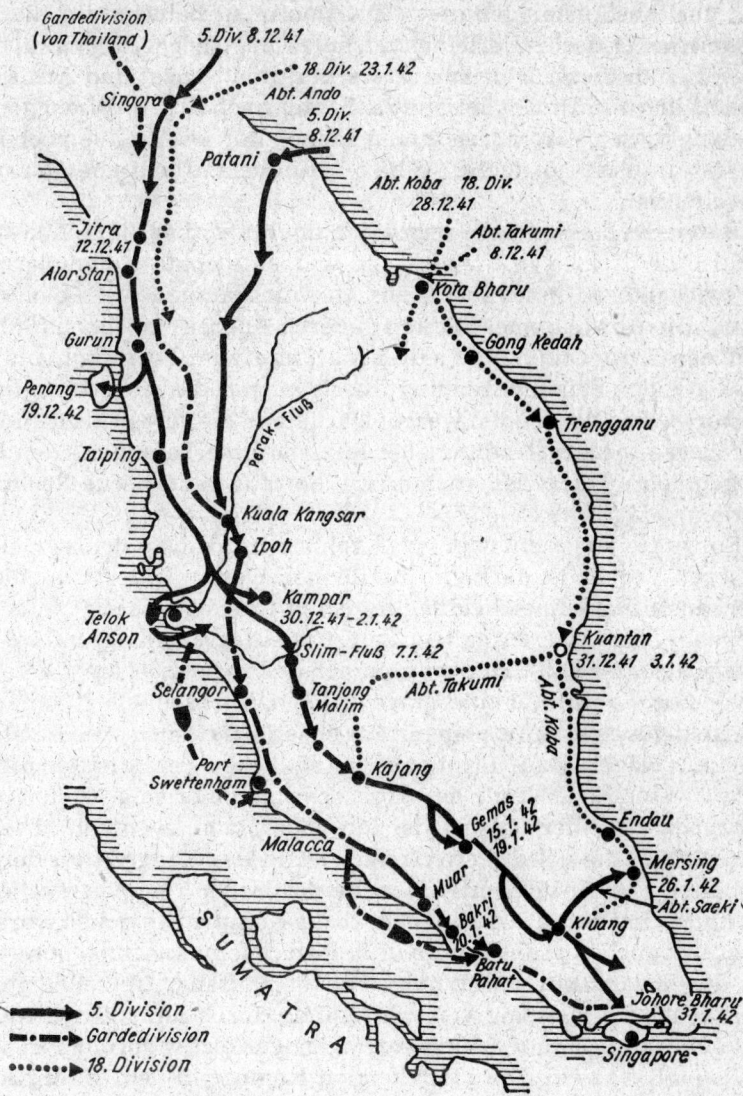

Japanische Darstellung des Vormarsches

105

Katastrophe an. Jeder Mann wurde gebraucht, selbst auf die Gefahr hin, die Ostküste dem Gegner zu überlassen.

An der Westküste stieß die 5. Division unaufhaltsam auf die bei Jitra angelegte britische Verteidigungslinie vor. Gleichzeitig drangen einige Regimenter dieser Division, verstärkt durch Panzer und Artillerie, über Kroh hinaus südwärts, entlang der Straße nach Grik und Lenggong voran. Gelang dieser Vorstoß, so waren binnen kurzer Zeit alle noch in Perlis, Kedah und im nördlichen Perak befindlichen britischen Truppen abgeschnitten.

Bereits in dieser Phase zeigte sich unverkennbar die Achillesferse der britischen Armee in Malaya: Sie war eine echte Kolonialarmee, also vorwiegend ein innenpolitisches Machtinstrument der Kolonialverwaltung. Die Abwehr eines starken äußeren Angreifers jedoch forderte nun von den Truppenkommandeuren bis hinauf zum Oberkommandierenden Fähigkeiten, Erfahrungen und Überlegungen, die nicht oder nur in spärlichem Maße vorhanden waren. Dazu kam, daß die britischen Kolonialoffiziere – in einem traditionellen Rassendünkel befangen – den Japanern gegenüber allzuoft den nüchternen Sinn für militärische Realitäten verloren.

So wurde angesichts der von Kroh aus vordringenden schnellen japanischen Verbände, die kaum auf nennenswerten Widerstand stießen, die verhängnisvolle Entscheidung getroffen, trotzdem die viel weiter nördlich liegende Jitralinie zu halten. Selbst wenn das gelang, mußte sich unweigerlich der von Kroh her kommende Zangengriff um die Verteidiger schließen. Es war nur eine Frage der Zeit. Eine schnelle Räumung dieser Verteidigungslinie, die ohnehin aus vielerlei Gründen problematisch war, und ein Rückzug auf Positionen im südlichen Perak hätten die Kampfkraft wesentlicher Teile der englischen und hier eingesetzten indischen Truppen für einen entscheidenden Widerstand, eventuell für einen Gegenstoß auf die sich in Perak treffenden beiden Zangenarme der Japaner erhalten. Einzelne Kommandeure der britischen Truppen, die das Terrain kannten und die an Ort und Stelle in die Kämpfe verwickelt waren, sahen diese Möglichkeit sehr wohl. Nur kamen Befehle aus Singapore. Und hier, in der bislang nur durch gelegentliche Luftangriffe behelligten Stadt, herrschte die Meinung vor, man könne durch hinhaltende Kämpfe an allen Frontabschnitten den vordringenden Gegner zermürben. Doch das Gegenteil trat ein. Die hinhaltenden Kämpfe in dem gebirgigen, stark bewaldeten, teils sumpfigen Terrain zermürbten die britischen und verbündeten Truppen, während der Gegner sich bei seinem Vordringen entlang der Straßen stets im Vorteil befand, weil immer nur seine unmittelbare Angriffsspitze in Kämpfe verwickelt war. Sie wurde in bestimmten Zeitabständen durch weiter hinten marschierende Truppen ersetzt, wodurch der Gegner beim Aufeinandertreffen stets über kampfstarke, frische Truppen verfügte, die selbstverständlich den dauernd belasteten, zurückweichenden Engländern und Indern überlegen waren. Jeder in Malaya wußte, daß Singapore das Ziel des japanischen Angriffs war. Trotzdem wurde die sich hier bereits als falsch erweisende Taktik weitergeführt: Die eigenen Truppen wurden in zermürbenden Rückzugsgefechten ermüdet und dezimiert, lange bevor es zum entscheidenden Kampf um Singapore kam. Das Ende deutete sich für einzelne, weiterblickende Kommandeure aus dieser Taktik bereits an. Einige opponierten mehr oder weniger offen gegen die taktischen Entscheidungen des Oberkommandos, darunter auch der Kommandeur der australischen Truppen, General Gordon Bennett. Aber es gab keine Umorientierung. So ging der verlustreiche Rückzug weiter. Tag und Nacht kämpften sich müde, abgerissene Soldaten über schmale Dschungelstraßen und an Eisenbahnlinien rückwärts, den Luftangriffen der Japaner ausgesetzt, ständig von schnellen Panzervorstößen bedroht. Regen, Hitze, Schlamm und Moskitos setzten ihnen zu. Die Angst vor schnellen japanischen Umfassungsmanövern machte sie unsicher. Die Kampfmoral begann rasch zu sinken. Während bei den englischen und australischen Soldaten infolge der ständigen Rückzüge mit ihren Strapazen, durch das mörderische Klima und die Enttäuschung über die katastrophalen Fehlleistungen der militärischen Führung neben der körperlichen Erschöpfung die Mutlosigkeit zunahm, ließ die Einsatzfreudigkeit der indischen Einheiten noch aus zusätzlichen Gründen nach. Die indischen Soldaten – sie machten immerhin etwa fünfzig Prozent der britischen Armee in Malaya aus – waren Angehörige eines kolonial unterdrückten Volkes. Ihr Dienst in der Armee des Unterdrückerlandes war immer ein Dienst für fremde Interessen gewesen. Unter der psychologischen Belastung in dem von Tag zu Tag aussichtsloser werdenden Feldzug gewannen Ressentiments gegen die britischen Kolonialherren zunehmend die Überhand. Es fiel den indischen Soldaten schwer, in dieser Situation zu erkennen, daß der japanische Imperialismus abgewehrt werden mußte, da er auch die indische Nation bedrohte. So sank die moralische Widerstandskraft der britischen Malaya-Armee zusehends, während die japanischen Kommandeure ihren Soldaten in anfeuernden Reden immer wieder sagten, wie leicht doch dieser Feind durcheinanderzubringen, aufzureiben und zu besiegen war. Und die japanischen Soldaten kauten genußvoll englische Schokolade, während sie zuhörten. Sie aßen englische Verpflegungsrationen, die von den weichenden Truppen zurückgelassen wurden. Die Panzer der Japaner fuhren mit englischem Flugbenzin, das auf den verlassenen Flugplätzen erbeutet worden war. Englische Lastwagen, die man am Rande der Rückzugsstraßen aufgelesen hatte, beförderten einen nicht unerheblichen Teil der Angreifer. »Die Luft ist unser, die See ist unser«, prahlten die Kommandeure überheblich. »Bei Jitra schlagen wir sie zu Lande! Banzai!«

Die befestigten Feldstellungen bei Jitra waren innerhalb weniger Wochen angelegt worden. Es handelte sich nicht etwa um eine starke Verteidigungslinie mit Bunkern, eingebauten Geschützen und einem Grabensystem, sondern vielmehr um ein loses Netz von Infanteriestellungen, die einfach in die feuchte Erde gegraben worden waren. Davor waren eine Anzahl Stacheldrahthindernisse errichtet worden und einige Minenfelder. Die Geschütze waren nur zur Hälfte eingegraben oder durch Splitterpolster aus Sandsäcken geschützt. Kernstück dieser Verteidigung war der Flußübergang am Bata-Fluß. Hier gab es die entscheidende Brücke. Jedenfalls hielten die englischen Pioniere sie für entscheidend. Bei näherem Hinsehen wurde allerdings klar, daß stürmende Infanterie beispielsweise im Schutz der Nacht den Fluß ohne große Schwierigkeiten würde überwinden können. Man hatte die Stellungen bei Jitra mit der Absicht angelegt, die breite Landstraße, die von Singora her über Jitra, Alor Star und Gurun nach Sungei Patani, zum nächsten großen Straßen- und Eisenbahnknotenpunkt führte, zu sperren. Zu diesem Zweck waren bei Jitra zwei Brigaden der 11. Indischen Division in Stellung gegangen, unterstützt von den Geschützen des 153. Feldartillerieregiments, des 22. Gebirgsartillerieregiments und der 80. Panzerabwehrbrigade. Weiter hinten lag die 28. Indische Brigade in Reserve. Generalmajor Murray-Lyon, Kommandeur der 11. Indischen Division, hatte die Stellungen besichtigt und sie mit besorgtem Gesicht verlassen. Ihm gefielen diese Stellungen nicht, und er sagte das auch.

Um die Straße herum dehnten sich Sümpfe und Wasserreisfelder. Weiter davon entfernt gab es Kautschukplantagen, die dem Gegner eine bequeme Annäherung erlauben würden, zumal die Sümpfe nicht ausgesprochen unwegsam waren. Sie konnten auf einer Unzahl schmaler Pfade leicht überquert werden. Aber sie behinderten die Verteidiger, die sich auf feste Positionen beschränken mußten und nicht beweglich entfalten konnten. In der Abenddämmerung des 10. Dezember erschienen die ersten japanischen Vorausabteilungen im Vorgelände der Stellungen. Sie tasteten die Verteidigungsanlagen ab und verwickelten die am weitesten westlich liegende Gurkha-Abteilung in ein verlustreiches Gefecht. Wieder demonstrierten die Japaner, wie man mit schnellen Vorstößen das schwerfällige britische Kommandosystem durcheinanderbringen konnte. Noch in der Nacht ereignete sich an der am weitesten nördlich gelegenen Straßenbrücke über einen unbedeutenden Wasserlauf die erste Katastrophe. Der Sprengtrupp, der an der Brücke lag, hörte das Herannahen schwerer Fahrzeuge. In der Annahme, dies seien die Japaner, sprengte er die Brücke. Am nördlichen Ufer des Wasserlaufes standen jedoch noch nicht die Japaner, sondern ein Dutzend schwerer englischer Geschütze, die nun nicht mehr übergesetzt werden konnten. Sie wurden im Laufe der Nacht eine leichte Beute für die nachrückenden japanischen Truppen. Zu ihrem Entsatz war eine Kompanie indischer Soldaten auf das andere Ufer geschickt worden. Aber die englische Feldartillerie, die weiter westlich lag, beschoß diese indischen Soldaten, weil sie ebenfalls annahm, es sei der Gegner. Murray-Lyon sah das Verhängnis kommen. Verzweifelt telefonierte er mit Singapore, um eine Zurücknahme seiner Truppen bis Gurun zu erwirken. Aber Percival untersagte es entschieden. So begann in den Morgenstunden das Gefecht mit den inzwischen aufmarschierten japanischen Truppen. Gegen Mittag waren die Verteidiger bis kurz vor die letzte Brücke über den Bata-Fluß zurückgedrängt. Die Japaner gingen lediglich auf der Landstraße vor und sicherten sie nach rechts und links ab. Das Gelände ermöglichte diese sparsame Angriffstaktik, die sich nur auf die Brücke konzentrierte. Zudem hatten die Japaner zu dieser Zeit noch bei weitem nicht genügend Truppen herangezogen, um einen großangelegten Angriff zu riskieren. Sie verfügten über insgesamt fünfhundert Infanteristen. Deshalb führten sie während des Tages das Gefecht mit Artillerie und Panzerkanonen. Als es dunkel wurde, schickten sie mehrere Stoßtrupps aus, die den Fluß überschreiten und im Verteidigungssystem des Gegners Verwirrung anrichten sollten.

Um diese Zeit bekam Murray-Lyon aus Singapore endlich die Erlaubnis, seine Kräfte auf Gurun zurückzuziehen. Er wußte nicht, daß er einer weit unterlegenen Streitmacht auswich. Doch selbst wenn er die Stärke der Japaner am anderen Ufer genau gekannt hätte, wäre es ihm nicht möglich gewesen, sie an dieser Stelle entscheidend zu schlagen. Er wäre an der Schwierigkeit gescheitert, seine Artillerie zusammenzuziehen, die zu weit westwärts lag und ihre Granaten in die Sümpfe schoß, in denen die Japaner vermutet wurden. Dabei hätte ein einziger, heftiger Artillerieschlag auf die japanische Konzentration vor der Brücke genügt, Bewegungsfreiheit zu schaffen. Er erfolgte nicht. Statt dessen begann Murray-Lyon im Schutze der Dunkelheit die Truppen seiner Division nach und nach aus den Verteidigungsstellungen abzuziehen. Es war stockfinster, und dazu ging ein schwerer tropischer Regen nieder, als die zurückgehenden englischen Truppen plötzlich von den inzwischen eingesickerten japanischen Angreifern beschossen wurden. Die japanischen Stoßtrupps hatten die Sachlage richtig erkannt: Der Gegner wollte im Schutz der Dunkelheit ausweichen. Das war der Augenblick, in dem er am leichtesten zu schlagen war. Wenig später schoß jeder auf jeden. Niemand erkannte seinen Gegner. Auf jeden Schatten, der aus dem Regen auftauchte, wurde sofort das Feuer eröffnet. Dazu schoß die japanische Artillerie vom jenseitigen Ufer rücksichtslos in die Absetzbewegung, obgleich sie damit ihre eigenen Leute gefährdete. Eine Gurkha-Einheit sprengte die Brücke über den Bata-Fluß und verteidigte sich noch ein paar Stunden, dann war die Jitralinie für die japanischen Angreifer offen. Sie verloren insgesamt siebenundzwanzig Mann an Toten und etwa achtzig Verwundete. Fünfzehn Stunden hatte der Kampf gedauert. Murray-Lyons Division ließ auf dem Kampfplatz fünfzig intakte Geschütze zurück, weiter fünfzig Maschinengewehre, etwa dreihundert Lastwagen, die bei der Dunkelheit nicht hatten abgezogen werden können, außerdem Munition und Verpflegung, die für eine ganze Division etwa drei Monate ausgereicht hätten. Das kam den Angreifern sehr gelegen. Der Versorgungsweg bis nach Singora war weit, und die Soldaten trugen an Verpflegung nicht viel mehr als etwas gekochten Reis und Salz bei sich. Nun füllten sie ihre Bestände auf. Die Lastwagen wurden angelassen. Weiter ging es, südwärts. Die Kommandeure der japanischen Truppen waren sehr erstaunt, als sie die verlassenen Stellungen der Jitralinie besichtigten. Erst jetzt begriffen sie, daß ihnen hier ein taktischer Fehler von britischer Seite einen entscheidenden Dienst geleistet hatte. Der britische Kommandeur hatte seine Verteidigung nicht auf das Terrain abgestimmt. Statt kleine, bewegliche Gruppen kombiniert mit massiven Artillerieschlägen gegen die vorrückenden japanischen Einheiten einzusetzen und so ihren Vormarsch zu bremsen, verstreute er seine Artillerie im Gelände, hieß die Truppen, sich einzugraben. Noch dazu schlecht!

Der Vormittag sah Murray-Lyon im vollen Rückzug auf Gurun zu. Kurz hinter Alor Star war die große Eisenbahnbrücke über den Kedah-Fluß zur Sprengung vorbereitet. Die Bahnlinie führte etwa parallel der Straße südwärts. Auf den Geleisen stand noch ein voll aktionsfähiger britischer Panzerzug. Als Murray-Lyon mit seinen Truppen jenseits der Brücke war, wurde sie gesprengt. Aber die Sprengung war schlecht angelegt, und die Pioniere fuhren den Panzerzug auf die halb zerstörte Brücke, um sie durch das Gewicht des Zuges endgültig zum Einstürzen zu bringen. Der Zug kam bis zu der Stelle, wo die Schienen unterbrochen waren, aber die

Überforderte Kolonialarmee
Nur schwer gelang es den britischen Truppen, sich auf die schwierigen Kampfbedingungen einzustellen

Brücke bewegte sich nicht. Da die Strecke leicht abschüssig war, rollte der Panzerzug wieder zurück und verschwand auf der Südseite des Flusses im Dschungel, während die Besatzung verwirrt hinterherlief, um ihn wieder einzuholen. Erneut wurde die Brücke vermint. Aber da tauchten bereits die ersten japanischen Vorausabteilungen am Nordufer des Kedah-Flusses auf. Sie hatten für ihre Fahrt auf der Landstraße britische Motorräder benutzt. Jetzt sprangen sie ab und nahmen die Pioniere unter Feuer, denen es noch im letzten Augenblick gelang, die zweite Ladung zu zünden, die die Brücke zwar zerstörte, den Vormarsch der Japaner aber nicht aufhalten konnte. Bei Einbruch der Dunkelheit setzten diese ungehindert über den Fluß – auf selbstgebauten Flößen und kleinen Fischerbooten. Noch in der Nacht ging die Verfolgung weiter. Es gelang den Japanern, anstelle der gesprengten Straßenbrücke einen behelfs-

111

mäßigen Übergang aus gefällten Bäumen zu schaffen, auf dem ihre leichten Panzer und die Lastwagen übersetzen konnten. Wieder kam eine regnerische, stürmische Nacht. Murray-Lyons Soldaten schleppten sich mühsam durch den Schlamm auf Gurun zu. Würde Gurun sie aufnehmen wie ein schützendes Fort, an dem der Gegner sich den Schädel einrannte?

Bei Gurun kreuzte die Eisenbahnlinie die Landstraße, nur wenige Kilometer von der Küste entfernt. Und zwischen dieser Kreuzung und der Küste lag der Kedah Peak, ein etwa tausend Meter hoher Berg, dessen untere Hänge mit Kautschukbäumen bestanden waren. Eine große Zahl von schnell rekrutierten einheimischen Arbeitern hatte hier innerhalb der letzten Tage unter Aufsicht von Militärpersonen eine Art Stellungssystem angelegt, das am grünen Tisch, weit vom Ort entfernt entworfen worden war und in dem Murray-Lyons Truppen dem Gegner Widerstand leisten sollten. Das Ergebnis war mehr als unbefriedigend. Zudem war nur ein geringer Teil der Anlage überhaupt fertig geworden, da man mit den Arbeiten zu spät begonnen hatte. Als die Verbände der 11. Indischen Division gegen Mitternacht das vorgesehene Gebiet erreichten, waren sie gezwungen, ihre Verteidigungsstellungen selbst zu Ende zu bauen. Müde, mürrisch, hungrig und vom Regen durchnäßt, machten sie sich an die Arbeit. Murray-Lyon begriff, daß er unter den Umständen diese Position gegen den nachdrängenden Gegner nicht lange würde halten können. Aber die Katastrophe kam noch schneller, als er es befürchtet hatte. Um zwei Uhr nachts erschienen plötzlich am inzwischen klar gewordenen Nachthimmel Schwärme von japanischen Bombern, die systematisch das für die Verteidigung vorgesehene Gebiet bombardierten und mit ihren Bordwaffen beschossen. Völlig demoralisiert warfen sich die Soldaten in die halbfertigen Schützenlöcher. Und dann waren plötzlich die japanischen Infanteristen da. Sie kamen die Landstraße entlang, hatten sich unmittelbar an die Fersen der sich zurückziehenden Truppen geheftet. Die großen Lastwagen, die sie bei Jitra erbeutet hatten, spuckten nun Hunderte von Soldaten aus, die sofort ausschwärmten und in die Stellungen einbrachen. Den Lastwagen waren drei Panzer gefolgt, die jetzt ihre Granaten zwischen die sich hastig eingrabenden Verteidiger schossen. Die japanischen Truppen drangen bis an den Punkt vor, wo die Eisenbahnlinie die Straße kreuzte. Hier setzten sie sich fest, bis der Morgen graute. Um diese Zeit hatten sie einige Batterien Granatwerfer nachgezogen, die nun die Truppen Murray-Lyons mit gut gezieltem Feuer eindeckten. Wenig später begann der Sturmangriff. Die Japaner durchstießen die vorderste Verteidigungsstellung, in der indische Soldaten lagen, und drangen in Minutenschnelle bis zum Gefechtsstand der Eng-

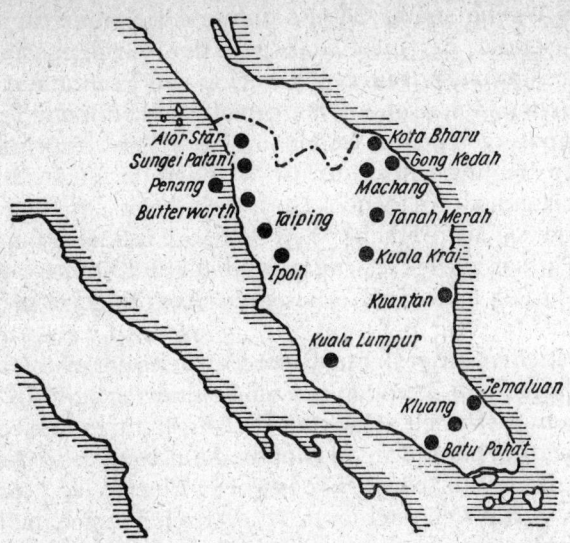

Die wichtigsten ausgebauten Luftstützpunkte der Engländer in Malaya

länder vor, wo sie fast alle Mitglieder des Stabes töteten. Wieder gab Murray-Lyon den Befehl zum Rückzug, zunächst bis an den Muda-Fluß, der die Grenze zwischen Kedah und Wellesley bildete, weitere dreißig Kilometer südwärts. Noch auf dem Wege dorthin empfing Murray-Lyon die Meldung, daß die Japaner auf ihrem Wege von Patani über Kroh bis in die Gegend von Grik vorgedrungen waren. Die Zange schloß sich. Aber im letzten Augenblick gelang es Einheiten des 3. Indischen Korps, die Vormarschroute der Japaner bei Grik und zwischen Kroh und Sungei Patani zu blockieren. Noch einmal war die Gefahr der Einschließung für die aus Nordmalaya zurückströmenden britischen Truppen gebannt. Aber für wie lange?

In aller Eile wurden in der Nacht vom 16. zum 17. Dezember die Europäer auf der Insel Penang in Richtung Singapore evakuiert. Matrosen, die auf der »Repulse« und der »Prince of Wales« gedient und deren Untergang überlebt hatten, mußten dabei helfen, Tausende von Frauen und Kindern auf Küstenschiffen, kleinen Segeljachten, Motorbooten und Fähren südwärts zu schaffen. Penang wurde aufgegeben. Aber die unübersehbare Masse der Dschunken und Sampans ließen die Engländer dort weiter ankern. Weder die Munitionslager noch die Öltanks wurden gesprengt, bevor die Insel aufgegeben wurde. Sogar Radio Penang blieb intakt. Eine Woche später bereits diente die Station den Japanern als Propagandasender, der die Phrase von der »Großostasiatischen Wohlstandssphäre« hinausposaunte. Tausende von Dschunken und Sampans aber dienten den japanischen Truppen als willkommene Transportmittel bei ihren Landungen an der weiter südlichen Westküste Malayas. Mit der Aufgabe von Penang entfiel für die Truppen der 11. Indischen Division die Notwendigkeit, am Muda-Fluß weiter die Japaner aufzuhalten. Murray-Lyon zog seine erschöpften Soldaten zunächst bis in die Gegend des Krian-Flusses zurück, etwa fünfundvierzig Kilometer südwärts. Hier sollten sie endlich neue Kräfte sammeln. Aber da kam bereits die Nachricht, daß die Japaner bei Grik durchgebrochen waren und auf Kuala Kangsar zustießen. Angesichts dieser Tatsache entschloß sich das Oberkommando nun, alle Truppen bis hinter den Perak-Fluß zurückzunehmen. Doch um diese Zeit schickten sich die Japaner, die bei Grik durchgebrochen waren, bereits an, in Richtung auf Ipoh vorzugehen, das fünfundzwanzig Kilometer ostwärts des Perak-Flusses lag. Nordmalaya war verloren. Es wurde Weihnachten, als die Anzeichen sich häuften, daß auch Zentralmalaya nicht zu halten sein würde.

Von Fluß zu Fluß

Major Aseada hatte das Neujahrsfest in Georgetown verbracht, wo er etwa um Weihnachten herum angekommen war, Aseada war gebildet genug, die Bedeutung des Weihnachtsfestes für die Engländer zu kennen. Er selbst feierte es natürlich nicht. Aber er beobachtete genau, wie sich die gefangenen Engländer verhielten, die man an Land auf einem Flecken sandiger Küste gegenüber von Penang zusammengetrieben hatte. Er stellte fest, daß sie weder den Versuch machten, Weihnachtsbäume zu imitieren, etwa aus Zweigen und dem Stanniolpapier weggeworfener Zigarettenpackungen, noch Weihnachtslieder sangen oder Gebete verrichteten. Es mochte daran liegen, daß kein Priester unter ihnen war, der auf diese Dinge hielt. Aber es gab noch eine andere Erklärung, und die lag näher. Die meisten der hier zusammengetriebenen Engländer rechneten nicht damit, mit dem Leben davonzukommen. Sie machten den Eindruck von Leuten, die sich fatalistisch in ihr Schicksal ergaben. Nur wenige von ihnen hatten weitergekämpft, als es für sie aussichtslos wurde. Es stimmte – Tai atari gab es bei den Engländern nicht. Wenn das Gefecht für sie ungünstig ausging, hoben sie die Hände und ergaben sich. Was die Bewertung gewisser soldatischer Tugenden anging, so war Aseada ein Musterschüler der Militärakademie gewesen. Ergeben war schändlich. Kämpfen bis zur letzten Kugel – das war selbstverständlich. Und bevor man sich vom Feind gefangennehmen ließ, zog man lieber die letzte Handgranate unter der Brust ab und wartete die vier Sekunden, bis der Tod kam. Man kämpfte, um zu sterben. Glorreich, bis zur letzten Sekunde getreu dem Eid auf den Kaiser. Unlängst hatte Aseada sich mit einem Leutnant der Engländer unterhalten. Er war außerordentlich überrascht gewesen, als dieser ihm gestand: »Wir kämpfen, um zu leben, Herr Major.« Welch sonderbarer Unterschied! Ein Soldat des Kaisers war ein Nichts, sobald er die Uniform trug. Er war ein Toter auf Abruf. Nicht jene wurden geehrt, die die Schlachten überlebten, sondern vielmehr die Gefallenen. Seit Generationen war das so. Wenn eine Einheit Orden verlieh, dann gingen die zumeist an die Toten.

Itagaki war von Singora herübergekommen, wo er sein rückwärtiges Quartier hatte. Die Einheit 82 war aufgelöst. Ihre Aufgabe war erfüllt. Nur die besten Leute waren von Itagaki zusammengefaßt worden und erledigten jetzt Spezialaufgaben im Kampfgebiet. Aseada gehörte zu ihnen.

Der junge Major hatte das gegnerische Territorium so aufgeklärt, wie man es von ihm erwartete. Jetzt standen ihm neue Aufgaben bevor.

»Was wird aus ihnen?« erkundigte sich Aseada mit einer Kopfbewegung zu den Engländern hin. Itagaki schürzte die Lippen. Er lächelte. »Wir lassen sie in der Sonne liegen und hungern, bis die gestorben sind, die körperlich nichts taugen. Der Rest wird für uns arbeiten. Gehen wir...«

Sie fuhren mit der Fähre nach Penang hinüber. Aber sie blieben außerhalb der Stadt Georgetown, in der noch Ausnahmezustand herrschte. Spezialkommandos suchten nach versprengten Engländern und englischen Zivilpersonen, die nicht evakuiert worden waren. Außerdem wurde viel Zeit darauf verwandt, die chinesische Bevölkerung zu überprüfen. Penang war zumeist von chinesischen Einwanderern besiedelt. Wer von ihnen mit dem Mutterland sympathisierte, der wurde erschossen. General Itagaki hatte mit seinem unmittelbaren Stab die Villa eines englischen Koprahändlers bezogen. Das Inventar befand sich zum Teil noch an Ort und Stelle, aber vieles davon war durch die einmarschierenden Truppen zerstört worden. So diente ein großer Billardtisch, der im Salon stand, Itagaki als Kartenpult. Als er seine Mütze abgelegt und das Glas mit kaltem Wasser ausgetrunken hatte, das ihm die Ordonnanz hinhielt, beugte er sich über die Karte von Malaya. Aseada trat neben ihn. Er war zum Befehlsempfang hier. Itagaki würde, wie er das immer tat, erst die Lage analysieren, bevor er auf seinen Auftrag zu sprechen kam. Und Aseada täuschte sich wirklich nicht.

»Dies hier«, machte der General ihn aufmerksam, »sind die Standorte unserer Truppen, Major. Wie Sie sehen können, haben wir keinen Grund, unzufrieden zu sein...« Sein Finger fuhr die Westküste entlang. »Seit wir die Jitralinie nahmen, ist den Engländern keine neue taktische Variante mehr eingefallen. Sie sind von einem natürlichen Hindernis zum anderen zurückgewichen, in der Hoffnung, sich irgendwann einmal sammeln und zum ernsthaften Widerstand entfalten zu können. Von einer Straße zur anderen, vor allem von einem Flußbett zum anderen, ging unser Vormarsch vonstatten. Beinahe jeder von Ost nach West verlaufende Fluß sollte das entscheidende Hindernis werden. Der Plan ging nicht auf. Nach Jitra schlugen wir sie am Perak-Fluß, danach am Slim-Fluß, daraufhin evakuierten sie Kuala Lumpur und Port Swettenham am selben Tag, und sie gingen weiter zurück, immer weiter, bis etwa hierher..., und jetzt versuchen sie, sich an diesem kleinen Fluß festzusetzen. Er heißt Muar...«

Aseada war die Frontlage bekannt. Nordmalaya war gefallen. Die japanische Armee war – von Fluß zu Fluß – durch Zentralmalaya vorgestoßen, weit hinein in das Gebiet der Zinnminen, den reichsten Teil des

Landes. Wie zu erwarten gewesen war, hatten sich die hauptsächlichen Kämpfe an der westlichen Front abgespielt. Die bei Kota Bharu gelandeten Truppen hingegen gingen ohne nennenswerte Behinderung an der Küste südwärts vor und sicherten die wenigen Verbindungsstraßen, die es von der Ostseite der Halbinsel zu deren Westseite gab. Von da, wo die japanischen Truppen jetzt standen, führten alle Wege strahlenförmig auf Singapore zu, durch das letzte vorgelagerte Sultanat Johore. Nord- und Zentralmalaya waren nicht zuletzt so schnell bezwungen worden, weil die japanische Armee sich genau auf die geographischen Bedingungen des Landes eingestellt hatte. In seiner Größe entsprach Malaya etwa der Englands. Mitten durch Malaya verlief eine Kette von Gebirgszügen, die stellenweise mehr als dreitausend Meter Höhe erreichte. Sie teilte gleichsam die Ostküste von der Westküste. Dazwischen gab es nur wenige befahrbare Verbindungswege. Während die Ostküste dünn besiedelt und demzufolge auch schwach befestigt war, befanden sich fast alle bedeutenden Städte, alle ergiebigen Minen, Verkehrswege und Bahnlinien an der Westküste und in ihrem Hinterland. Während im äußersten Norden der meiste Reis angebaut wurde, waren Perak und Selangor die Zinngebiete Malayas. Zwischen der Westküste und den Zentralgebirgen lagen ausgedehnte Kautschukplantagen bis an den Rand der Berge, dazwischen immer wieder unübersehbare Dschungelgebiete. Sah man auf die Karte, so waren bereits alle Reichtümer Malayas in japanischem Besitz. Nun lag nur noch Johore mit seinen gepflegten Kautschuk- und Obstplantagen vor der Armee und dahinter die Festung Singapore.

»Sie werden den Muar-Fluß verteidigen, um Zeit zu gewinnen«, erläuterte Itagaki. »Diese Zeit brauchen sie, um alle ihnen noch verbliebenen Truppen über Johore nach Singapore zurückzuschleusen. Aber wir möchten am Muar keine langwierige Schlacht haben. Sehen Sie...« Der Fluß verlief in einer vielfach geschlängelten Linie durch ein enges Felstal, das sich erst kurz vor der Küste öffnete. »Es ist schwieriges Gelände. Wenn wir die Engländer sich hier festsetzen lassen, kommt es zu zeitraubenden Kämpfen. Und das wäre nicht gut für uns. Wir wollen uns nicht erschöpfen, bevor wir nach Singapore übersetzen. Wir werden sie umgehen. Zu Wasser. Ihnen in den Rücken fallen. Sie werden am Muar schnell Schluß machen, wenn sie wissen, wir sind in ihrem Rücken. Haben Sie verstanden, Major?«

Natürlich verstand Aseada. Er hatte die Planung des gesamten Angriffs von Beginn an mitgemacht, und das, was Itagaki ihm jetzt erklärte, war nur die logische Fortsetzung der bisherigen Taktik. »Soweit ich weiß«, bemerkte er, »stehen in diesem Sektor australische Truppen.« Der General nickte.

»Australian Imperial Force. Die Leute bewegen sich im Gegensatz zu den Engländern sehr viel gewandter auf dem malaiischen Terrain. Gerade deshalb darf es am Muar zu keiner Verzögerung kommen. Mein Befehl an Sie, Major: Sie gehen mit drei Kompanien in landesüblichen Fahrzeugen in See und stoßen dicht unter der Küste südwärts vor. Sie landen am 15. Januar an der Mündung des Muar, und zwar am Südufer, wo die Hafenstadt Muar liegt. Die Stadt wird eingenommen. Gleichzeitig greifen Einheiten der 5. Division vom Nordufer des Flusses her an und setzen über. Ein Teil Ihrer Leute landet nicht in der Muar-Mündung, sondern weiter südlich. Hier liegt, etwa vierzig Kilometer entfernt, eine kleine Bucht und landeinwärts, an deren Ende, die Stadt Batu Pahat. Von hier stoßen Sie wieder nordwärts vor, bis zu dem Ort Parit Sulong, wo sich eine Brücke befindet, die alle australischen Truppen passieren müssen, wenn sie sich vom Muar zurückziehen.

Von der Schnelligkeit, mit der Sie, Major, Parit Sulong besetzen, wird abhängen, wie viele von den Australiern des Generals Bennett aus unserer Falle herauskommen. Verstehen wir uns?«

»Wir verstehen uns ausgezeichnet, Herr General«, erwiderte Aseada.

Der Plan war riskant, aber er würde gelingen. Das war die Art von Aufträgen, die Aseada liebte. »Wo steht die Hauptmacht der Australier jetzt?« fragte er.

»Bei Gemas, fünfzig Kilometer nördlich des Muar.«

Sie werden sofort den Rückzug antreten, wenn sie erfahren, daß wir in der Flußmündung des Muar operieren, dachte Aseada. Er beugte sich über die Karte. Sein Kommando würde er in Malacca zusammenstellen. Er rechnete bereits, als der General ihm einen Rohrstuhl hinschob und sagte: »Setzen Sie sich, Major. Wir haben eine Menge Einzelheiten zu besprechen und nicht mehr viel Zeit...«

Am Morgen des 11. Januar erschienen Schwärme von japanischen Bombern über der kleinen Hafenstadt Muar und luden ihre Fracht ab. Zuerst hielten die Engländer dies für Routineangriffe, aber die Bomber kamen alle zwei Stunden, und das änderte sich nicht mehr bis zum 15. Januar. Da erschienen bei Sonnenaufgang statt der Bomber die ersten Vorausabteilungen des 5. Garderegiments auf dem flachen Nordufer des Muar-Flusses, der Stadt gegenüber. Sie überrannten die vorgeschobenen Einheiten der 45. Indischen Brigade und standen gegen elf Uhr unbehindert am Nordufer der Flußmündung. Einige Kilometer landeinwärts schob sich eine andere Gruppe japanischer Soldaten vorsichtig an das Flußufer heran. Die Männer trugen leichte Bambusflöße bei sich. Als sie im unübersichtlichen Ufergelände angekommen waren, ohne mit den Truppen der hier patrouillierenden 45. Indischen Brigade zusammengestoßen zu sein, versteckten sie sich bis zum Einbruch der Dunkelheit. Dann paddelten sie mit ihren Bambusflößen ungesehen ans andere Ufer, wo eine Anzahl englischer Pontons lag. Diese zogen die Japaner zurück zum Nordufer. Dort waren inzwischen im Schutze der Dunkelheit weitere japanische Truppen angekommen, die ohne Aufenthalt auf den Pontons zum Südufer übersetzten. Die Pontons pendelten die ganze Nacht von einem Ufer zum anderen, ohne daß eine einzige englische Patrouille sie gesehen hätte. In der Tat wagten die indischen Soldaten sich nach dem Auftauchen der Japaner gegenüber der Stadt Muar nachts nicht mehr aus ihren Stellungen.

Um elf Uhr vormittags griffen die Japaner zusammen mit den vom Nordufer übergesetzten Truppen und weiteren Verstärkungen von See her die Stadt an. Am Nachmittag hatten sie bereits die Garnison und die noch in der Gegend befindlichen Truppen ausgeschaltet. Am Abend gehörten Muar und sein Hafen ihnen. General Nishimura setzte seine Panzer auf der intakt gebliebenen Motorfähre im Hafen von Muar über.

Major Aseada wartete indessen ungeduldig auf einen Funkspruch aus Muar. Er hatte die bevorstehende Aktion mit den daran beteiligten Of-

Japanische Infanteristen beim Überqueren eines schmalen Wasserlaufs
Von den Japanern erbeuteter englischer Panzer

fizieren bis in die kleinsten Einzelheiten erörtert, und seiner Meinung nach mußte sie klappen. Er selbst saß auf dem Vorschiff einer kleinen Dschunke, die an der Spitze von einem halben Dutzend ähnlicher Fahrzeuge südwärts segelte, auf die Bucht von Batu Pahat zu. Nun kam die Nachricht von der Einnahme Muars. Aseada atmete auf. Es war keine Zeit zu verlieren. Im selben Augenblick mußten die Engländer die Nachricht bekommen. Die Aufklärung hatte bereits am Nachmittag gemeldet, daß sich die australischen Einheiten in den Raum Gemas zurückzogen. Sie konnten in vierundzwanzig Stunden über dem Muar sein. Außerdem würden die Engländer aus dem Raum Yong Peng, wo auch General Bennett seinen Gefechtsstand haben sollte, schleunigst Abfangtruppen in Richtung Muar in Bewegung setzen. Man mußte Parit Sulong erreichen. Aber zunächst war Batu Pahat das Ziel. Aseada blickte auf die Uhr. Er bemerkte, daß der Mann am Ruder ihm ein Zeichen gab. Linkerhand, noch weit entfernt, glomm ein Lichtpunkt: der Leuchtturm von Batu Pahat. Aseada bedeutete dem Mann, die Boote zu stoppen. Es war noch zu früh.

Der Leuchtturm von Batu Pahat stand am Ende eines langen Kais, unmittelbar dort, wo die Boote der Fischer anlegten. Es war lange her, daß die Engländer ihn hatten bauen lassen. Er diente dazu, den Lastenverkehr, der an der Westküste entlang lief, zu erleichtern. Batu Pahat war der Umschlagplatz nach Kluang, und von Kluang gingen die Güter nach Mersing an der Ostküste weiter. Aus diesem Grunde war Batu Pahat für den Umschlaghandel wichtig genug gewesen, um an der Einfahrt den Bau eines Leuchtturmes zu rechtfertigen. Er half den kleinen Küstenschiffen und Dschunken, deren Führer oft nur spärliche Navigationskenntnisse hatten, selbst bei Nacht die Einfahrt nicht zu verfehlen.

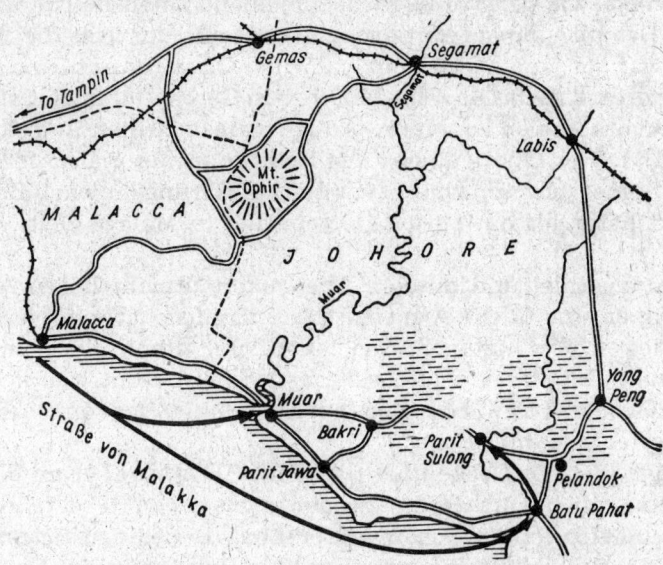

Route der Angreifer zum Leuchtturm von Batu Pahat

An diesem Abend war es in Batu Pahat noch ruhig. Die Leute warteten darauf, daß die Engländer es doch noch schaffen würden, die Japaner aufzuhalten. Aber die Hoffnung war schwach. Der Leuchtturmwärter, ein älterer Malaie, war am frühen Nachmittag wie immer zur Arbeit gegangen. Er hatte seinen Kollegen abgelöst und den Dienst für vierundzwanzig Stunden übernommen. Es war keine sehr anstrengende Arbeit. Der Turm war einfach konstruiert. Da er an Land stand, besaß er elektrische Beleuchtung. Ein ebenfalls elektrisch angetriebener Schwenkmotor ließ den großen Scheinwerfer im ewig gleichen Rhythmus von links nach rechts kreisen. Alles, was der Leuchtturmwärter zu tun hatte, war, darauf zu achten, daß die Schwenkanlage von Zeit zu Zeit geschmiert wurde. Fiel der Strom aus, so mußte er das Elektrizitätswerk anrufen. Aber auch das nur, sofern es sich nicht um einen Defekt im Turm selbst handelte. Er konnte schlafen, denn der Scheinwerfer war mit einer Weckanlage gekoppelt, die automatisch einen schrillen Ton von sich gab, wenn das Licht ausging. Solange der Malaie hier Dienst tat, war das nur zweimal geschehen.

Er hatte sich an diesem Abend – wie sonst auch – in eine Decke gewickelt, auf die Pritsche im Schaltraum gelegt und war eingeschlafen. So hörte er nicht, wie kurz vor Mitternacht jemand unten die Tür öffnete und auf der Betontreppe aufwärts stieg. Der Mann, der leise die Stufen erklomm, war der japanische Blumengärtner Okamura aus Batu Pahat. Er betrieb dort seit mehr als zehn Jahren sein Geschäft und galt als freundlicher, zuvorkommender Mann. Außer einigen Leuten in Tokio wußte niemand, daß er Oberleutnant der Reserve in der Kaiserlichen Japanischen Armee gewesen war, bevor die Aufklärung ihn nach Batu Pahat geschickt hatte, als harmlosen Gärtner, der in Malaya Geld verdienen wollte.

Okamura verhielt und lauschte. Aber er konnte nichts hören. Aus seiner Jacke zog er eine flache Armeepistole und entsicherte sie geräuschlos. Dann stieg er die letzten Stufen hinauf und stand ganz plötzlich im Schaltraum. Der Malaie schlief sehr fest, er hörte nicht, wie Okamura an seine Pritsche trat. Der Schuß des Japaners, unmittelbar an seiner Schläfe abgefeuert, tötete ihn sofort.

Okamura zog die Decke über den Toten. Dann trat er an die Schaltanlage. Er brauchte nicht lange zu suchen, bis er den Hebel fand, der eine rote Glasscheibe vor den Scheinwerfer schob. Er betätigte ihn und sah auf die Uhr. Nach einer Minute legte er den Hebel wieder zurück. Dann öffnete er das Fenster unterhalb der Lichtanlage und blickte aufs Meer hinaus.

Aseada hatte das rote Lichtzeichen gesehen. Auf sein Kommando steuerten die Dschunken die Einfahrt an. Eine Viertelstunde später gingen die Soldaten unter dem Leuchtturm an Land. Sie verschwanden, ohne Aufsehen zu erregen, in dem hohen Steingebäude. Einige von ihnen bezogen in der Umgebung des Leuchtturmes Posten. Die Dschunken wurden verankert, und bald darauf lag wieder alles still. Oben im Turm streifte der Gärtner Okamura eine mitgebrachte Uniform über. Dann warteten die Japaner etwa eine Stunde, bis von der See her wiederum ein Zug Dschunken in die Bucht einlief. Diesmal stieg eine Kompanie Soldaten aus, die Fahrräder, Granatwerfer und schwere Maschinengewehre mitführte. Niemand in der Stadt bemerkte, wie diese Truppe, von Okamura angeführt, die Stadt umging und sich auf die Straßengabelung zu

bewegte, die auf halbem Wege zwischen Parit Sulong und Yong Peng lag.
Die Einheit 82 hatte einen der langjährigen Agenten aus dem Untergrund
hervorgeholt. Noch vor Morgengrauen langte Okamura mit seinem Trupp
an der Straßengabelung an. Hier gab es in dem kleinen Dorf Pelandok nur
einen leicht bewaffneten australischen Straßenposten. Er wurde binnen
weniger Minuten lautlos überwältigt. Als im frühen Morgenlicht von Yong
Peng her ein Stabsfahrzeug herankam, es war auf dem Wege nach Parit
Sulong, von wo alarmierende Meldungen über das Auftauchen japanischer Truppen südostwärts von Muar kamen, war die Straßengabelung
durch zwei gefällte Bäume blockiert. Das Fahrzeug hielt an, und im selben
Augenblick flogen vom Straßenrand Handgranaten auf die Insassen. Von
ihnen überlebte niemand den Überfall. Ganz plötzlich gab es für die
britischen und australischen Truppen von Gemas bis Yong Peng keine
feste Front mehr. Die eingesickerten Japaner waren zahlenmäßig vorerst
unterlegen, aber sie verursachten eine derartige Verwirrung, eine zunehmende Unsicherheit der Verbindungswege, daß jede geordnete Zu-
rückführung scheiterte. Plötzlich befanden sich auf bisher weit zurück-
liegenden Straßen Baumsperren. Konvois australischer Fahrzeuge wurden aufgehalten und beschossen. Leichte japanische Panzer, die bei Muar
übergesetzt waren, rollten auf der Straße entlang der Küste auf Bakri und
Parit Sulong zu. Immer wieder erschienen die Bomber und belegten jede
Ansammlung englischer oder australischer Truppen mit Bomben und
Bordwaffenfeuer. Binnen weniger Stunden spitzte sich die Lage derart
zu, daß General Percival eiligst mit Gordon Bennett, dem australischen
Kommandeur in diesem Gebiet, konferierte und sich einverstanden
erklärte, alle Truppen schleunigst zurückzuziehen. Die Gefahr der voll-
ständigen Einschließung aller Einheiten, die sich an der Muarfront
befanden, war deutlich geworden. Die Offiziere waren erleichtert, als sie
die Rückzugsbefehle erhielten. Trotzdem war es bereits zu spät. Der japanische Vorstoß über Batu Pahat in Richtung der Straßengabelung
zwischen Yong Peng und Parit Sulong erwies sich als ungeahnt gefährlich. Die Japaner hatten mit ihrem Vorstoß in diese Gegend die einzige
Brücke bei Parit Sulong, über die alle britischen und australischen
Truppen zwangsläufig ihren Weg nehmen mußten, blockiert.

Parit Sulong war nur eine kleine, unbedeutende Ortschaft. Mit einem
Mal wurde ihr Besitz und ebenso der Besitz der kurz vor der Ortschaft
liegenden Brücke von entscheidender Bedeutung. Die Brücke war alt, und
sie diente weniger als Übergang über den unbedeutenden, nur schmalen
Wasserlauf. Vielmehr überbrückte sie ein schwer begehbares Sumpf-
gebiet, das sich zu beiden Seiten des Flußlaufes ausdehnte. Die Ortschaft

war vom 6. Bataillon der erst kürzlich in Singapore gelandeten 53. Britischen Brigade besetzt gewesen, eine jener Verstärkungen, die aus Indien herbeigeschafft worden waren, denen jedoch jegliche Erfahrung im Dschungelkampf fehlte. Das Bataillon wurde beim ersten Angriff der japanischen Kommandotrupps fast völlig aufgerieben. Die Reste zerstreuten sich über die Abhänge jenseits des Sumpfgebietes. Dort gelang es den Offizieren, sie wieder zu sammeln. Inzwischen war eine Einheit Punjabis aus Yong Peng zum Entsatz in dieses Gebiet geschickt worden. Ohne daß sie einander erkannten, kam es zu einem Gefecht zwischen den beiden Einheiten. Die Verwirrung war vollständig. Währenddessen bauten die Japaner an der Brücke vor Parit Sulong eine starke Straßensperre und besetzten sie mit Granatwerfern, Panzerabwehrgeschützen und Maschinengewehren. Aus Batu Pahat war inzwischen Major Aseada gekommen, der über Funk dauernd mit den bei Muar vorstoßenden Truppen des Generals Nishimura in Verbindung stand. Die Falle hatte sich geschlossen.

Vierundzwanzig Stunden später wurde die 45. Indische Brigade in der Gegend um Bakri so gut wie aufgerieben. In den für beide Seiten verlustreichen Gefechten verloren die Japaner eine beträchtliche Anzahl ihrer leichten Panzer, trotzdem gelang es ihnen, weiter vorzudringen. Die Reste der 45. Indischen Brigade wurden mit den zurückflutenden australischen Einheiten vereinigt, und am 20. Januar begannen sie ihren Rückzug aus der Gegend um Bakri auf Yong Peng zu. Sie kamen nur einige Kilometer weit, dann stießen sie auf die erste japanische Straßensperre und mußten sich ihren Weg unter schweren Verlusten freikämpfen. Die Japaner verwickelten die zurückflutenden Truppen immer wieder in zermürbende Gefechte, suchten aber noch keine endgültige Entscheidung. Sie wußten, daß die Brücke bei Parit Sulong diese Entscheidung für sie treffen würde. An dieser Stelle würde der Gegner gezwungen sein, sich aufzulösen und sein Heil in der Flucht durch Sümpfe und Dschungel nach Süden zu suchen. Zwischen Parit Sulong und Singapore gab es dann keine Möglichkeit mehr, die geschlagenen Truppen neu zu formieren und in den Kampf zu schicken. Währenddessen glaubten die von Colonel Anderson geführten britischen und australischen Verbände, die auf Parit Sulong zu flohen, immer noch, daß sie über die Brücke gelangen und sich jenseits davon festsetzen konnten. Als sie nach Dutzenden schwerer Rückzugsgefechte, in denen die Japaner Tiefflieger und Panzer gegen sie einsetzten, endlich vor Parit Sulong anlangten, mußten sie erfahren, daß der Weg versperrt war. Erschüttert befahl Anderson zunächst, Deckung im Dschungel zu suchen, bis die Situation an der Brücke aufgeklärt war. Er sorgte persönlich dafür, daß die beiden einzigen Kraftfahrzeuge, die ihm noch zur Verfügung standen, nämlich zwei Sanitätswagen voll Verwundeter, gut getarnt am Straßenrand abgestellt wurden und Sanitäter sich um die Verletzten kümmerten. Dann schickte er Spähtrupps in Richtung Parit Sulong aus.

Die mordenden Samurais

Robin Clark warf seinen Tragebeutel am Straßenrand hin und hockte sich darauf. Es befanden sich noch zwei Eierhandgranaten und eine Menge Gewehrpatronen darin, aber Clark spürte das nicht, so müde war er. Er würde trotzdem nicht schlafen können, das wußte er, und so drehte er sich eine Zigarette und döste vor sich hin, während an der Spitze der Kolonne beraten wurde.

Robin Clark spürte weder die Blasen an den Füßen noch die Wunden, die seine Beine bedeckten. Dutzende von Blutegeln hatte er in den vergangenen Tagen mit Hilfe von glühenden Zigarettenenden aus seiner Haut entfernt. Die ekelhaften, fahlfarbigen Würmer drangen durch jede Öffnung in den Beinkleidern zur Haut vor und saugten sich unbemerkt fest. Entfernte man sie, blieben zunächst kleine, offene Wunden, die sich schnell infizierten, größer wurden, vereiterten und dann wochenlang Beschwerden verursachten. Gesicht, Nacken, Arme und Hände waren von Moskitos zerstochen. Clark wunderte sich des öfteren, daß er überhaupt noch in der Lage war zu marschieren. Aber der Körper folgte den Befehlen des Gehirns immer noch, und so hatte Clark sich von Jitra bis hierher geschleppt, hatte unzählige Gefechte überstanden, Tote begraben, nur wenig gegessen und getrunken und war jetzt in einem Zustand, in dem es ihm eigentlich völlig gleichgültig war, was da vorn beraten wurde. Er sehnte sich nach nichts weiter als ein paar Stunden Schlaf. Aber damit war nicht zu rechnen. Eigentlich war Clark ein Versprengter. Als die Japaner die Jitralinie überrannten, war es ihm mit einem halben Dutzend seiner indischen Soldaten gelungen, auf Dschungelpfaden wieder Anschluß an die zurückweichende 11. Division zu bekommen. Am Perak dann hatte er zu einer Nachhut gehört, die von den Japanern abgeschnitten worden war, und erst eine Woche später war er wieder auf eigene Truppen gestoßen. Es waren die Australier gewesen, die ihn nun aufgenommen hatten. Da es unmöglich für ihn war, die weit nach Süden ausgewichene 11. Division noch einzuholen, marschierte er mit den Truppen Andersons. Zwei seiner Punjabis waren noch bei ihm. Sie lagen jetzt ausgestreckt neben ihm, schweigend, das Ende erwartend, wie es ihm schien. Er gab seine Zigarette an sie weiter, und sie rauchten. So sehr Clark sich nach Ruhe und Schlaf sehnte, so unruhig war er gleichzeitig. Er wußte, daß Ruhe in diesem Moment sogar gefährlich war. Er mußte in Bewegung bleiben, wenn er nicht zusammenbrechen, seine Energie für immer verlieren wollte. Unschlüssig stand er auf und schlenderte nach vorn. Nach hundert Metern entdeckt er Chris Bekker, der mit seinem Klappmesser gerade eine winzige Büchse Corned beef öffnete. Bekker war Australier, aber er war erst nach der faschistischen Machtübernahme aus Deutschland weggegangen und hatte sich schließlich in Australien angesiedelt, wo er in einer Autowerkstatt in Melbourne gearbeitet hatte, bis man ihn zur Armee holte. Warum er aus Deutschland weggegangen war? Bekker hatte es Clark unumwunden gesagt: »Ich bin Sozialdemokrat. Vor dem Januar 1933 hätte ich immer noch die Illusion gehabt, daß wir uns mit den Kommunisten zusammen diesen österreichischen Anstreicher vom Halse halten könnten. Es wäre möglich gewesen. Aber wir hatten wohl die falschen Leute als Führer gewählt. Sie wollten, wie sie so schön sagten, Hitler erst einmal abwirtschaften lassen, und hofften insgeheim, daß die Kommunisten dabei ihren Teil abbekommen würden. Es war Irrsinn, und viele von uns wußten das. Aber wir konnten es nicht mehr ändern. So kamen die Faschisten an die Macht, und die Jagd ging los. Auf Kommunisten und Sozialdemokraten. Du kannst mich für feige halten, weil ich damals wegging, bevor sie mich abholen konnten. Jedenfalls war mir plötzlich klar, daß Hitler Krieg bedeutete, und da wollte ich nicht auf der falschen Seite sein. Also – jetzt bin ich hier.«

»Wo hast du immer noch das Corned beef her?« erkundigte sich Clark beiläufig, als er sich jetzt neben Bekker setzte. Der hielt ihm die Büchse hin und sagte kauend: »Australien, mein lieber, verarmter Engländer, ist ein reiches Land. Es hat grüne Weiden. Und Kühe. Hast du noch Tabak?«

Als Clark nickte, brummte Bekker: »Dann ist das Geschäft gemacht. Internationaler Güteraustausch auf der niedrigsten Stufe. Im Angesicht der Banzai-Ritter mit der geschrumpften Standesehre.«

Sie aßen, bis die Büchse leer war. Dann meinte Bekker mißtrauisch: »Weißt du, was mir auffällt? Den ganzen Tag haben uns die ›Zeros‹ beharkt. Und seit einer Stunde ist Schluß. Haben die einen Feiertag?«

Clark war damit beschäftigt, zwei Zigaretten zu drehen. Er sagte: »Hab keine Sorge. Die wissen genau, daß wir vor der Brücke stehen. Die kommen bald.«

»Vorn ist zu«, sagte Bekker. »Wir sind in der Falle. Hier kommen wir nicht mehr 'raus.«

Doch Clark brummte nur: »Ich bin schon aus ganz anderen Fallen herausgekommen...«

Die Flieger kamen bis zur Abenddämmerung nicht mehr. Auch die japanische Infanterie, die der Kolonne gefolgt war, verhielt sich still.

Unter den australischen Soldaten kursierte das Gerücht, Anderson verhandle mit den Japanern. In der Tat erwog der Colonel gegen Abend diese Möglichkeit. Ihm war klargeworden, daß er entweder durchbrechen oder sich ergeben mußte. Er entschied sich durchzubrechen. Aber er hatte einige Dutzend Verwundete in den Ambulanzwagen. Mit ihnen würde kein Durchbruch gelingen, sie würden die kämpfende Truppe behindern. Kurz entschlossen ließ Anderson an den beiden Fahrzeugen zusätzlich zu den roten Kreuzen noch große weiße Fahnen anbringen. Dann ließen die Fahrer die Motoren anspringen und fuhren langsam auf der leicht ansteigenden Straße auf die Brücke zu. Zunächst tat sich nichts. Auf japanischer Seite stand Major Aseada, das Fernglas an den Augen und befahl: »Laßt sie herankommen!«

Als die Sanitätswagen einige hundert Meter vor der Brücke standen, stiegen ein Leutnant und ein leidlich japanisch sprechender Engländer aus und gingen langsam auf die Brücke zu. Sie trugen ebenfalls eine große weiße Fahne. Aseada erhob sich hinter seiner Deckung. Der englische Offizier grüßte, dann übersetzte sein Begleiter: »Wir bitten darum, daß die beiden Fahrzeuge mit Schwerverletzten über die Brücke gelassen werden und daß ihnen gestattet wird, zu den englischen Linien zu fahren. Die Leute bedürfen dringend ärztlicher Behandlung...«

Aseada ließ ihn ausreden, obgleich sein Entschluß feststand. Seine Antwort war kurz und bündig: »Sie beide gehen zu Ihrem Kommandeur zurück und teilen ihm mit, ich erwarte die Kapitulation der gesamten Kampfgruppe. Bis Sie mir diese Kapitulation bringen, bleiben die beiden Fahrzeuge genau dort, wo sie jetzt stehen. Gehen Sie.«

Anderson biß sich wütend auf die Lippen, als er diese Meldung erhielt. Niemand konnte jetzt mehr zu den beiden Sanitätsfahrzeugen. Aber Anderson behielt keine Zeit, über die Lage nachzudenken. Mehrere leichte Panzer erschienen plötzlich am Schluß der Kolonne auf der Straße und schossen ihre Granaten zwischen die Australier. Mit Mühe gelang es, den Führungspanzer abzuschießen und dadurch die Straße zu blockieren. Japanische Infanterie griff aus den Wäldern mit Maschinengewehren und Granatwerfern an. Den ganzen Abend lang tobte das Gefecht. Noch gelang es, die Japaner zurückzuhalten. Und etwas anderes gelang. Während des Gefechtes schlichen sich im Schutz der Dunkelheit zwei Fahrer zu den vor der Brücke stehenden Sanitätswagen, krochen in die Führerhäuser und lösten die Handbremsen. Da die Straße auf die Brücke zu anstieg, gerieten die beiden Wagen bald ins Rollen und bewegten sich lautlos rückwärts. Sie waren schon ziemlich weit entfernt, als die Japaner an der Brücke das Feuer auf sie eröffneten. Da ließen die beiden Fahrer die

Motoren anspringen, wendeten im Kugelhagel und fuhren zurück, bis in den Schutz der Bäume, wo die ersten Posten der Australier lagen. Die Nacht verlief unter ständigen Gefechten, aber die Japaner riskierten keinen entscheidenden Angriff mehr. Gegen Morgen erschienen einige »Blenheims« am Himmel und machten den Versuch, der eingeschlossenen Truppe Medikamente und Verpflegung abzuwerfen. Aber eines der Flugzeuge wurde sofort von den schweren Maschinengewehren der Japaner in Parit Sulong abgeschossen, und die Fracht der anderen fiel im wesentlichen in den Dschungel. Da wußte Anderson, daß er sofort handeln mußte. Er befahl, die Verwundeten Trägern zu übergeben. Die gesamte Kampfgruppe, die immerhin noch einige tausend Mann stark war, sollte sich im Dschungel zerstreuen und jeder sich seinen eigenen Weg durch das sumpfige Waldland südwärts in Richtung Yong Peng suchen. Es war höchste Zeit, denn schon wieder gab es am Schluß der Kolonne ein wütendes Gefecht zwischen den Australiern und einer Gruppe japanischer Panzer, die seitlich der Straße vordrangen.

Chris Bekker zielte auf den Japaner, der den Kopf aus der Luke des Führungspanzers steckte. Das schwere Fahrzeug lag halb auf der Seite. Es war abgerutscht, und es würde eine Weile dauern, bis es wieder manövrierfähig war. Bekker trug auf seinem Gewehr ein Zielfernrohr. Er war ein ausgezeichneter Schütze, und als er jetzt den Japaner anvisierte, war seine Hand ruhig. Er zog ab. Im Zielfernrohr konnte er sehen, wie der Mann langsam in die Luke zurückglitt.

Hinter Bekker lag Clark. Er hörte, wie einer der beiden Punjabis ihm von weiter hinten etwas zurief, aber er verstand es nicht. Der Wald schien von Japanern zu wimmeln. Sie stiegen mit Vorliebe in die Bäume und schossen von dort auf die Australier. Clark zog eine seiner beiden Handgranaten ab und warf sie in das Dickicht, in dem er eine Bewegung wahrgenommen hatte. Nach der Detonation blieb des dort still. Dafür aber bellte weiter links plötzlich ein Maschinengewehr los. Es bestrich die Straße weiter hinten. Bekker drehte sich halb herum. Er sah die kleinen Erdfontänen, die von den Kugeln aufgewirbelt wurden, und sagte trocken zu Clark: »Aus, da kommen wir nicht mehr vorbei...«

Die Auflösung hatte begonnen. Clark und Bekker merkten es. Sie sahen, daß die näher bei der Brücke liegenden Truppen seitlich im Wald verschwanden.

»Sieht nach ‹Rette sich, wer kann!› aus!« rief Bekker. Clark nickte nur. Er hängte bereits seine Tragetasche um. Dann winkte er Bekker zu: »Komm! Wir schaffen es schon!«

Sie krochen über die Straße, als eine neue Gruppe Panzer an den ausgebrannten Wracks vorbeirasselte, Bäume niederwalzend und ununterbrochen feuernd. Es waren schwerere Typen, und es war ein leichtes für sie, den nur dünnen Riegel der wenigen Panzerabwehrgeschütze einfach zu überrollen. Im Nu waren sie mitten in der Kolonne. Ein wütendes Nahgefecht begann. Die Australier warfen ihre letzten Brandflaschen gegen die Stahlkolosse. Einzelne Soldaten bündelten schnell Handgranaten und warfen sie unter die Ketten der Panzer. Aber den Panzern folgte Infanterie, und bald war der Widerstand der Australier gebrochen. Es gab kein einheitliches Kommando mehr. Der letzte Befehl Andersons hatte gelautet, jeder Soldat solle sich durch den Sumpfwald südwärts zurückziehen.

Die Japaner durchschauten das Vorhaben sehr schnell. Sie schwärmten aus und kämmten die Sümpfe durch. Stundenlang dauerten die Kämpfe in dem unwegsamen Gelände. Nur jedem vierten Soldaten des australischen Verbandes gelang es, die Sümpfe zu überwinden. Als die Nacht kam, legten die Japaner eine Pause in ihrer Menschenjagd ein. General Nishimura stieg in Parit Sulong aus seinem Panzer und betrat ein Gebäude, das früher einmal eine englische Telegrafenstation gewesen war. Hier befand sich jetzt der vorderste Gefechtsstand der Kaiserlichen Japanischen Gardedivision. Nishimura ließ sich kurz Bericht erstatten. Er war mit dem Ergebnis der Operation zufrieden. Morgen würden seine Einheiten hinter dem fliehenden Feind herstoßen.

Es war bereits dunkel, als ein japanischer Suchtrupp aus den Wäldern zurückkehrte. Er brachte etwa fünfzig australische Soldaten, die auf Befehl des Colonels Anderson versucht hatten, die Schwerverwundeten auf Tragen südwärts zu schaffen. Sie waren total erschöpft. Mehrere der Verwundeten lagen im Sterben oder waren bereits tot.

Nishimura wurde gerufen und besah sich die Australier. Er hielt sich nicht lange dabei auf. Zu Aseada gewandt, erkundigte er sich: »Wie viele Offiziere sind da?«

Aseada ließ sie zusammenrufen. Es fanden sich zehn Leutnants, drei Majore und ein Colonel auf dem Platz vor der Telegrafenstation ein.

»Offiziere des Kaisers«, rief Nishimura mit lauter, schneidender Stimme. »Wir haben einen entscheidenden Sieg errungen. Nach der Sitte unserer Vorfahren hat der Sieger das Recht, den unterlegenen Feind zu töten. Ich erwarte von jedem von euch, daß er das Schwert so kunstvoll führt, wie es einem Offizier des Kaisers würdig ist. In einer Stunde treten wir zum Vollzug des Urteils über den besiegten Feind an. Es heißt: Tod durch Enthaupten!«

Die fünfzig Träger wurden beiseite geführt. Sie hatten nicht begriffen,

Kriegsverbrechen
Japaner nehmen australische Soldaten gefangen, die wenig später viehisch ermordet wurden

was geschehen sollte, denn keiner von ihnen verstand japanisch. Aber sie ahnten, daß ihr Schicksal sie noch in dieser Nacht ereilen würde, denn sie mußten hilflos zusehen, wie japanische Soldaten die Verwundeten von ihren Tragen rissen und sie rücksichtslos übereinander in eine am Wege stehende Bambushütte warfen. Dann brachten sie Kanister mit Benzin, die sie auf die Verwundeten entleerten. Zuletzt schoß einer von ihnen aus einiger Entfernung eine Leuchtkugel in die Hütte, die sofort lichterloh brannte. Die Todesschreie der Verbrennenden waren noch minutenlang zu hören. Bald verbreitete sich der ätzende Brandgestank weit in der Umgebung. Er schien die Japaner nicht zu stören.

Chris Bekker schnupperte mißtrauisch in die Abendluft. Der Brandgeruch hatte etwas an sich, das ungewöhnlich war. Und Bekker ahnte, was das sein konnte. Er wandte sich flüsternd an Clark, der neben ihm lag: »Kommt aus dem Dorf. Ob sie Leichen verbrennen?«

Clark zuckte die Schultern. Sie lagen beide nur wenige hundert Meter von Parit Sulong entfernt. Nachdem der Kampflärm verstummt war, hatten sie beide auf ihrer Flucht zunächst haltgemacht. Sie befanden sich tief im Sumpfwald, und ein Weiterkommen war so schwierig, daß es sie den Rest ihrer ohnehin nicht mehr großen Kraft kosten würde. Als sich dann die Japaner gegen Abend zurückzogen, meinte Bekker: »Verlaß dich drauf, im Sumpf kriegen sie uns. Spätestens morgen, wenn sie ausgeruht und wir müde sind. Aber sie werden bestimmt nicht vermuten, daß wir unmittelbar an der Straße entlangtürmen...«

»Du willst zurück zur Straße?« Zuerst leuchtete Clark diese Idee nicht ein. Dort war reger Fahrzeugverkehr. Japaner marschierten in kleinen und größeren Trupps vorbei, Panzerketten klirrten. Aber nach einer Weile klang das, was Bekker vorschlug, schon plausibler. Natürlich wähnten die Japaner sich an der Straße sicher. Dort vermuteten sie die Flüchtigen nicht. Und sie würden dort auch kaum systematisch suchen. Also krochen die beiden, als die Nacht kam, in Richtung Straße und langten bald auf der Höhe des Dorfes an. Sie konnten die Japaner beobachten, die Fackeln entzündet hatten, und sie konnten die Fahrzeuge sehen, die geparkt um die Telegrafenstation herumstanden. »Noch zuviel los...«, meinte Bekker. »Warten wir.«

Einige hundert Meter vom Rande der Ortschaft entfernt lagen sie, auf einer kleinen, dicht bewachsenen Bodenerhebung, von der sie ins Dorf blicken konnten. Bekker blieb wach, während Clark nach kurzer Zeit einschlief, so wie er lag, das Gewehr im Arm. Er schreckte hoch, als Bekker ihn wenig später an der Schulter packte.

»Sieh dir das an...«

Clark rieb sich die Augen und blickte zum Dorf. Auf dem Platz vor der Telegrafenstation standen etwa fünfzig australische Soldaten. Sie trugen keine Jacken mehr, auch keine Hemden. Japanische Soldaten bewachten sie mit aufgepflanztem Bajonett. Erst als Clark genauer hinsah, merkte er, daß die Australier ihre Hände auf den Rücken gefesselt trugen.

»Was soll das?« fragte er verwirrt. Aber da sah er, wie die Posten zwölf der Gefangenen nach vorn stießen. Dort standen japanische Offiziere, und sie trugen lange, blitzende Schwerter. Die Gefesselten mußten sich auf die Knie niederlassen. Dann traten die Offiziere mit den Schwertern hinter sie, hoben auf das Kommando Nishimuras gleichzeitig die Klingen und ließen sie mit gewaltigem Schwung auf die Nacken ihrer Opfer herabsausen.

»Sie... enthaupten sie...!« rief Clark. Er sprang auf, aber Bekker drückte ihn gewaltsam wieder zu Boden. »Willst du, daß sie uns entdecken?«

»Aber... Chris...! Sie schlagen ihnen die Köpfe ab...« Clark bedeckte erschüttert das Gesicht mit den Händen. Bekker hatte das Zielfernrohr

132

von seinem Gewehr genommen und blickte hindurch. Mit geschlossenen Zähnen sagte er leise: »Nimm dich zusammen, Robin. Das ist der Faschismus. Oder hast du nicht gewußt, wogegen du kämpfst?«

Clark antwortete nicht. Nach einer Weile setzte Bekker das Zielfernrohr ab und sagte: »Aus. Dreiundfünfzig Mann. Einer davon war Fletcher, aus meinem Zug.«

Clark schüttelte den Kopf. Er brachte es nicht fertig, zum Dorf hinüberzublicken, wo die japanischen Soldaten jetzt die Leichen zusammentrugen, in eine andere Bambushütte, und wie sie wiederum Benzinkanister über sie entleerten. Erst die aufzuckenden Flammen brachten ihn wieder zu sich. Er sagte leise zu Bekker: »Ich begreife nicht, woher du den Mut nimmst, dir das anzusehen, Chris ...«

Bekker befestigte das Zielfernrohr wieder auf seinem Gewehr. Er sagte langsam: »Eines Tages wird es wichtig sein, daß ich es gesehen habe. Wenn der Faschismus vor Gericht steht. Ich hoffe nur, daß ich es erlebe.«

Sie brachen auf. Kilometer um Kilometer arbeiteten sie sich entlang der Straße vorwärts, manchmal wichen sie weit in den Dschungel aus, wenn sich japanische Soldaten an den Straßenrändern zeigten. Sie bewegten sich meist bei Nacht und versuchten, tagsüber zu schlafen. Sie aßen wilde Bananen, die sie ab und zu fanden und die widerlich schmeckten. Am dritten Tag schoß Bekker einen Waldfasan, den sie weit von der Straße entfernt, im Dschungel, über einem kleinen Feuer an einen Ast gespießt, rösteten. Zwischen Yong Peng und Ayer Hitam riskierten sie wieder einen Blick auf die Straße. Nirgendwo waren Japaner zu erblicken. Aber auch von den eigenen Truppen war nichts zu sehen.

»Wir sind im Niemandsland«, konstatierte Bekker erleichtert. »Jetzt nur noch südwärts!« Er untersuchte die Straße. Sie war in den letzten Stunden nicht befahren worden, das erkannte er an den Reifenspuren. Und es fehlten die Abdrücke von Ketten. Also waren auch die japanischen Panzer noch nicht bis hierher gekommen.

»Los«, forderte er Clark auf. »Jetzt können wir es schaffen.« Aber Clark erwiderte nur erschöpft: »Damit wir bis nach Singapore kommen ...?«

»Ja!«

»Und sie uns dort die Köpfe abhacken?«

»Idiot«, fuhr ihn Bekker unbeherrscht an. »Wir gehen nicht nach Singapore, um uns köpfen zu lassen. Wir werden dort die Japaner schlagen.«

Gegen Mittag langten sie in einem Dorf an. Die Leute kamen vorsichtig aus ihren Hütten hervor und betrachteten die beiden. Sie waren freundlich und brachten ihnen Essen. Immer wieder versicherten sie, daß die Japaner noch nicht in der Nähe waren. Ja, es seien sogar im Laufe des

Vormittages englische Autos hin und her gefahren. Zum erstenmal nach Tagen hatten die beiden wieder eine warme Mahlzeit. Sie tranken das kalte Wasser aus den Tonkrügen, das nach Erde schmeckte und doch kristallklar war. Am Schluß tauschte Bekker bei dem Eigentümer der Hütte, in der sie saßen, sein Klappmesser gegen ein Pfund Tabak ein. Der Mann, ein Malaie im mittleren Alter, brachte ihnen noch eine Handvoll hauchdünner, an der Sonne getrockneter Maisblätter, damit sie Zigaretten drehen konnten. Dann tippte er auf Bekkers Gewehr und sagte: »Bitte ... Wollen Sie es mir verkaufen?«

Bekker stutzte. »Was willst du damit?«

Der Malaie antwortete verlegen: »Sie gehen fort. Die Japaner kommen.«

»Und da brauchst du ein Gewehr?«

»Ja«, sagte der Mann.

Bekker blickte Clark an. Der nickte nur. Er mußte an Ah Pin denken, der auch sein Gewehr hatte haben wollen.

»Ich kann es dir nicht verkaufen«, sagte Bekker. »Ich bin Soldat.«

»Aber Sie könnten es verlieren«, versuchte es der Malaie nochmals.

Als Bekker den Kopf schüttelte, zog er sich zurück, indem er sagte: »Schlafen Sie. Meine Söhne sind in Richtung Norden gegangen. Wenn die Japaner kommen, werden wir es zeitig genug wissen. Wir werden Sie wecken.«

Die beiden rauchten von dem würzigen, sehr starken Tabak, der auf der Zunge brannte. Es war riskant zu schlafen, jedenfalls hier im Dorf. Aber sie konnten noch eine Weile ruhen, bevor sie weitergingen. In der Nacht würden sie auf der verlassenen Landstraße gut vorwärtskommen.

»Weißt du«, sagte Clark schließlich, »ich glaube nicht mehr daran, daß wir die Japaner hindern können, Singapore zu nehmen.«

»Das glaube ich auch nicht«, gab Bekker zu.

»Wir sind ihnen nicht gewachsen«, stellte Clark fest. »Wir haben weder die Soldaten noch die Panzer, die Flugzeuge oder die Geschütze, um mit ihnen fertig zu werden. Das ist das Ende.«

Bekker zog an seiner selbstgedrehten Zigarette und schüttelte den Kopf. »Du bist ein Dummkopf«, sagte er. »Nimm es mir nicht übel. Ich habe immer geglaubt, ein Zeitungsmann wie du wüßte es besser.«

»Aber ich habe bereits in England nicht daran geglaubt, daß wir Singapore unter den vorhandenen Umständen verteidigen können«, verteidigte sich Clark.

Bekker entgegnete: »Wir hätten es geschafft, wenn wir nicht uniformierte Kolonialbeamte als Generale gehabt hätten, sondern richtige Soldaten. Und wenn wir uns besser vorbereitet hätten auf den Gegner. Wir wußten doch, wer es sein würde. Die Japaner sind zu schlagen, Junge, ebenso wie die deutschen Faschisten zu schlagen sind.«

»Vorerst schlagen sie jedenfalls uns«, meinte Clark.

Bekker sah ihn betrübt an. »Junge, du wirst noch viel lernen müssen. Es ist völlig uninteressant, ob England Singapore verliert oder sonst irgendeine Schlacht. Oder ob die Amerikaner ein paar Schiffe verlieren oder Montgomery ein paar Dutzend Panzer in Afrika. Das ist schon lange nicht mehr ein Krieg, den einzelne Staaten gewinnen oder verlieren können. Die ganze Welt, mit geringen Ausnahmen, wehrt sich heute dagegen, daß der Faschismus sich wie die Pest über den Globus ausbreitet. Was ist da eine einzelne, verlorene Schlacht? Ein verlorenes Singapore? Nichts! Am Ende werden wir sie schlagen. Wir sind stärker. Auch wenn sie uns hier und da in die Weichteile treten können. Es gibt wichtigere Sachen als Singapore. Beispielsweise, daß den faschistischen Truppen in Rußland das Rückgrat gebrochen wird. Damit ist der Faschismus in Europa erledigt. Und danach werden wir Tojo das Rückgrat brechen.«

»Nur werden wir dann wahrscheinlich nicht mehr leben.«

»Das ist möglich«, sagte Bekker. »Aber daran darf man nicht Tag und Nacht denken. Sonst wird man zum Kaninchen, das schon an Herzschlag stirbt, wenn die Schlange es bloß anstiert.«

Clark warf den Rest seiner Zigarette weg. »Und wir hätten Malaya verteidigen können, wenn wir es nur anders angefangen hätten. Wir hätten eine Million Malaien zusammenbekommen, lauter solche wie den, der dir vorhin das Gewehr abkaufen wollte. Eine Million Malaien mit Gewehren – ich hätte mal sehen wollen, was die Herren Japaner da gemacht hätten!«

Bekker lachte. »Und was meinst du wohl, weshalb diese Million Malaien keine Gewehre von euch gekriegt hat, wie?«

Als Clark ihm nichts darauf erwiderte, beantwortete er selbst die Frage: »Weil eure schöne, einträgliche Kolonie Malaya damit aufgehört hätte zu existieren, mein lieber Junge. Eine Million Malaien, die es fertigbringt, die Japaner zum Teufel zu jagen, läßt sich nicht anschließend wieder von zehntausend Kolonialbeamten aus London regieren. Sie würde die Unabhängigkeit verlangen. Und den Gewinn aus den Zinnminen und den Kautschukplantagen für sich selber. Meinst du, die Japaner wüßten nicht genau, daß ihr den Malaien eben doch keine Gewehre geben könnt? Und wie sie das wissen! Sie machen sich diesen Umstand sogar zunutze. Und das ist die Klemme, in der beispielsweise England in diesem Krieg steckt. Das mußt du begreifen. Dann erst begreifst du, was hier vorgeht.«

»Ich begreife es«, sagte Clark. »Aber es widert mich an. Weil ich nichts daran ändern kann.«

Sie schliefen abwechselnd bis zum Einbruch der Dunkelheit. Der Malaie, dem die Hütte gehörte, kam wieder. Er brachte ihnen Bananen und gekochten Reis. Was sie nicht aßen, steckten sie in ihre Tragetaschen. Dann brachen sie auf. Erst Stunden später merkte Clark, daß Bekker sein Gewehr nicht mehr bei sich hatte.

»Du hast es ihm dagelassen?«

»Ja«, erwiderte Bekker knapp. »Ich werde in Singapore ein neues bekommen. Sie haben dort genug solches Zeug.«

Bei Morgengrauen hörten sie das Motorengeräusch eines nahenden Autos. Vorsichtig gingen sie am Straßenrand in Deckung, bis sie das Fahrzeug erkennen konnten. Es war ein englischer Morris. Erleichtert sprangen sie auf und winkten. Der schwere Lastwagen blieb stehen. Aus der Führerkabine sprangen zwei Männer in britischen Tropenuniformen, ohne jegliche Rangabzeichen. Der eine von ihnen war großgewachsen, blond, mit einem scharfgeschnittenen Raubvogelgesicht. Er musterte die beiden abgerissenen Gestalten und fragte: »Versprengte?«

»Nein«, antwortete Bekker grinsend. »Wir kommen aus Penang, vom Jahreskongreß fröhlicher Waldwanderer. Und wer seid ihr?« Der Blonde lachte laut. Dann zog er Zigaretten aus der Tasche, gab dem Fahrer einen Wink, den Motor abzustellen, und hockte sich am Straßenrand nieder, die beiden Soldaten einladend. Sie nahmen die Zigaretten, und sie schlugen auch den Gin nicht aus, den der Blonde ihnen aus einer flachen Blechflasche eingoß.

»Das ist es, was ein geschlagener Soldat braucht«, konstatierte Bekker und kippte den Schnaps in sich hinein. Clark erkundigte sich: »Wollt ihr mit dem Lastwagen zu den Japanern?« Der Blonde lächelte. »Bis zu denen ist es noch weit. Sie machen Pause. Nach Muar haben sie noch nicht wieder angegriffen. Wart ihr am Muar?«

Clark nickte. Er schilderte, was sie dort erlebt hatten und was sie später, in Parit Sulong, beobachten konnten. Der Blonde hörte schweigend zu. Clark fühlte instinktiv, daß dies weder ein einfacher Soldat noch ein Zivilist war, der schnell mal in eine Tropenuniform geschlüpft war. Er macht den Eindruck, als sei er Offizier. Außerdem grübelte Clark, wo er dieses Gesicht schon einmal gesehen hatte. Und er war absolut sicher, daß er es kannte.

»Fahrt ihr Minen 'raus?« erkundigte sich Bekker schließlich bei dem Blonden. Der schüttelte den Kopf. Dann sagte er: »Wir fahren noch zehn Kilometer oder etwas mehr. Dann verschwinden wir im Wald.«

»Mit dem Lastwagen?«

»Mit dem, was drin ist.« Der Blonde erhob sich und ging hinter das

Fahrzeug. Er hakte die Klappe aus und kletterte hinauf. Nach einer Weile kam er mit einer Handvoll Fleischbüchsen, einem Paket Dauerbrot, zwei Büchsen Schokolade und ein paar Schachteln Zigaretten zurück und gab sie den beiden. Bekker grinste. »Ihr fahrt sozusagen den Überschuß der britischen Armeeverpflegung in Richtung Tokio...«

Der Blonde sagte: »Wir haben mehr Waffen und Dynamit drin als Verpflegung. Und dies ist nicht der erste Wagen.«

»Ah«, machte Bekker, »jetzt verstehe ich. Ihr fahrt in den Wald und spielt Mäuschen, bis die Japaner sich ganz sicher fühlen, und dann macht ihr ihnen Feuer unterm Hintern, wie?«

»Du triffst den Nagel auf den Kopf.«

»Interessanter Job«, meinte Bekker. »Habt ihr genug Socken zum Wechseln mit?«

Der Blonde ließ wieder die Ginflasche herumgehen. »Wir haben alles, was wir brauchen. Und ihr könnt euch darauf verlassen, daß wir den Japanern Feuer unter dem machen, worauf sie sitzen.«

Er sprach sich nicht über Einzelheiten aus, und er vermied es auch, auf genaue Fragen zu antworten. Er erwähnte nicht, daß er direkt aus Tanjong Balai kam, einem kleinen Ort fünfzehn Kilometer westlich der Stadt Singapore, wo die Armee in den letzten Wochen hastig ein paar Dutzend Offiziere für Sonderaufgaben im Rücken der vormarschieren-den Japaner ausgebildet hatte, in einem Trainingslager, das den unver-bindlichen Namen »Schule 101« trug. Die Ausgewählten hatten in einem kleinen, verfilzten Waldstück, das die Einheimischen den »Mini-Dschun-gel« nannten und das unweit von Bukit Timah lag, das Überleben im Dschungel geübt. Sie waren im Minenlegen und in anderen Formen der Sabotage und Diversion ausgebildet worden. Ihre Standorte in Zen-tralmalaya waren gleichzeitig ausgesucht und für sie vorbereitet worden, mit Waffen, Funkgeräten und Verpflegung. Selbst Kriminalromane für lange Abende waren vorhanden. Jetzt zogen die letzten Absolventen zu ihren Stützpunkten. Die britische Armeeführung hielt das für einen ge-nialen Schachzug. Es stand außer Zweifel, daß die ohnehin sehr aktiven malaiischen Kommunisten und andere Patrioten den Japanern über kurz oder lang bewaffneten Widerstand leisten würden. In Singapore gab es bereits einen Generalrat zur Mobilisierung der Inselbewohner, den der Kommunist Lun Djän-sch' leitete. Eine Freiwilligenarmee chinesischer Inselbewohner begann sich – bislang noch ohne die Zustimmung Per-civals – zu formieren. Das Land bot sich für den Partisanenkrieg geradezu an. Wichtig war – und das war der Hintergedanke der britischen Armee-führung –, daß dieser Widerstand von britischer Seite kontrolliert und sogar gelenkt wurde. Dazu zogen Männer wie dieser blonde Offizier in den Dschungel. Später würde man sagen können, nicht Malaien hätten die Bevölkerung zum Kampf gegen die japanische Besatzung geführt, sondern britische Offiziere. Das war ein Wechsel auf die Zukunft. Plötzlich sprang Clark auf und sah den Blonden lachend an. »Jetzt weiß ich, wo ich Sie schon gesehen habe! In der Zeitung! Sie sind Chapman, der Bergsteiger! Habe ich recht? Sie sind im Everest herumgestiegen, oder Sie wollten das jedenfalls tun! Ihr Bild ist durch die Zeitungen gegangen.«

Der Blonde lächelte verlegen. Dann erhob er sich und sagte freundlich: »Ich glaube, Sie irren sich da. Muß eine erstaunliche Ähnlichkeit mit mir haben, dieser Bergsteiger... So, und jetzt müssen wir weiter. Cheerio!«

Bevor er wieder in die Kabine des Lastwagens stieg, rief er ihnen noch zu: »Ihr könnt ganz ruhig auf der Straße marschieren. In ein oder zwei Stunden kommt ihr in eine kleine Ortschaft, dort liegt der erste vorgeschobene Posten von uns. Geht mitten auf der Straße, damit sie euch sehen können. Sonst halten sie euch für Japse und schießen!«

Er winkte noch einmal zurück, dann rollte der Wagen an.

»Und er war es doch!« erklärte Clark. »Er wollte es bloß nicht zugeben!«

Bekker erhob sich etwas schwerfällig. »Geheimaktion, mein Lieber. Wer hat da schon einen Namen! Seine Majestät sorgt dafür, daß die führende Rolle Englands beim Widerstand der Malaien gegen die Japaner gewahrt bleibt. Laß uns gehen und Singapore verteidigen. Wir sind ohnehin schon spät dran.«

Waltzin' Mathilda

Am 7. Januar, während die Rückzugskämpfe an der Westküste im vollen Gange waren, traf General Sir Archibald Wavell in Singapore ein. Er war auf dem Wege nach Java, wo er ein neues Kommando antreten sollte. Wavell war zum Befehlshaber des ABDA-Command ernannt worden, des gemeinsamen Oberkommandos der amerikanischen, britischen, holländischen und australischen Truppen auf diesem Kriegsschauplatz. In Singapore informierte sich Wavell besonders darüber, in welcher Verfassung sich die englischen und australischen Truppen befanden, die den Japanern wochenlange Rückzugskämpfe geliefert hatten. Sein Urteil fiel pessimistisch aus. Er zweifelte die Fähigkeit dieser Männer an, Singapore zu verteidigen. Um zu retten, was noch zu retten war, befahl er General Percival, die Kampfkraft der Truppen nicht bei Rückzugsgefechten unnötig zu verschleißen. Es kam nicht mehr darauf an, ob die Japaner eine Woche früher oder später in Johore standen, es kam vielmehr darauf an, daß die englischen und australischen Truppen, die ihnen dann auf der Insel Singapore den letzten, entscheidenden Widerstand zu leisten hatten, wenigstens einigermaßen ausgeruht, aufgefrischt und gefechtsfähig waren. In diesem Sinne ließ Percival die letzte Phase des Rückzugs an der Westküste vollziehen. Beide Generale waren sich allerdings darüber einig, daß der lange Dschungelkrieg bereits viel zu stark an den Kräften der eigenen Truppen gezehrt hatte.

Wavell setzte sich dafür ein, daß noch weitere Verstärkungen in Singapore angelandet wurden. Teile der 18. Britischen Division, einer Reserveeinheit, die ursprünglich im Mittleren Osten eingesetzt werden sollte, wurden nach Singapore umdirigiert. Zwei britische Flak-Regimenter trafen ein und ein Regiment Panzerabwehr-Artillerie. Aus England kamen etwa fünfzig Jagdflugzeuge vom Typ »Hurrikane«, die erst hier montiert werden mußten. Bei der Abwehr der faschistischen Luftangriffe auf England hatte die »Hurrikane« neben der »Spitfire« die größte Rolle gespielt. Mit ihrer Spitzengeschwindigkeit von 547 Kilometern in der Stunde und ihrer Steiggeschwindigkeit von 736 Metern pro Minute war sie zwar langsamer als die »Spitfire«, das unbestritten beste englische Jagdflugzeug, aber sie war wendig und robust genug, um es mit den neuen japanischen Bombern aufnehmen zu können. Für die fünfzig »Hurrika-

139

Kampf im Dschungel
Verlustreiche Verteidigungskämpfe
kennzeichneten die schlechte strategische Planung des britischen Ober-
kommandos. Das Gros der britischen Truppen wurde bereits
während des Rückzuges durch Malaya aufgerieben, bevor es zum
Kampf um Singapore kam

140

nes« gab es allerdings nur vierundzwanzig Piloten. Keiner von ihnen hatte jemals eine Maschine unter den Wetterbedingungen Malayas geflogen, die meisten besaßen überhaupt noch keine Gefechtserfahrung.

Churchill hatte am 12. Dezember des alten Jahres seine Reise nach den Vereinigten Staaten angetreten. Er fuhr mit dem neuen Schlachtschiff »Duke of York«. Zweck der Beratungen mit dem amerikanischen Präsidenten Roosevelt war die Festlegung des gemeinsamen und aufeinander abgestimmten Vorgehens gegen das faschistische Deutschland und Japan, außerdem wollte man weitere Hilfeleistungen vereinbaren. Churchill verbrachte Weihnachten in Washington. Über Neujahr reiste er nach Ottawa, um ähnliche Verhandlungen mit der kanadischen Regierung zu führen. Erst am 14. Januar 1942 trat Churchill mit einem amerikanischen Flugboot die Heimreise nach England an. Zuvor hatte er noch ein dringendes Telegramm an Wavell abgeschickt und angesichts der bestürzenden Nachrichten vom fernöstlichen Kriegsschauplatz um Aufschluß über die wirkliche Lage gebeten. Wavells Antwort erreichte ihn erst, nachdem er wieder in England war. Am 16. Januar telegrafierte Wavell an Churchill: »... Bis in die allerletzte Zeit hinein beruhten alle Pläne auf der Abwehr direkter Flottenunternehmungen gegen die Insel Singapore und zu Land auf der Abwehr des Gegners in Johore oder noch weiter nördlich, so daß wenig oder nichts getan wurde, um die Nordseite der Insel Singapore zu befestigen und eine Überquerung der Straße von Johore zu verhindern; doch ist die Sprengung des Dammes vorbereitet. Die schwerste Festungsartillerie kann nach allen Richtungen spielen, doch ist sie infolge der gestreckten Flugbahn nicht zur Niederkämpfung feindlicher Batterien geeignet. Kann keinesfalls die Garantie übernehmen, daß sie feindliche Belagerungsartillerie in Schach halten wird...«

Damit war eine neue Schwäche Singapores exponiert, und Churchill kabelte in aller Eile an Wavell eingehende Anweisungen zurück, wie man Singapore doch noch verteidigungsfähig machen könnte. Er ordnete an, Feldartillerie an der Nordküste einzugraben, die voraussichtlichen Landeplätze der Japaner gründlich zu verminen, alle kleinen Wasserfahrzeuge zu zerstören und die gesamte Bevölkerung Singapores zum Hilfsdienst bei den Schanzarbeiten zu rekrutieren. Churchill telegrafierte: »Ich möchte es ganz klarmachen, daß ich erwarte, daß jeder Zentimeter Boden verteidigt wird, jedes Stückchen Material und jede Verteidigungsanlage in die Luft gesprengt wird, um es nicht in die Hand des Feindes fallen zu lassen. Es darf keinen Gedanken an Kapitulation geben ohne den vorherigen langen Kampf in den Ruinen Singapores...«

Aber Churchill traf nicht die richtige Entscheidung, Singapore und

Malaya unter Einsatz aller in Südostasien derzeit verfügbaren Kräfte konsequent zu verteidigen, obwohl die Reserven – besonders in Indien – beträchtlich waren. Die Stärke der britisch-indischen Armee hätte selbst jetzt noch die Abgabe mehrerer Divisionen nach Malaya erlaubt. Auch die Luftverteidigung hätte von Indien her um einige hundert Maschinen verstärkt werden können. In Burma lagen außerdem um diese Zeit amerikanische Jagdfliegerverbände, die ebenfalls hätten verlegt werden können. Eine Konzentrierung aller im Pazifik und im Indischen Ozean stationierten britischen und holländischen Seestreitkräfte wäre gleichfalls möglich gewesen. Zusammengenommen hätten diese Maßnahmen die späteren militärischen Debakel in Niederländisch-Indien, dem heutigen Indonesien, und Burma verhindern können, indem sie der offensiven Entfaltung Japans rechtzeitig eine Schranke setzten. Churchill machte kein Geheimnis daraus, daß er aus strategischen Erwägungen im Augenblick den Besitz Burmas und die Sicherung der Burma-Straße als weit bedeutender betrachtete als den Besitz Singapores. Deshalb erklärte Churchill seinen Stabschefs, daß sie für den Abtransport der restlichen Truppen aus Singapore Vorsorge treffen müßten. Fiel die Festung Singapore, sollten alle, die den Kampf überstanden und sich vor japanischer Gefangenschaft retten konnten, umgehend nach Burma transportiert werden. Und so geschah es dann auch. Vorzeitig wurde die Insel aufgegeben. Die noch für Singapore vorgesehenen Reserven wurden schleunigst nach Burma umdirigiert. Inzwischen kabelte Wavell umgehend zurück, nachdem Johore gefallen wäre, würde Singapore nicht für sehr lange gehalten werden können. Am 20. Januar flog er von Java erneut nach Singapore, um mit Percival Maßnahmen für die Rückführung der Truppen auf die Insel zu treffen und die hastig errichteten neuen Verteidigungsanlagen an der Nordküste zu inspizieren.

Am 22. Januar trafen nochmals Verstärkungen im Hafen von Singapore ein. Churchills Umdisponierungsbefehl hatte sie nicht mehr erreicht. Es waren die 44. Indische Infanteriebrigade, außerdem siebentausend indische Rekruten. Zwei Tage später erreichte ein weiteres australisches Bataillon, mit Maschinengewehren ausgerüstet, Singapore. Mit demselben Schiff kamen zweitausend australische Rekruten, deren Ausbildung – ebenso wie die der indischen – nicht abgeschlossen war.

Inzwischen hatte Percival bereits die Evakuierung der noch auf den vier Flugplätzen Singapores befindlichen englischen Bombenflugzeuge nach Sumatra angeordnet. Zurückbleiben sollten lediglich die Reste der Jagdstaffeln. Sie wurden dringend gebraucht, denn die japanischen Bomber kamen nun bereits drei- bis viermal täglich in geschlossenen Formationen und gingen zum Flächenbombardement Singapores über. Am 25. Januar mußte Percival einsehen, daß das Festland verloren war. Er ordnete für die noch in Johore kämpfenden Truppen den generellen Rückzug nach Singapore an. Bis zum 31. Januar sollte er vollzogen sein. Die Japaner rückten unverzüglich nach. Zudem entfalteten sie an der Ostküste jetzt plötzlich eine zusätzliche Aktivität, wohl um auch dort den letzten Widerstand zu brechen, der für sie bis dahin nicht von Belang gewesen war. Sehr früh, am 26. Januar, wurde vor der Küste von Ostmalaya, auf der Höhe der Hafenstadt Endau, ein größerer japanischer Schiffsverband gesichtet. Zu ihm gehörten vier Kreuzer, ein Flugzeugträger, sechs Zerstörer, zwei große Truppentransporter und weitere zehn Transportschiffe. Obwohl der Konvoi bereits bei Tagesanbruch gesichtet worden war, gelangte die Meldung davon erst nach neun Uhr auf den Tisch Percivals, da die Funkeinrichtung des Beobachtungsflugzeuges nicht funktionierte. Während dieser Zeit waren die meisten Flugzeuge aus Singapore unterwegs, um die Rückzugsbewegungen an der Westküste so gut es ging zu decken. So konnte erst am frühen Nachmittag gehandelt werden. Bis dahin war ein Verband von zwölf noch nicht evakuierten Torpedoflugzeugen des Typs »Vildebeeste«, neun »Hudsons«, fünfzehn »Buffalos« und acht »Hurrikanes« zusammengestellt worden, der nun die Japaner bei Endau angriff. Obwohl japanische Jagdflugzeuge sofort fünf der schwerfälligen »Vildebeeste« abschossen, konnten diese doch Treffer auf den beiden großen Transportern anbringen, ebenso auf einem der Kreuzer. Aber die japanischen Truppen befanden sich bereits an Land, und hier konnten ihnen die Bomben der »Hudsons« schon weit weniger schaden. Der Angriff wurde wiederholt, und beim zweiten Mal gingen weitere vier »Vildebeeste« verloren. Der Gegner wurde nicht entscheidend geschwächt, doch die Bomberflotte, über die Singapore noch verfügt hatte, war damit zur Bedeutungslosigkeit zusammengeschmolzen. Percival beorderte den britischen Zerstörer »Thanet« und den australischen Zerstörer »Vampire« nach Endau. Aber auch diese beiden Schiffe konnten den Japanern keinen bedeutenden Schaden mehr zufügen. Im Gegenteil, die »Thanet« bekam einen Treffer in den Kesselraum und sank, während die »Vampire« sich arg angeschlagen noch einmal nach Singapore retten konnte. Als die Nacht kam, marschierten die bei Endau gelandeten japanischen Truppen bereits auf Mersing zu. Kurz vor dieser Stadt gelang es einer australischen Einheit, die sich auf dem Rückzug nach Singapore befand, die Japaner in einen Hinterhalt zu locken, der sie etwa ein Bataillon kostete. Aber ihr Vormarsch war dadurch nicht aufzuhalten. In der Nacht vom 30. zum 31. Januar wurden die letzten

Truppen aus Johore über den etwa 1600 Meter langen und 18 Meter breiten Damm zurückgeführt, der die Insel Singapore mit dem Festland Malaya verband. Der Rückzug verlief ohne nennenswerte Zwischenfälle. Auch die japanische Luftwaffe griff nicht ein. Am 31. Januar, gegen sechs Uhr morgens, waren alle Truppen übergesetzt, mit Ausnahme der leichten Sicherungen, die um die Stadt Johore herum verblieben waren, um den Rückzug zu decken. Die Soldaten, die den Damm hinter sich brachten und durch Woodlands, am südlichen Ende des Dammes, zogen, waren müde und abgerissen. Seit sieben Wochen hatten sie nichts weiter als Rückzugskämpfe erlebt, waren von der japanischen Luftwaffe pausenlos angegriffen worden und hatten nur selten in ihren eigentlichen Verbänden gekämpft, weil die schnellen Vorstöße des Gegners immer wieder Verwirrung stifteten und der einzelne Soldat in dem unübersichtlichen Gelände Malayas sehr leicht den Überblick und damit den Anschluß an seine Einheit verlor.

Um sieben Uhr zogen sich die Nachhuten zurück, Einheiten der Gordons, der Sutherland Highlanders und der Argylls, ehemals Elitetruppen des britischen Mutterlandes. Es waren nur wenige der traditionellen Dudelsackpfeifer in diesen schottischen Regimentern übriggeblieben. Jetzt standen sie zu beiden Seiten der Straße, die über den Damm führte, und spielten »Bonnets over the border . . .«. Als sich australische Soldaten in den Zug mischten, stimmten sie »Waltzin' Mathilda« an. Es war ein kläglicher Versuch, fröhlich zu erscheinen.

Die Sprengung des Dammes zwischen dem Festland der Halbinsel und Singapore war seit einiger Zeit vorbereitet worden, aber offenbar hatte man nicht alle Schwierigkeiten, die damit verbunden waren, bedacht. Immerhin war der Damm aus massivem Beton gebaut, er trug die Straße und die Eisenbahnlinie. Die Sprengkammern waren von der Marine aus taktischen Erwägungen am Südende des Dammes, also unmittelbar vor der Insel Singapore angebracht worden. Man hatte sich ausgerechnet, daß die nachfolgenden Japaner, wenn sie die Sprengstelle reparieren wollten, um überzusetzen, dies unter dem Feuer der Küstenbefestigungen, der Maschinengewehre und der Infanterie würden tun müssen. Wie die folgenden Tage zeigten, war diese Berechnung falsch. Aber das lag hauptsächlich an der wenig effektiven Sprengung.

Um acht Uhr fünfzehn wurde die Sprengladung gezündet. Sekunden später klaffte in dem Damm eine Lücke von etwa zwanzig Meter Breite. Das Wasser schoß hindurch. An der Küste von Johore war es still geworden. Nun verschwanden auch die Verteidiger des Nordufers der Insel Singapore in ihren Deckungslöchern. Bereits wenige Stunden später aber reckten sie erstaunt die Hälse. Die Ebbe kam, und mit ihr ging der Wasserspiegel der Straße von Johore erheblich zurück, so daß bald die Trümmer des gesprengten Dammes aus dem Wasser ragten. In aller Eile wurde die Marine benachrichtigt, aber es war nichts mehr zu ändern. Als sich gegen Mittag auf dem Damm, von Johore kommend, einige versprengte englische Soldaten zeigten, signalisierten die Verteidiger ihnen, so schnell wie möglich den Damm zu überwinden, denn es konnte sein, daß am anderen Ufer bereits japanische Scharfschützen postiert waren. Aber es waren um diese Zeit noch keine Japaner an der Südküste von Johore. Und die versprengten Soldaten überquerten bei Niedrigwasser trockenen Fußes die Sprengstelle, indem sie von einem Betonbrocken zum anderen sprangen. Da wußten die Verteidiger, daß zu den vielen Fehlern technischer Natur, die man bereits gemacht hatte, nun noch ein weiterer, schwerwiegender gekommen war: Die Sprengung des Dammes war nutzlos gewesen.

Obwohl die Gefahr immer größer wurde, die da unaufhaltsam heraufzog, hatte die Soldaten eine nicht allzu schwer zu erklärende Gleichgültigkeit erfaßt. Natürlich waren sie bereit zu kämpfen, und sie begriffen auch, von welcher strategischen Bedeutung der Besitz Singapores für die Japaner sein würde. Aber es fehlte ihnen der unbeugsame Wille, der imstande gewesen wäre, dem Kampf auf diesem Kriegsschauplatz eine ernste Wendung zu geben. Keiner von ihnen war von dem Bewußtsein erfüllt, Heimaterde gegen einen Aggressor zu verteidigen. Sie standen auf dem Boden einer ihnen mehr oder minder gleichgültigen Kolonie, deren Verlust für England zwar schmerzlich sein würde, sie persönlich jedoch nicht hart traf. Verglichen mit den Heldentaten, die beispielsweise britische Piloten während des Luftkrieges über England vollbrachten, verrichteten ihre Kameraden, bis auf wenige Ausnahmen, in Singapore hier auf ihre Art einen Job, dessen Ergebnis ihnen – soweit es sich nicht um ihr persönliches Schicksal handelte – ziemlich egal war.

Hierin mag einer der Gründe liegen, weshalb in Malaya und später in Singapore die englischen und australischen Soldaten nicht mit jener unbedingten Standhaftigkeit dem Aggressor gegenübertraten, wie es zur selben Zeit in der Sowjetunion die Rote Armee tat: Die sowjetischen Soldaten verteidigten nicht nur den Boden ihres sozialistischen Heimatlandes, sie verteidigten den ersten, von ihnen geschaffenen Arbeiter-und-Bauern-Staat der Welt gegen die absolute Barbarei. Von dieser Erkenntnis durchdrungen, waren sie in der Lage, Heldentaten zu vollbringen, die in der Geschichte der Menschheit beispiellos sind und die auf keinem Kriegsschauplatz, auf dem englische, amerikanische oder andere alliierte

Soldaten kämpften, eine Parallele finden. Wohl sahen die geographischen und strategischen Bedingungen für Singapore nicht günstig aus. Die vielen Unterlassungen, Fehler und Fehlkalkulationen während des Feldzuges sowie das ungewohnte Klima hinterließen ihre Spuren. Hinzu kam die nicht ausreichende Kampfmoral des britischen und australischen Soldaten, die dem japanischen Aggressor den schnellen Sieg in Malaya und Singapore gestattete. Es wäre trotzdem sehr wohl möglich gewesen, dem Vormarsch der Japaner einen härteren und vielleicht entscheidenden Widerstand entgegenzusetzen.

Blaue Leuchtkugeln

Auf einem Hügel am Rande von Johore Bharu hatte der Sultan von Johore sich seinen Wohnsitz errichtet. Das Gebäude, ein palastähnlicher Bau aus rotem Gemäuer, mit dunkelgrünen glasierten Ziegeln gedeckt, stand hoch über der Stadt. Die Einheimischen nannten es »Istana Hijau«, den grünen Palast.

Der auffällige Prunkbau war von einem ausgedehnten Park umgeben, in dem gepflegter Rasen mit sorgsam ausgewählten Zierpflanzen wechselte. An der Ostseite des Hauptgebäudes befand sich eine Art Aussichtsturm, eine ziemlich modern anmutende Konstruktion aus Stahl und Glas. Von seiner obersten Etage aus hatte man einen sehr guten Ausblick auf die Straße von Johore, bis weit über die Insel Singapore. Der breite, sumpfige, von Mangroven verfilzte Kranji-Fluß war zu übersehen, der Flugplatz Tengah, einer der vier auf der Insel befindlichen Luftstützpunkte, war vollkommen einzusehen, ebenso der Hafen von Seletar, das Herz des Marinestützpunktes Singapore.

Am 31. Januar, kurz nach der Mittagsstunde, tasteten sich die ersten japanischen Voraustruppen der 5. Division nach Johore Bharu hinein. Sie trafen kaum auf Widerstand. Wenig später folgten ihnen motorisierte Verbände. Die Stadt wurde vollständig besetzt, und bereits am Abend wehte über dem höchsten Gebäude, dem Sultanspalast, die japanische Kriegsflagge. Während der Nacht kam es noch zu einigen kleinen Gefechten mit britischen Nachzüglern, die versuchten, die Straße von Johore zu überqueren. Aber sonst erstarb vorerst jegliche Kampftätigkeit.

Am nächsten Morgen, pünktlich um zehn Uhr, erwartete General Yamashita die Divisionskommandeure und die höheren Offiziere seiner Truppe im Hauptquartier, das sich zwischen Kluang und Johore in einer Kautschukplantage befand. Er teilte ihnen mit, daß er ab sofort im Sultanspalast Quartier beziehen würde, um von dort den Verlauf der Schlacht um die Insel Singapore zu leiten. Yamashita sprach nicht mehr von der Absicht, Singapore genau am 11. Februar einzunehmen, dem Jahrestag der Krönung des Tenno. Man war vorsichtig geworden. Der Malayafeldzug stand kurz vor seinem Abschluß. Bisher hatte die japanische Armee etwas mehr als 1700 Soldaten an Toten und rund 2800 an Verwundeten verloren. In dieser letzten Phase sollten die Verluste möglichst gering gehalten werden. Jedermann wußte, daß man die freiwerdenden Truppen bald an anderen Fronten brauchen würde. Und Singapore war bereits heute keine ernsthafte Bastion mehr. Statt sofort mit dem Angriff zu beginnen, entschied sich Yamashita dafür, etwa eine Woche lang intensive Vorbereitungen zu treffen und nach dieser Ruhepause erneut mit aller Kraft loszuschlagen. Er lud seine Offiziere zu einem kleinen Bankett, bei dem Kikumasumune getrunken wurde, ein besonders kostbarer Wein, den man stets zu feierlichen Anlässen reichte. Yamashita hielt eine Rede, in der er die Toten ehrte, und bereits hier prägte er die Worte, die später in seinem Tagesbefehl am Angriffstag verkündet wurden: »Dieser Platz ist ein guter Platz zum Sterben. Wir werden glücklich sein, als Teilnehmer an gerade dieser Schlacht den Tod zu finden.« Dann gab er bekannt, daß er beschlossen habe, aus dem gesamten Gebiet nördlich der Straße von Johore in einer Tiefe von zwanzig Kilometern die Zivilbevölkerung vollständig zu evakuieren. Er umriß ferner in groben Zügen bereits den Aufmarschplan, nach dem die Kaiserliche Gardedivision ostwärts des Dammes operieren und den Gegner dort durch Einzelaktionen ablenken sollte, während die 5. und die 18. Division westlich des Dammes an mehreren Stellen den tatsächlichen Übergang vorbereiteten. Der Gesamtplan sah vor, daß die 5. und die 18. Division zunächst die britischen Stellungen am Kranji-Fluß überrennen und gleichzeitig entlang der Nord-Süd-Ader vom Südende des Dammes in Richtung Bukit Timah bis Singapore vorstoßen sollten. Nach Säuberung des westlich davon liegenden Gebietes sollten die beiden Angriffsdivisionen ostwärts vorstoßen und die gegnerische Verteidigung aufrollen. Während dieser ganzen Zeit sollte die Gardedivision in Reserve bleiben. Deswegen gab es noch einige Auseinandersetzungen mit dem ehrgeizigen General Nishimura, der sich aber schließlich widerwillig fügte. Während Yamashita den Nimbus der kaiserlichen Elitetruppe nicht zu groß werden lassen wollte, brannte Nishimura darauf, sich beim letzten Angriff hervorzutun.

Yamashita zog mit seinem Stab noch am selben Tag in den Sultanspalast von Johore Bharu um. Gleichzeitig begannen seine Leute, die detaillierten Pläne für den Angriff auszuarbeiten. Von der Höhe des Sultanspalastes hatte Yamashita die Insel wie ein aufgeschlagenes Buch vor sich liegen. Mit einem einigermaßen starken Fernglas konnte der General die »Hurrikanes« in Tengah erkennen, ebenso die Bewegungen der kleinen Hafenboote im Marinestützpunkt. Es störte ihn nicht, daß ab und zu eine englische Granate in den gepflegten Rasen des Sultansbesitzes einschlug. Die Engländer schossen nicht gezielt auf das Gebäude, sie schonten es, denn sie vermuteten keinesfalls, daß sich darin das japanische Hauptquartier befand.

Mit der Einnahme von Johore Bharu lenkten die schweren Haubitzen der japanischen Artillerie ihr Feuer auf Singapore. Ihre Hauptziele waren die Flugplätze, der Hafen und vor allem die Öltanks im Flottenstützpunkt und bei Sungai Mandai und Kechil. Die leichteren Geschütze begannen, ihr Feuer auf die Feldstellungen der australischen Truppen zu richten, die sich um die Mündung des Kranji-Flusses und im gesamten Nordwestteil der Insel eingegraben hatten. Yamashita setzte den Angriffstermin für die Nacht vom 8. zum 9. Februar fest. Bis dahin schoß die Artillerie unablässig Störfeuer und gezieltes Einzelfeuer auf wichtige Anlagen der Engländer. Außerdem griffen japanische Bomber immer wieder die englischen Befestigungen und die Stadt Singapore selbst an. Schon nach dem ersten Tag lag dicker schwarzer Rauch über der ganzen Insel. Die Öltanks brannten, und der schwere, fette Ölqualm behinderte die Sicht. Die englischen und australischen Truppen, ebenso die gesamte Zivilbevölkerung, starrten vor Ruß. Ihre Gesichter waren von einer schwer zu entfernenden Schmutzschicht überzogen, zumal es auf der Insel so gut wie kein Waschwasser mehr gab, denn die Trinkwasserversorgung war unterbrochen. Das meiste Trinkwasser für die Insel war aus den Reservoirs in Johore gekommen, und die Rohre waren mit der Sprengung des Dammes in die Luft geflogen. Geblieben waren nur einige auf der Insel selbst befindliche Wassertanks und die Zisternen für das Regenwasser. Aber sie reichten nicht aus, um den Bedarf einigermaßen zu decken. Bald bekam die Zivilbevölkerung so gut wie gar kein Wasser mehr. Das Leitungsnetz war leer. Die General Percival, dem Oberbefehlshaber, noch zur Verfügung stehenden Truppen waren zwar zahlenmäßig ziemlich stark, rund 85 000 Mann, von denen etwa 15 000 Garnisonspersonal waren. Doch die 70 000 Mann Kampftruppen waren erschöpft, abgerissen und moralisch in einem alles andere als guten Zustand. Die Verluste an leichteren Waffen konnten auf der Insel einigermaßen wieder ersetzt werden. Doch war die zahlenmäßig imposante Streitmacht in ihrem Gefechtswert weit unter dem Durchschnitt. Die Soldaten meuterten nicht, aber sie versahen ihren Dienst mürrisch, fatalistisch und ohne Hingabe. Jene Art todesmutige Verteidigungsbereitschaft, die Churchill in seinem Befehl verlangte, fehlte völlig.

Die Insel Singapore war von Menschen überfüllt. Die Entfaltung der Verteidigung wurde dadurch nicht gerade begünstigt. Allein die Stadt Singapore hatte eine halbe Million Einwohner. Dazu kamen Zehntausende von Flüchtlingen, die im Verlauf des Malayafeldzuges vor den britischen Truppen in Singapore angelangt waren, viele von ihnen halb verhungert, verletzt und krank. Die Küste der Insel Singapore war etwas mehr als hundertzehn Kilometer lang. Percival hatte zwei Möglichkeiten der Verteidigung erwogen. Er konnte entweder alle verfügbaren Truppen in Küstennähe gruppieren und den Versuch machen, die bevorstehende Landung der Japaner zu verhindern, oder er konnte sich auf eine relativ dünne, Küstenbewachung beschränken und im Falle eines erkannten Landungsmanövers schnell größere, in Reserve gehaltene Truppenkontingente zur Landungsstelle schaffen, die den gelandeten Gegner zerschlugen. Er entschied sich für die erste Variante, da er durch den ununterbrochenen Artilleriebeschuß und die erhebliche Lufttätigkeit der Japaner kaum in der Lage sein würde, schnell größere Truppenkontingente an eine bestimmte Stelle der Insel zu schaffen. Also teilte er die gesamte Insel in drei Verteidigungsbereiche auf und ordnete an, daß jeder Truppenführer in seinem Bereich die Küste so gut es ging abdeckte und zudem Reserven bereitstellte, die aus der Tiefe zu den Brennpunkten des Gefechtes vorstoßen konnten. Das nördliche Verteidigungsgebiet erstreckte sich von Changi mit seinen vielen Kasernenbauten bis etwa zum gesprengten Damm. Es schloß die Flottenbasis ein, ferner die beiden nördlich gelegenen Flugplätze Seletar und Sembawang und wurde vom 3. Indischen Korps, der 11. Indischen Division und den Resten der 9. Indischen Division verteidigt, kommandiert wurde es von General Sir Lewis Heath.

Das westliche Verteidigungsgebiet begann am Damm, verlief von da zunächst südwärts und dann südwestwärts bis Bukit Timah, wo sich das größte Material- und Verpflegungslager der Armee befand. Es endete an der Südküste, westlich des Jurong-Flusses. Verteidigt wurde es von den australischen Truppen unter dem Kommando des Generals Gordon Bennett.

Das südliche Verteidigungsgebiet unterstand dem Festungskommandanten von Singapore, General Keith Simmons. Es begann am Jurong-Fluß, schloß das Mac-Ritchie- und das Pierce-Reservoir ein und ebenfalls die Stadt Singapore mit dem Flughafen Kallang. Es endete an der Ostküste bei Changi.

Die Luftabwehr unterstand General Wildey. Sie verfügte noch über etwa hundertfünfzig Fliegerabwehrgeschütze und ein Scheinwerfer-Regiment. An Flugzeugen war noch ein einziges Jagdgeschwader auf der Insel stationiert, das hauptsächlich aus »Hurrikanes« bestand. Sein Stützpunkt war Kallang, ostwärts der Stadt Singapore. Die übrigen drei Flugplätze lagen bereits unter heftigem Artilleriefeuer der Japaner. Alle übrigen Flugzeuge, ebenso entbehrliche Schiffe, waren in den letzten Tagen schon nach Java, Sumatra oder Ceylon evakuiert worden. Und diese Evakuierungen gingen immer noch weiter. Mit jedem verfügbaren Schiff wurden englische Zivilisten, vorzugsweise Frauen, von der Insel weggeschafft. Viele dieser Schiffe wurden bereits wenige Seemeilen vor Singapore durch japanische U-Boote oder Fregatten angegriffen und versenkt. Nur ein geringer Teil konnte entkommen.

Mit Sorge sah Percival die Entwicklung, die sich beim medizinischen Dienst abzeichnete. Die vorhandene Hospitalkapazität reichte nicht aus, auch nur alle Verletzten unterzubringen, die vom Festland herübergebracht worden waren. Ihre Zahl betrug einschließlich der bettlägerigen Kranken rund zehntausend Menschen. Das Alexandra-Hospital im Westteil der Stadt Singapore, das nur weiße Verwundete aufnahm, war überfüllt, ebenso das Tyersall-Park-Hospital im Norden der Stadt, in dem ausschließlich indische Soldaten behandelt wurden. Im Cathay-Building, einem riesigen Verwaltungsgebäude, in vielen anderen Regierungsbüros, Clubs, Schulen, ja sogar in Kirchen waren Behelfslazarette eingerichtet worden. Trotzdem reichten sie nicht aus, denn allein die pausenlosen japanischen Luftangriffe verursachten täglich mehr als tausend Verletzte. So mußten die meisten unter freiem Himmel versorgt werden. Operationen waren mit den größten Schwierigkeiten verbunden. Immer wieder fiel der ohnehin schwache Notstrom aus. Oft operierten Ärzte weiter, während im selben Gebäude Bomben einschlugen. Die Stadt konnte sich um diese Zeit bereits nicht mehr auf einen langen Widerstand vorbereiten. Die wichtigsten Voraussetzungen dafür waren nicht rechtzeitig geschaffen worden. Die Soldaten befanden sich in Behelfsstellungen, für die Zivilbevölkerung gab es keine Schutzräume, ja nicht einmal einfache Splittergräben hatte die Kolonialverwaltung in ausreichender Zahl anlegen lassen. Dazu kam die Unentschlossenheit, die sich in den widersprüchlichen Befehlen aus dem Hauptquartier Percivals selbst ausdrückte. Auf der einen Seite wurde zum Widerstand bis zum letzten Blutstropfen aufgerufen, andererseits aber wurden wichtige Anlagen, Depots und Verkehrseinrichtungen bereits jetzt gesprengt und dadurch die Basis für einen längeren Widerstand untergraben. Wog man alle Maßnahmen gegeneinander ab, so ergab sich ein kopfloses Durcheinander. War schon Percivals grundsätzliche Anweisung, die wichtigsten Objekte zu zerstören, in sich selbst widersprüchlich, so wurde die Situation noch dadurch verschärft, daß die Zivilverwaltungsstellen ebenfalls Anweisungen ergehen ließen, die oft denen Percivals widersprachen. Gar nicht zu reden von den Schwierigkeiten, die daraus entstanden, daß viele der Anlagen, die gesprengt werden sollten, Privatbesitz waren und die Eigentümer keine große Begeisterung zeigten, beispielsweise Feuer an ihre Kautschuklager zu legen oder Zinnreserven und Schnapsfässer in die Luft zu sprengen.

Der Dilettantismus, der sich selbst dann noch zeigte, als ausgesprochen militärische Einrichtungen zerstört werden sollten, grenzt ans Groteske. Die Sprengung des Marinehafens mit seinen riesigen Docks ist ein solches Beispiel. Die Aktion erhielt die Tarnbezeichnung »Aktion Q«. Ausgeführt werden sollte sie von der Besatzung des Marinestützpunktes Seletar. Doch diese wurde plötzlich nach Singapore-Stadt evakuiert, sie gehörte zu dem Spezialpersonal, das nach Möglichkeit noch per Schiff abtransportiert werden sollte. Daraufhin übertrug der Kommandant der Marinebasis, Admiral Spooner, die Aufgabe dem höchsten Pionieroffizier der 11. Indischen Division. Doch der hatte kaum eine Ahnung von der Beschaffenheit der Stützpunktanlagen und sprengte sie demzufolge auch nur wenig sachgemäß, so daß sie bereits wenige Wochen später wieder repariert waren.

So bot Singapore das Bild völliger Konfusion, unter der die Zivilbevölkerung am härtesten zu leiden hatte. Es wurde gehungert, Kinder, deren Eltern umgekommen waren, starben an Entkräftung, da sich niemand um sie kümmerte. Krankheiten griffen um sich. Die Truppen lagen in freiem Gelände und schanzten bei Nacht, um ihre Stellungen wenigstens einigermaßen auszubauen. Die Artillerie bekam pro Geschütz und Tag zwanzig Granaten zugeteilt, obwohl noch riesige Munitionsvorräte existierten. Flugzeuge stiegen kaum noch auf, da die Startbahn in Kallang zerstört war. Percival hatte Befehl gegeben, die Angriffsvorbereitungen der Japaner an der Südküste von Johore aufzuklären. So wurden also einige Spähtrupps zusammengestellt, die bei Nacht die Straße von Johore überquerten, teils schwimmend, teils auf kleinen Sampans, die an unübersichtlichen Stellen, zwischen Mangroveninseln und dichtem Wald an den Ufern, eine Überfahrt wagen konnten.

Chris Bekker wurde für einen dieser Spähtrupps ausgewählt, der in der Nacht vom 3. zum 4. Februar die engste Stelle der Straße von Johore, Putri Narrows, überschritt. Hier waren die Ufer zu beiden Seiten des Wassers mit sumpfigem Mangrovengestrüpp bedeckt. Auf dem Nordufer erstreckte sich, einige Kilometer tief, ein Sumpfwald. Wie vermutet, befanden sich an dieser Seite keine Japaner. Sie hätten hier weder die Möglichkeit gehabt, Schützenstellungen anzulegen noch Vorbereitungen für den Übergang zu treffen. Es gab keine Wege, keine Wasserläufe, nur Sumpf und Mangroven, deren Wurzeln eisenhart waren. Eingeweihte allerdings wußten, daß der Sumpf an der Nordseite von Putri Narrows kaum hüfttief war. Darunter befand sich eine Schicht steinigen Bodens, der ein weiteres Versinken verhinderte. So war das Vordringen zwar schwierig, aber immerhin möglich. Die Japaner rechneten nicht damit, daß gerade an dieser Stelle Aufklärer des Gegners landen würden.

Ein Malaie stakte den Sampan durch das Niedrigwasser nordwärts. Der Himmel war mit dichten, dunklen Wolken verhangen, die Sicht betrug nur wenige Dutzend Meter. Bekker und die beiden anderen Männner waren nur leicht bewaffnet. Sie trugen Maschinenpistolen und Handgranaten. Ihre Gesichter hatten sie nicht mehr schwärzen müssen, denn sie waren ohnehin vom Ruß der brennenden Öllager verschmiert, ebenso ihre Uniformen. Die Küste von Johore begann mit einem Gewirr von Mangrovenwurzeln, in die sich das Boot hineinschob, bis es steckenblieb. Der Malaie legte die Stange ins Boot zurück und kauerte sich auf den Boden des schmalen Fahrzeuges, nachdem die drei Männer ausgestiegen waren. Er hörte noch eine Weile das leise Geräusch, das ihre Füße verursachten, wenn sie im Schlamm versanken, dann war es ganz still. Nur in der Ferne schossen ein paar japanische Batterien Störfeuer. Am schwarzen Himmel konnte man das Aufzucken der Einschläge sehen. Die Öltanks brannten immer noch. Es war den Engländern nicht mehr gelungen, das Feuer zu löschen, außerdem waren die Löschgeräte durch Artilleriefeuer beschädigt. So züngelten die Flammen zwar schon niedriger, aber der dicke schwarze Qualm stieg immer noch auf und ließ fettige Schmutzflocken über die ganze Insel herabregnen.

Die drei Australier erreichten das trockene Waldgebiet hinter dem Ufersumpf ziemlich schnell. Sie verhielten und lauerten darauf, daß sich irgendwo Anzeichen für japanische Posten zeigten. Aber es war nichts zu entdecken. Erst nachdem sie mehrere hundert Meter weiter nordwärts vorgedrungen waren, erreichten sie einen schmalen Fahrweg, auf dem eine Autokolonne mit Geschützen parkte. Nirgendwo war ein Licht zu sehen. Die Geschütze, an die Lastwagen gekoppelt, waren kleinkalibrige Panzerabwehrkanonen. Sie waren herangebracht worden, um beim Angriff mit übergesetzt und im Bedarfsfall bei der Niederkämpfung gepanzerter Ziele verwendet zu werden. Die Fahrer lehnten an den Wagen und unterhielten sich leise. Es wurde nicht geraucht. Wenig später fuhr die Kolonne an, und die Straße war wieder frei. Die Australier überquerten sie einer nach dem anderen. Während sie weitergingen, hörten sie ein Motorrad auf der Straße entlangfahren. Es wäre nicht allzu schwer gewesen, solch einen Motorradfahrer abzufangen und als Gefangenen mitzunehmen, aber dafür hatten die Männer keinen Auftrag. Sie sollten nur so weit wie möglich in Richtung auf Johore vordringen und den Aufmarsch beobachten.

Eine Stunde später langten sie am Rande eines ausgedehnten japanischen Truppenlagers an. Es war leicht zu erkennen, denn einige Zelte, die im Schutz der Bäume standen, waren erleuchtet. Um sie herum waren Soldaten dabei, Bambusstangen zu zersägen und die kurzen Stücke mit Stricken zu kleinen Flößen zusammenzubinden. Ganze Stapel solcher Flöße lagen bereits herum. Lastwagen brachten weitere Bambusstangen. Die Posten dösten rings um das Lager. Es befand sich so weit von der Straße von Johore entfernt, daß sogar geraucht wurde und man sich ungeniert laut unterhielt. Dies hier war für die Japaner bereits Etappe. Vorsichtig umgingen die Australier das Lager und krochen weiter durch den Wald. Jetzt trafen sie immer häufiger auf japanische Fahrzeuge, auf einzelne Radfahrer, ganze Marschkolonnen und Munitionstransporte, die sich auf den schmalen Wegen und Straßen in Richtung Küste bewegten. Schließlich stießen sie auf mehrere neu in den Wald gehauene Schneisen. oder für eine in Reihe marschierende Kolonne. Bekker bestand darauf, einen solchen Pfad zu verfolgen. Dabei machten sie eine interessante Entdeckung. Die Japaner hielten den Hauptteil ihrer für den Angriff vorgesehenen Truppen noch kilometerweit im Hinterland in Bereitschaft. Erst wenige Stunden vor dem Angriff würden diese ausgeruhten Soldaten auf den neuen Pfaden, die schnurgerade zur Küste führten, vormarschieren. Auf diese Weise war jede Ansammlung von Truppen in dem Gebiet, das die englische Artillerie erreichte, vermieden. Bekker hatte keinen Zweifel; die neuen Pfade führten zu den geplanten Übergangsstellen. Er zeichnete sie auf seiner Landkarte ein. Es wurden ihrer immer mehr, je näher sie Johore kamen. Bekker vermutete zwar, daß in dieser Nacht mehrere Spähtrupps unterwegs waren, um das Aufmarschgebiet der Japaner aufzuklären, aber er wußte nicht, daß sie alle ähnliche Beobachtungen machten. Er führte die beiden anderen Männer bis auf wenige Kilometer an Johore heran, dann legten sie eine Pause ein, vervollständigten die Aufzeichnungen in ihren Karten und traten den Rückzug an. Bekker war erstaunt darüber, wie leicht es war, sich im Rücken der Japaner zu bewegen. Sie waren nicht imstande, Malaya so dicht zu besetzen, daß sie das gesamte Territorium unter Kontrolle hatten. Sie würden sich vielmehr darauf beschränken, die Hauptverkehrsadern, die größten Ansiedlungen und die wirtschaftlichen Zentren zu okkupieren. Alles, was dazwischen lag, Tausende von Quadratkilometern Wald, Sümpfe, weite Savannen mit Buschbestand, Wälder von Kautschukbäumen, alles das bot sich an, wenn man sich vor den Japanern verbergen wollte.

Die einzelnen Phasen des britischen Rückzuges in Malaya

Unsere Kampftaktik hat das völlig außer acht gelassen, überlegte Bekker. Wir haben in unserer Verteidigung nicht das praktiziert, was die Japaner im Angriff taten, nämlich Widerstandszentren zu umgehen, aus dem Rücken anzugreifen, ganze Einheiten einfach im Wald untertauchen zu lassen und sie dann einem überraschten, sich in Sicherheit wiegenden Gegner entgegenzuwerfen. Wir haben uns in der Verteidigung so gut wie gar nicht dem Territorium und den übrigen Bedingungen im Lande angepaßt. Mit ein paar tausend malaiischen Soldaten, die sich im Wald zu

155

bewegen verstanden, hätten wir den ganzen japanischen Vormarsch so empfindlich stören können, daß es fraglich gewesen wäre, ob die Japaner heute schon in Nordmalaya festen Fuß gefaßt hätten. Mit kleinen Einheiten, die in loser Verbindung zueinander standen, sowie mit einem funktionierenden Nachrichtensystem hätten wir den gesamten Nachschub der Japaner unterbinden und ihre Kampftruppen dadurch paralysieren können. Wir hätten...

Es half nichts, wenn er auch immer wieder überlegte, was falsch gemacht, was unterlassen worden war. Tatsache blieb, daß die militärische Führung mit einer unbrauchbaren Verteidigungskonzeption auf den japanischen Angriff reagiert hatte und daß die Truppen des Tenno heute in Johore standen, bereit, das letzte Hindernis zu überwinden, die schmale Wasserstraße.

Auf dem Rückweg entdeckten die drei Australier noch eine Kolonne japanischer Pionierfahrzeuge, die Mengen von kleinen Pontons mitführte. Diese waren mit Außenbordmotoren versehen. Für sie bedeutete die Überquerung der Straße von Johore eine Angelegenheit von wenigen Minuten. Bekker skizzierte die kleinen Wasserfahrzeuge, die er noch nie gesehen hatte, um darüber bei seiner Rückkehr Bericht zu erstatten. Unentdeckt durchquerten sie das Aufmarschgebiet nochmals, indem sie sich vorwiegend im Wald bewegten, und dann langten sie wieder am Ufersumpf an. Nirgendwo gab es einen Posten, der sie hätte sehen können. Die Japaner hatten überhaupt nur an übersichtlichsten Stellen Posten ausgestellt. Sie hielten es für unwahrscheinlich, daß englische Truppen versuchen würden, über das Wasser nach Johore einzudringen. Als die Australier bei ihrem Boot ankamen, griff der Malaie zu der Stange und manövrierte das Fahrzeug damit geschickt aufs Wasser hinaus. Es glitt, ein wenig mit der Strömung, südwärts. Lange vor Morgengrauen legte es am Inselufer an, und die Australier wurden von einem Auto aufgenommen, das sie schnell zum Stab brachte, wo sie Bericht erstatteten. Percival hatte die Ergebnisse der nächtlichen Aufklärungsaktion bereits am Morgen gesammelt vorliegen. Sie ergaben ein klares Bild über die japanischen Absichten: Der Angriff wurde westlich des gesprengten Dammes intensiv vorbereitet, während man ostwärts des Dammes, wo die Kaiserliche Gardedivision lag, nur wenig Anzeichen für einen geplanten Übergang entdeckt hatte. Doch Percival und sein Stab waren durch die oft unkonventionelle Taktik der Japaner, durch ihre häufigen Überraschungsaktionen derart mißtrauisch, daß sie die Ergebnisse der Aufklärung mit äußerster Vorsicht bewerteten. Sie glaubten, der Gegner wolle sie über die wirkliche Stoßrichtung des bevorstehenden Angriffs täuschen. Zu dieser Beurteilung trug der Umstand bei, daß die Japaner ostwärts des Dammes mehr Artillerie einsetzten. Außerdem glaubte Percival, man würde selbstverständlich die Gardedivision den entscheidenden Schlag führen lassen. So brachte die Frontaufklärung zwar einwandfreie und wichtige Ergebnisse, doch sie schlugen sich kaum in der Verteidigungstaktik nieder. Die Zeit in Singapore verging unter relativ nutzlosen und wirren Vorbereitungen auf den Angriff. Truppenteile wurden hin und her verlegt. Immer noch wurden Zivilisten und unentbehrliche Militärpersonen evakuiert. Die Detonationen der Sprengungen an lebenswichtigen Objekten rissen nicht ab. Systematisch entzog sich die Verteidigung damit die Basis für ihre künftigen Aktionen.

General Yamashita hatte die Kaiserliche Gardedivision nicht ohne hintergründige Absicht gerade weit im Ostteil Johores stationiert. Zwischen dem Oberbefehlshaber und dem General Nishimura gab es seit geraumer Zeit Reibereien, und wenn einer dem anderen einen Stein in den Weg legen konnte, so tat er das mit großer Genugtuung. Nun plante Yamashita, Einheiten aus Nishimuras Division zwar den ersten Schlag gegen die Insel Singapore führen zu lassen, diesen jedoch so anzulegen, daß er schon Stunden später bedeutungslos sein würde. Später konnte er dann jederzeit darauf verweisen, er habe Nishimuras Elitetruppen die Ehre gegeben, das Schwert zuerst zu schwingen. In Wirklichkeit würde er schon dafür sorgen, daß dieser erste Schwertstreich weiter nichts als ein untergeordnetes Ablenkungsmanöver blieb.

Einen Tag vor Angriffsbeginn, am 7. Februar, befolgten also etwa vierhundert Offiziere und Mannschaften aus Nishimuras Division einen Sonderbefehl des Oberbefehlshabers Yamashita. Auf zwanzig Motorfähren, die, abgerüstet von Kota Bharu herantransportiert, hier erst zusammengesetzt und fahrtüchtig gemacht worden waren, setzten sie in den Abendstunden über die Straße von Johore und landeten auf der kleinen Insel Ubin, die genau in der Mitte der Wasserstraße, zwischen Johore und der Insel Singapore, lag. Ubin war zwar von den Engländern einigermaßen befestigt worden, wurde aber kaum ernsthaft verteidigt. Percival hatte vorausgesehen, daß diese Insel nicht lange zu halten sein würde und dort deshalb kaum nennenswerte Kräfte stationiert. Zudem bestand die Insel fast vollständig aus hartem, sprödem Felsgestein. Früher war hier Bauxit gefördert worden. Es gab einige englische Geschütze und eine Kompanie Soldaten, die in Felslöchern warteten. Von der Insel aus hatte man einen hervorragenden Ausblick auf den Stützpunkt Changi mit seinen ausgedehnten Kasernen und Materiallagern, aber auch auf die Marinebasis Seletar. Am Abend des 7. Februar nun landeten japanische

Der Damm über die Straße von Johore
Die Verbindung der Insel Singapore zum Festland wurde nur unzureichend gesprengt, und die Japaner konnten bei Ebbe leicht nach Singapore gelangen

Soldaten am Strand von Ubin, während die Geschütze der Kaiserlichen Gardedivision von Johore her die Insel mit einem Granatenhagel eindeckten. Die Verteidiger forderten sofort Hilfe bei Percival an. Dieser gab der Artillerie den Befehl, die Wasserstraße zwischen Ubin und Johore zu beschießen, aber das verspätete und zudem relativ dünne Feuer konnte die anlandenden japanischen Truppen nicht aufhalten. Die ganze Nacht verging unter ständigen Landemanövern, dann hatten die Japaner die Besatzung der Felseninsel niedergekämpft. Sie zogen leichte Geschütze nach, die sofort begannen, Changi zu beschießen. Gegen Morgen gesellten sich dazu noch etwa drei Dutzend Feldgeschütze mittleren Kalibers, die bei Nashimuras Division in Johore standen, zwölf leichte Feldhaubitzen und vier schwere Mörser. Ganz plötzlich lag so der Ostteil der Insel Singapore unter schwerstem Artilleriefeuer. Nishimuras Artilleristen befolgten dabei noch eine zusätzliche Taktik. Sie hatten die auf den Ostteil Singapores gerichteten Geschütze nicht, wie das sonst üblich war, relativ eng beisammen stehen, sondern weit auseinandergezogen in den

Kautschukplantagen verteilt. Dadurch entstand für die englischen Beobachter der zwingende Eindruck, daß hier Dutzende von Batterien aufgestellt waren, von denen jeweils nur ein Geschütz feuerte, wie das etwa üblich war, wenn man sich auf ein neues Ziel einschoß. Percival schloß aus diesem Umstand, daß es sich dabei um den ersten Akt der japanischen Feuervorbereitung zur Landung auf Singapore handelte. Er erwartete, daß den augenblicklich feuernden Geschützen während der tatsächlichen Landevorbereitung Dutzende folgen würden. Er durchschaute das Täuschungsmanöver der Japaner nicht, obgleich seine eigenen Aufklärer ihm ziemlich genau vorausgesagt hatten, wo der Übersetzversuch stattfinden würde. Das Ablenkungsmanöver von Ubin, das gegen Morgen des 8. Februar beendet war, erfüllte seinen Zweck für die japanischen Angreifer so vollständig, daß Yamashita sehr zufrieden war. Von der Insel Singapore selbst meldeten während des 8. Februar immer noch einzelne Vertrauensleute des von Major Aseada kontrollierten Spionagenetzes, daß die Engländer Geschütze und schwere Waffen in den östlichen Teil verlegten. Ohnehin standen dort die besten Truppen Percivals.

Am Abend des 8. Februar war es soweit. Yamashita ließ losschlagen. Eine Woche lang hatten die Truppen der 5. und der 18. Division in den Wäldern von Johore versteckt gelegen, waren die Einheiten aufgefüllt, ein letztes Mal inspiziert, Waffen und Munition auf den langen Nachschubwegen herangeschafft worden. Spezialfahrzeuge für den Übergang kamen heran, von schweren Motorbooten bis zu winzigen Flößen, auf die jeweils ein Soldat seine Waffen und Munition legte, um dann, hinter dem Floß schwimmend, dieses vor sich her schiebend, auf das gegnerische Ufer loszusteuern. Den ganzen Tag über hatten japanische Flugzeuge die Stellungen der Australier im Westteil der Insel Singapore heftig angegriffen. Dazu hatte die Artillerie vom Mittag an ihr Feuer ständig gesteigert, bis es die australischen Stellungen buchstäblich umgepflügt hatte. Als die Dunkelheit kam, sammelten sich die japanischen Truppen auf den Dschungelpfaden, die zur Küste führten. Bis gegen elf Uhr marschierten sie eiligst südwärts und langten an der Küste an. Dann schossen plötzlich rund vierhundertfünfzig japanische Geschütze aller Kaliber konzentriertes Feuer auf die westliche Küstenlinie von Singapore. In diesem unbarmherzigen Granatenhagel barsten die notdürftig angelegten Erdbunker, zerfetzten die Drahthindernisse. Die australischen Soldaten preßten sich in jede Bodenvertiefung, nur um das höllische Feuer zu überstehen. Gordon Bennett hatte unmittelbar am Strand eine Kette von Maschinengewehrnestern anlegen lassen. Jetzt wurden sie zum größten Teil zerstört. Ebenso erging es den Scheinwerfern, die Bennett von Percival bekommen hatte, um im Falle einer Landung die gegnerischen Boote mit Licht zu überschütten und den eigenen Soldaten ein besseres Ziel zu liefern.

Zu der ersten Welle, die sich um Mitternacht anschickte, die Straße von Johore zu überqueren, gehörten etwa viertausend Mann. Erst als die Motorboote, Kähne, Flöße und die vielen anderen, zum Teil selbstgebastelten Übersetzmittel den Strand von Singapore erreichten, hörte das Artilleriefeuer schlagartig auf. Jeder der Soldaten glaubte nun, die Australier würden jetzt die Straße von Johore, in der es von Wasserfahrzeugen aller Art nur so wimmelte, unter schweren Beschuß nehmen. Aber es dauerte sehr lange, bis das schlecht funktionierende Nachrichtennetz der Australier imstande war, die eigene Artillerie mit Feuerbefehlen zu versorgen. Die Telefonleitungen waren ausgefallen, Percival hatte Funkstille angeordnet, um dem Gegner keine Möglichkeit zum Mithören zu geben, und so war man auf Leuchtkugeln und Meldegänger angewiesen. Erst als bereits ganze Kompanien von Japanern auf der Insel Fuß gefaßt hatten, begann ein dünnes Streufeuer der australischen Artillerie auf die Straße von Johore. Aber um diese Zeit drangen schon die ersten Stoßtrupps über die zerschossenen Küstenbefestigungen, über zerrissenen Stacheldraht und umgepflügte Schützengräben südwärts vor. Die Hauptstoßrichtung der Landung lag zwischen Putri Narrows und der Mündung des Kranji-Flusses, genau dort, wo Bekkers Spähtrupp auf der gegnerischen Seite die vielen neuen Dschungelschneisen festgestellt hatte. Nachdem die japanischen Truppen bereits auf der Insel Fuß gefaßt hatten, beorderte Percival einige noch an der Westküste Singapores stationierte, kleinere Marinefahrzeuge in die Straße von Johore. Sie griffen mit geringem Erfolg die übersetzenden Japaner an. Den australischen Artilleristen gelang es, ein mit Munition beladenes japanisches Boot in Brand zu schießen. Für einige Zeit war die Wasserfläche fast taghell erleuchtet, als die Sprengkörper explodierten. Dann schossen die Japaner das erste englische Küstenwachboot ab, das auf Befehl Percivals herbeigeeilt war, und die anderen zogen sich mehr oder weniger beschädigt zurück.

Um diese Zeit, in der ersten Stunde des neuen Tages, lag Chris Bekker in seinem Erdloch am linken Ufer des Kranji-Flusses und feuerte auf die anlandenden Japaner. Neben ihm schoß ein Pionier seiner Einheit eine Leuchtkugel nach der anderen ab, um das Zielen zu erleichtern. Bekker hörte die Granate nicht kommen, die wenige Meter hinter ihnen einschlug. Die Explosion betäubte ihn, ohne daß ein Splitter ihn verletzt hätte. Der Pionier war tot. Bekker glitt in sein Loch zurück, und auf ihn regnete es

Erde und Grasbatzen, bis er davon beinahe völlig zugedeckt war. Aber davon merkte er nichts, denn er war bewußtlos.

General Yamashita stand in seinem Befehlsstand, im gläsernen Turm des Sultanspalastes von Johore, das Fernglas an die Augen gepreßt und suchte die rauchverhangene Küste ab. Was er erkennen konnte, befriedigte ihn sehr. Es gab keinen Zweifel, die Landung war gelungen. Die ersten Boote kehrten bereits über die Straße von Johore zurück, um neue Truppen aufzunehmen. Singapore bot ein gespenstisches Bild. Die finstere Nacht wurde immer wieder von Granateinschlägen erhellt, aber ihr greller Schein drang nicht weit im schweren, schwarzen Qualm, der über der Insel lag. Leuchtspurgeschosse zauberten funkelnde Ketten in die Dunkelheit. Ab und zu flog da drüben irgendwo ein Granatstapel mit blauer Stichflamme in die Luft. Die Meldungen, die bei Yamashita eingingen, berichteten von verzweifeltem Widerstand der Australier, aber auch davon, daß sie dem massierten Ansturm der beiden japanischen Divisionen nicht gewachsen waren.

Yamashita wartete und sah immer wieder auf die Uhr. Sein Stab umstand ihn. Alles, was sie dringend benötigten, hatten die Offiziere bereits zusammengepackt. Am Ufer lag ein erbeutetes Motorboot, das Yamashita aufnehmen sollte. Plötzlich hob er den Arm. Sein Gesicht entspannte sich. Die anderen Offiziere blickten ebenfalls durch ihre Gläser nach Singapore hinüber. Dort stiegen jetzt, in diesem Augenblick, über der von den Japanern eroberten Küste Bündel von blauen Leuchtkugeln auf. Sie waren das vereinbarte Signal für Yamashita: Die Landung war gelungen, es ging landeinwärts.

»Wir setzen über!« befahl Yamashita kurz. Er setzte seine Schirmkappe auf und stieg die Stahltreppe des Turmes hinunter. Wenige Minuten später setzte ein Auto ihn am Ufer ab, und das Motorboot nahm ihn auf. Es schoß im Zickzackkurs über die Straße von Johore.

Inzwischen war die Evakuierung der einheimischen Bevölkerung aus dem Landstreifen an der Straße von Johore in vollem Gange. Angehörige der Kempeitai, der japanischen Geheimpolizei, überwachten die Aktion. Soldaten trieben auf Fahr- und Fußwegen, die von der japanischen Armee nicht benutzt wurden, Tausende von Malaien, Chinesen und Tamilen nordwärts. Die Distanz von zwanzig Kilometern mußte in einem Tag zurückgelegt werden. Gehbehinderte und bettlägerige Kranke blieben in den Siedlungen zurück und wurden nach Abzug der anderen Einwohner kurzerhand erschossen. Die Evakuierung war militärisch kaum sinnvoll. Yamashita wollte vielmehr der Legende von der Sorge der japanischen Truppen um das Wohl der malaiischen Bevölkerung ein neues Kapitel

161

hinzufügen. Allein die Erschießung der Kranken und Invaliden demaskierte die heuchlerische Absicht.

In dem weitläufigen Park des Sultanspalastes von Johore gab es unweit der Tennisplätze einen kleinen Pavillon, der den sporttreibenden Gästen des Sultans früher als Ruhestätte gedient hatte. Das Gebäude besaß einen großen Salon, eine Bar sowie eine Anzahl kleinerer Gemächer. Hierher hatte sich seit der Besetzung des Palastes durch Yamashitas Stab der Sultan selbst zurückgezogen. Der alternde Mann mit dem schwarzen Käppi auf dem bereits ergrauten Haar hatte von Yamashita zwei Militärlastwagen und einen erbeuteten englischen Morris zur Verfügung gestellt bekommen, die ihn zu seinem vorläufigen Domizil bringen sollten, einer Kautschukplantage unweit von Kota Tinggi, an der Straße nach Mersing. Aber der Sultan ließ auf sich warten. Er saß in einem der elegant eingerichteten Zimmer des Pavillons dem japanischen Major Aseada gegenüber. Auf dem kleinen Tisch zwischen den Männern stand Teegeschirr. Der Sultan bot dem Offizier Gebäck an. Der Japaner dankte. Er erinnerte den Sultan: »Eure Exzellenz werden immer daran denken, daß der Inhalt unseres Gespräches nur für uns beide persönlich bestimmt war.« Der Sultan nickte. Er würde nicht durch eine unvorsichtige Indiskretion seine Zukunft aufs Spiel setzen. Aber er hatte seine Vertrauten. Wenn der Japaner gegangen war, würde man beraten. »Sie können beruhigt sein«, versicherte er. »Ich bin dafür bekannt, daß ich meine Angelegenheiten für mich behalte.«

Aseada gab sich Mühe, keine Skepsis zu zeigen. Der Sultan rangierte seit Jahren in den Listen des japanischen Geheimdienstes an einer der ersten Stellen. Es war nicht unbeachtet geblieben, daß von ihm gelegentlich antibritische Äußerungen ausgingen. In den letzten Monaten vor Beginn des Krieges war noch hinzugekommen, daß der Sultan den Plan der »Großostasiatischen Wohlstandssphäre«, wie die japanische Propaganda ihn verbreitete, als wünschenswert bezeichnet hatte. Die englischen Zeitungen hatten darauf säuerlich reagiert, aber es war zu keiner Auseinandersetzung zwischen den Engländern und dem Sultan gekommen. Nun war Japan Herr über Malaya. Einheimische Politiker, die sich für die Bestrebungen Japans engagierten, wurden vom Geheimdienst mit Gold aufgewogen. Der Sultan würde eine wichtige Rolle in der Besatzungspolitik spielen. Es sah so aus, als ob er dazu bereit war. Aseada, der seit einer Viertelstunde keinen Tee mehr getrunken und kein Gebäck mehr gegessen hatte, erhob sich. Der Sultan konstatierte erstaunt, daß der Japaner die Regeln der Höflichkeit einhielt. Gebildete Barbaren, dachte er.

»Ich wäre Ihnen verbunden, wenn diese Evakuierung sich nicht allzu lange ausdehnt«, sagte er.

Aseada nickte. »Exzellenz werden in den nächsten Tagen von mir hören. Ich werde alles Nötige veranlassen. Ihr Eigentum wird von Posten unserer Militärpolizei bewacht, bis Eure Exzellenz zurückkehren.«

»Danke.«

»Es ist eine Selbstverständlichkeit, Exzellenz«, sagte Aseada.

»Wir sind glücklich, das für Sie tun zu können.« Er verbeugte sich und griff dann nach seiner Mütze. Der Sultan begleitete ihn bis in den Salon. Dort blieb er nachdenklich stehen, bis er das Auto des Japaners abfahren hörte. Auf seinem Tisch stand eine Flasche Sherry. Der Sultan goß sich ein Glas ein und trank. Ob die Militärpolizisten auch meinen Weinkeller bewachen? Ein Geräusch riß ihn aus seinen Überlegungen. Aus einem Nebenraum trat sein Sohn in den Salon, ein gutaussehender Mann, der etwa dreißig Jahre alt sein konnte. Er trug englische Tweedkleidung.

»Er ist fort, Vater. Ich sah ihn abfahren.«

Der Sultan bewegte leicht den Kopf. Es war gut gewesen, dem Japaner diesen Sohn nicht gleich vorzustellen. Ein Doktortitel, in Oxford erworben, war vielleicht im Augenblick nicht die beste Empfehlung.

»Nimm dir ein Glas Sherry«, forderte der Sultan den Sohn auf, »und setz dich zu mir.« Er wartete, bis der junge Mann sich eingeschenkt hatte und ihm gegenübersaß, dann begann er: »Die Dinge stehen gut, Sohn. Wir können der Zukunft beruhigt entgegensehen.«

»Du hast dich mit ihm geeinigt?«

Der Sultan ließ die Frage unbeantwortet. Er nahm einen Schluck aus seinem Glas, dann sagte er: »Du warst lange fort. Es ist notwendig, daß du das Fingerspitzengefühl für die Angelegenheiten bei uns hier wiederbekommst. Du bist klug, es wird nicht lange dauern.«

Der Sohn hatte Respekt vor dem alten, bedächtigen Mann. Ihn unverwandt ansehend, griff er nach der Zigarettenpackung in seiner Tasche. Erst als der Vater ihm zunickte, begann er zu rauchen.

»Siehst du, mein Sohn«, fuhr der Sultan fort, »es war vorauszusehen, daß die Japaner hier einbrechen würden. Sie hatten es lange genug geplant. Es ist sicher, daß die Engländer geschlagen sind. Man muß sich arrangieren. Mit dem Blick auf die Zukunft.«

»Aber die Japaner werden nicht ewig bleiben«, warf der Sohn ein. »England hat Reserven. Amerika ist in den Krieg eingetreten. Es kann nicht ewig dauern!«

Der Sultan lächelte. Dies war sein Sohn. Er konnte rechnen. Aber er war noch jung. Junge Leute sind manchmal unbedacht, wägen nicht alles genau ab.

»Wie recht du hast«, sagte er. »Nur übersiehst du einiges. Was noch klein und bedeutungslos gewesen ist, als du nach England gingst, ist bei deiner Rückkehr groß und bedeutsam geworden. Die Kommunisten sind stark geworden. Weißt du, daß General Percival bereits mehrmals mit ihnen verhandelt hat, denn sie fordern von ihm Waffen? Sie wollen nach der Niederlage der Engländer damit weiter gegen die Japaner kämpfen...«

Der Sohn schüttelte den Kopf. »Sinnlos! Wie kommen die Kommunisten dazu? Sie können doch kaum ein paar tausend Mitglieder haben.«

»Das genügt«, meinte der Sultan. »Auch die Kommunisten rechnen. Japan wird Druck anwenden müssen, will es dieses Land beherrschen. Es werden Leute beraubt werden, und es werden Leute sterben. Andere werden Angst davor bekommen. Da genügen tausend Mitglieder, um eine Untergrundarmee gegen die Japaner zusammenzubringen.«

»Du meinst, Percival gibt ihnen Waffen?«

»Ich bin sicher, er wird es im letzten Augenblick tun. Aber sie werden sich weitere Waffen selbst besorgen. Bei den Japanern. Auf den verlassenen Schlachtfeldern. In einigen Monaten wird es in Malaya einen Krieg der armen Leute gegen die Japaner geben.«

Der Sohn kaute an der Lippe. Was der Alte sagte, klang phantastisch, aber es war möglich. »Hast du mit Percival gesprochen?«

Der Sultan erwiderte: »Er sah es kommen. Deshalb will er jetzt bis zum letzten Augenblick mit der Ausgabe von Waffen zögern. Und er will ihnen nur wenig geben. Außerdem schleust er in die sich bildende antijapanische Bewegung seine Leute ein.«

»Das hieße, deine Position wird nicht sehr günstig sein, Vater«, bemerkte der Sohn. »Die anderen kämpfen, und du arrangierst dich...«

Der Sultan nahm noch einen Schluck Sherry. Er ließ ihn genußvoll über die Zunge fließen, dann sagte er langsam: »Die Kommunisten rechnen, die Japaner rechnen, die Engländer rechnen. Auch ich rechne. Und meine Rechnung wird aufgehen. Die Engländer sind geschlagen. Die Japaner werden geschlagen werden. Dann wird England zurückkommen wollen. Zu dieser Zeit wird es im Lande unvermeidlich eine von den Kommunisten geführte Kraft geben, die bewaffnet ist und entschlossen, ihren uralten Traum von der Unabhängigkeit wahrzumachen. Wen werden wohl die Engländer dann brauchen, mein Sohn?«

Er lächelte, als der junge Mann sagte: »Einheimische Politiker, auf die Verlaß ist.«

»Sie werden Männer brauchen«, sagte er, »die dem Volk erklären: Auch wir wollen die Unabhängigkeit von England, aber keine kommunistische Herrschaft. Und sie werden mit uns verhandeln müssen, schon weil sie befürchten, wir könnten uns auch hinter die kommunistische Unabhängigkeitsforderung stellen. Dann ist die Zeit gekommen, ihnen das abzufordern, was uns nützt, und sie das behalten zu lassen, woran ihnen so viel liegt. Vielleicht lebe ich dann nicht mehr. Ich bin ein alter Mann. Aber du wirst dann Sultan von Johore sein. Rechne gut. Eines Tages werden die Engländer froh sein, daß es uns gibt, und sie werden uns zur Macht verhelfen, indem sie für uns die Kommunisten vernichten, die sich jetzt formieren.«

Er trank sein Glas aus und erhob sich. Der Sohn stand ebenfalls auf. Er war immer noch verwirrt von dem, was der Vater gerade gesagt hatte. »Wir werden jetzt fahren«, sagte der Sultan. »Rufe die Familie zu den Wagen. In Kota Tinggi werden wir viel Zeit haben, unsere Pläne weiter zu erörtern.«

Mit einer Handbewegung entließ er den Sohn und zog sich in das Zimmer zurück, in dem er mit Aseada konferiert hatte. An der Tür stand eine prall gefüllte Ledertasche. Sie enthielt die wichtigsten Dokumente. Er suchte noch einmal mit den Augen den Raum ab. Er würde ihn wiedersehen. Bald. Er lächelte. Die japanischen Rechner! Sie würden ihn zurückholen, und er würde gebeten werden, in seinem Palast einen Empfang für die Befreier zu geben. Die Fotografen würden kommen und die Filmleute. Und ein paar Tage später würden die Bürger Tokios den Erfolg der japanischen Politik in ihren Zeitungen lesen können, in ihren Kinos bejubeln: Der Sultan von Johore empfängt die Sendboten der »Großostasiatischen Wohlstandssphäre«!

Lächelnd wandte er sich zum Gehen. Ein Diener eilte herbei und trug die Ledertasche zu den Wagen. Draußen war die Nacht voller Qualm und Pulverrauch. Über Singapore stand Flammenschein. Der Morgen sah die Stadt in Rauch und Feuer gehüllt. Die Sonne drang kaum durch die dicken Qualmschwaden, die dicht über der umkämpften Erde waberten. Japanische Artillerie wurde nach Singapore übergesetzt. Die Japaner transportierten ihre schweren Geschütze auf zusammengeketteten Pontons über das Wasser. Die Landungsstelle zwischen dem Kranji-Fluß und Putri Narrows war bereits Etappe.

Chris Bekker erwachte mit rasenden Kopfschmerzen. Er öffnete die Augen, schloß sie aber sofort wieder, denn er merkte, daß er verschüttet war. Vorsichtig bewegte er seine Glieder. Es schien, als habe er keine ernsthafte Verletzung davongetragen. Im Mund spürte er Erdklumpen. Der Versuch, sie auszuspeien, mißlang. Wenn er die Lippen öffnete, fiel noch mehr Erde hindurch. Bekker vernahm Geräusche, aber sie schienen weit entfernt zu sein, dumpf, undeutlich. Trotzdem versuchte er, sich zu bewegen. Und es gelang ihm auch. Er war nur von einer dünnen Erd-schicht bedeckt. Ohne viel Mühe richtete er sich schließlich auf und schüttelte sich. Im selben Augenblick hörte er einen unterdrückten Aus-ruf, und dann preßte ihn eine Hand wieder an die Erde zurück.

»Junge«, sagte eine Stimme neben ihm, »bleib ganz ruhig liegen!«

Bekker spürte Hände, die nach und nach die Erde von ihm kratzten. Jemand zog ihm langsam, Griff für Griff, mit langen Unterbrechungen, die Jacke und das Unterhemd aus. »Bist du schwer verletzt?«

»Überhaupt nicht«, knurrte Bekker und schluckte dabei eine Menge Erde. Aber dann war sein Gesicht frei, und er konnte die Augen öffnen. Es war hell geworden. Die Luft stank nach Rauch und Pulver.

»Langsam«, mahnte die Stimme neben ihm, »jetzt ganz langsam auf-richten.« Es war ein australischer Soldat, den Bekker nicht kannte. Er saß neben ihm, nur mit seiner Uniformhose bekleidet, barfuß, ohne Waffe, ebenso wie einige Dutzend anderer, die im Kreis um die Stelle hockten, an der Bekker gelegen hatte. Bekker gehorchte. Er merkte wenig später, warum der andere ihn ermahnt hatte, vorsichtig zu sein. Drei japanische Soldaten, kleine, in Khaki gekleidete Gestalten mit langen Gewehren und aufgepflanzten Bajonetten, waren um die Gruppe postiert. Sie bewachten den Platz, auf dem die Gefangenen gesammelt wurden.

»So«, riet der andere, »jetzt richte dich auf. Gut. Guck nicht zu den Japanern. Junge, du bist tatsächlich auferstanden! Wir sitzen seit vier Stunden hier und wissen nicht, daß da unten einer lebt...«

Bekker hätte gern eine Zigarette geraucht und etwas getrunken. Sein Schädel brummte. Noch war er benommen. Aber er begriff, daß er Ge-fangener war, wie die anderen, denen man die Jacken und Hemden aus-gezogen hatte. Nun unterschied er sich nicht mehr von ihnen. Oder doch. Dadurch, daß sie seine Taschen nicht durchwühlt hatten. Er besaß noch seinen Tabaksbeutel und das Feuerzeug. Ein schwacher Trost.

»Mach die Armbanduhr ab und wirf sie weg!« sagte der Soldat neben ihm. Er grinste. »Merk dir den Platz für nach dem Krieg...!«

»Was machen die mit uns?« erkundigte sich Bekker gedämpft. Der andere sagte ebenso leise: »Abwarten. Alle Verletzten haben sie gleich erschossen. Wir sind die Gesunden. Uns haben sie nur die Jacken und alles andere weggenommen. Und mit den Kolben ins Kreuz gedroschen.«

Die Posten blickten wie auf ein Kommando zum Strand. Dort war ein hoher Offizier aufgetaucht, ein kleiner, stämmiger Mann, der eine Schirmkappe trug und auf dessen Brust ein Fernglas baumelte. Er war nicht mehr jung, und Bekker sah, daß er krumme Beine hatte, die Schaftstiefel, die er trug, unterstrichen das noch. Er erkletterte das Dach

166

eines geborstenen Bunkers und blickte in die Runde. Die Posten standen stramm.

»Da hast du den Sieger-san«, brummte der Soldat neben Bekker mit grimmigem Humor.

»Der Herr der Welt von morgen...«

Es war Yamashita, aber das wußten die Gefangenen nicht. Er besichtigte den Landungsplatz. Die Posten standen immer noch stramm. Bekker dachte einen Augenblick lang an sein Gewehr, das noch irgendwo unter ihm in der Erde stecken mußte. Doch er schob den Gedanken von sich. Es wäre Selbstmord gewesen, auf diesen Japaner zu schießen. Eine Schlacht war verloren. Aber der Krieg gegen den Faschismus würde weitergehen. Keine Zeit für Selbstmord. Noch war das letzte Wort nicht gesprochen.

Ein paar japanische Soldaten trieben ein halbes Dutzend neuer Gefangener heran und stießen sie zu denen, die um Bekker herum hockten. Der japanische Offizier in den Reitstiefeln warf nur einen abfälligen Blick auf die Gruppe der halbnackten Australier, dann stieg er in einen Wagen und verschwand. Die Posten standen wieder bequem.

»Sie marschieren auf Bukit Timah zu«, sagte einer der neu hinzugekommenen Gefangenen. »Ich glaube nicht, daß wir noch eine Chance haben...«

Hier nicht, dachte Bekker. Er hatte überhaupt das Gefühl, daß dieser Krieg gegen den weltbedrohenden Faschismus anderswo entschieden werden würde. Weder in Pearl Harbor noch in Singapore oder in Afrika. Am vergangenen Tag hatte er zum letzten Mal Nachricht im Radio gehört. Er erinnerte sich daran, daß seit September Leningrad von den deutschen Faschisten eingeschlossen war. Und sie konnten es nicht nehmen. Leningrad war nie eine Festung gewesen, das wußte er. Aber die Sowjetunion war auch keine Kolonie, die von einer mit Schiffen herangebrachten Armee verteidigt wurde. Er hätte später nie sagen können, ob diese Überlegungen, die er jetzt anstellte, das Schlachtfeld am Kranji-Fluß und den japanischen Posten im Blickfeld, ihn mit so etwas wie Hoffnung erfüllten. Aber er ertappte sich dabei, daß er die kleinen Welteroberer in ihren ausgebleichten Breecheshosen beinahe belustigt musterte.

Die letzte Linie

Im Verlauf von knapp vierundzwanzig Stunden hatten die Japaner Fuß auf der Insel gefaßt und waren tief in die »Festung Singapore« eingedrungen. Nun setzten sie ihre Landungen fort, an der gesamten Westküste der Insel, aber auch in dem Gebiet zwischen dem Kranji und dem gesprengten Damm. Gordon Bennett, der Kommandeur des Westabschnittes, zog sich nach und nach unter fortwährenden Kämpfen mit seinen Soldaten auf eine Linie zurück, die sich etwa von der Mündung des Jurong-Flusses nordwärts bis zum östlichen Zustrom des Kranji-Flusses erstreckte. Hier konzentrierte er den Hauptteil seiner Truppen. Sie sollten versuchen, die Japaner möglichst lange von der großen Nord-Süd-Ader, der Landstraße, abzuhalten, die von Woodlands, am Südende des gesprengten Dammes, über Bukit Timah direkt nach Singapore führte. Hatten die Japaner einmal diese breite, befestigte Straße erreicht, würden sie mit ihren motorisierten Verbänden binnen weniger Stunden bis nach Singapore vorstoßen können. Zudem war Bukit Timah das größte Waffen- und Munitionslager der Insel. Verpflegung, Benzin, Ersatzteile aller Art lagerten hier in riesigen Mengen. Der Zusammenbruch kündigte sich bereits am Morgen des 10. Februar an, als bekannt wurde, daß sich die australischen Truppen, die zwischen der Mündung des Kranji-Flusses und Woodlands lagen, auf dem Rückzug befanden. Die Japaner hatten unmittelbar am Ende des gesprengten Dammes Truppen an Land gesetzt, die nun dabei waren, die Australier einzuschließen. Das war um die Zeit, als General Wavell, von Java kommend, Percival in dessen Hauptquartier in Fort Canning bei Singapore aufsuchte. Wavell unternahm sofort mit Percival eine Fahrt nach Bukit Timah, um dort mit Bennett zu beraten. Auf dem Weg bot sich ihnen ein chaotisches Bild. Die Stadt Singapore brannte an vielen Stellen, es gab weder Trinkwasser noch Lebensmittel für die Zivilisten. Verwundete lagen überall umher, obwohl nun schon in fast allen Kinos, Restaurants und größeren Häusern Lazarette eingerichtet worden waren. Unablässig kreisten die japanischen Jagdbomber über der Stadt. Die japanische Artillerie schoß Störfeuer. Wavell begriff, daß Bennett seine »Juronglinie« nur Stunden würde halten können, wenn die Japaner ernstlich angriffen. Unverzüglich äußerte er den Wunsch, General Heath aufzusuchen, der den Nordabschnitt kommandierte. Aber bevor er dazu kam, Gordon Bennett zum Abschied die Hand zu schütteln, erschienen plötzlich drei japanische Jagdbomber über Bennetts Stab und luden Dutzende von kleinen Bomben ab. Die drei Generale fanden sich unter dem Schreibtisch Bennetts wieder, wo sie am Fußboden Deckung suchten, während die Bomben das Quartier in Trümmer legten. Qualm hüllte die Gebäude ein. Vor der Tür des Büros, in dem sich Wavell, Percival und Bennett befanden, lag ein Blindgänger. Die Generale kletterten über die Trümmer einer zusammengebrochenen Seitenwand heraus, über und über mit Schmutz bedeckt, kalkweiß und zitternd. Wavell brach zum Nordabschnitt auf. Zurück blieb Bennett, der wenige Stunden später begriff, daß dieser Fliegerangriff bereits zu den Vorbereitungen für den Sturm auf die »Juronglinie« gehörte. Am Nachmittag sah er aus den eingehenden Gefechtsmeldungen, daß die »Juronglinie« nur noch in der Phantasie des Hauptquartiers bestand. Die Japaner hatten sie durchbrochen. Am selben Nachmittag wurde Wavell, der sich noch bei Percival in Singapore befand, ein dringendes Telegramm Churchills nachgesandt, in dem der Premier an den General schrieb: »... Sie sollten begreifen, wie wir hier die Situation in Singapore beurteilen. Dem Kabinett wurde berichtet, Percival hat jetzt über 100 000 Mann zur Verfügung, 33 000 davon Engländer und 17 000 Australier. Es ist zu bezweifeln, ob die Japaner so viele Soldaten auf der gesamten Halbinsel Malaya haben... Unter diesen Umständen sind die Verteidiger zahlenmäßig den Japanern weit überlegen, und sie müßten in einer wohlvorbereiteten Schlacht die Angreifer zerschlagen können. In diesem Stadium der Dinge darf es keinen Gedanken daran geben, unsere Truppen zu schonen, ebenso die Bevölkerung. Die Schlacht muß um jeden Preis bis zum bitteren Ende durchgefochten werden... Kommandeure und höhere Offiziere sollten mit ihren Truppen fallen. Die Ehre des britischen Weltreiches und der britischen Armee steht auf dem Spiel. Ich verlasse mich auf Sie, daß es keine Gnade, keine Schwäche in irgendeiner Form gibt...«

Wavell war wenig erfreut über diese Zeilen des Premiers. Sie waren weit entfernt von der Realität in Singapore verfaßt. Das Telegramm hieß ihn durchzuhalten, aber war das hier in Singapore überhaupt noch möglich? Verwirrt und zermürbt begab sich der Oberbefehlshaber, der für die Lage in Singapore keinen wirklichen Ausweg fand, zu seinem Flugboot zurück, das im Schutz der Dunkelheit an der Pier des Hafens von Singapore auf ihn wartete. Wavell war so in Gedanken versunken, daß er nicht auf den Zustand der Steintreppen an der Pier achtete. Unversehens glitt er aus und schlug hart auf. Er rollte einige Stufen hinab, bevor er wieder Halt fand. Dabei verletzte er sich so schwer, daß er zum Flugboot getragen werden mußte und nach seiner Rückkehr in Java einige Tage bettlägerig

Verteidigung – ein Chaos
Die ersten Granaten schlugen bereits in der Stadt ein, als noch Befestigungsanlagen aufgebaut wurden. Gleichzeitig evakuierte man jedoch Spezialisten und Zivilpersonen

war. Seinem Adjutanten diktierte er am nächsten Morgen seinen Bericht über die Lage in Singapore: »...Die Schlacht um Singapore entwickelt sich nicht gut. Die Japaner – mit ihrer nun bereits bekannten Taktik – kommen im Westen der Insel schneller vorwärts, als das vorauszusehen war. Ich habe Percival befohlen, jede Möglichkeit für Gegenangriffe auszuschöpfen. Die Moral eines Teiles seiner Truppen ist nicht gut, bei anderen Truppenteilen ist sie nicht so gut, wie ich sie gern sehen möchte... Alles, was möglich ist, wird getan werden, um mehr Widerstandsgeist zu entwickeln und den Optimismus zu stärken. Aber ich kann nicht behaupten, daß diese Bemühungen bislang Erfolg hatten. Ich habe strikten Befehl gegeben, keinen Gedanken an Kapitulation aufkommen zu lassen...«

Gordon Bennetts Front war inzwischen von den Japanern durchbrochen worden. Sie stießen in die Rückzugsbewegungen der Australier hinein, und am Abend des 11. Februar besetzten sie Bukit Timah. Damit war eine wichtige Vorentscheidung gefallen. Percival befolgte eine Anordnung des Generalstabes in Java und ließ alle noch in Singapore stehenden Piloten und höheren Luftflottenoffiziere nach Java evakuieren. Gleichzeitig gab er Anweisung für das gesamte weibliche Lazarettpersonal, Singapore mit der »Empire Star« zu verlassen. Mehr als zweitausend Krankenpflegerinnen, Ärztinnen und andere weibliche Angestellte wurden eingeschifft und erreichten am 14. Februar Batavia.

Das Chaos breitete sich immer weiter aus. Nachrichten von erschreckenden Grausamkeiten der Japaner kursierten. Bei dem kleinen Feldlazarett Radij Beach, das die Japaner überrannten, erschossen die Eroberer alle männlichen Verletzten, erstachen die Offiziere mit Bajonetten und jagten dann die Krankenschwestern in das knietiefe Wasser am Strand, um sie mit ihren Maschinengewehren abzuschießen.

Das Lazarett Tyersall, bis zum Bersten gefüllt mit indischen Verwundeten, wurde durch Fliegerbomben in Brand gesetzt. Die Flammen breiteten sich so schnell aus, daß nicht mehr als einige Dutzend von den Hunderten von Patienten gerettet werden konnten.

Am 12. Februar preschten japanische Panzer am frühen Morgen auf der Straße von Bukit Timah nach Singapore heran. Noch einmal gelang es englischen Panzerabwehrleuten, den Stoß aufzuhalten, aber hinter den Panzern kam die japanische Infanterie, und es war nur noch eine Frage der Zeit, bis der Widerstand gebrochen sein würde. Von der Stelle, an der die Panzer abgeschossen wurden, bis zum Stadtrand von Singapore waren es noch etwa sieben Kilometer auf einer sehr guten, völlig intakten Straße.

An diesem Morgen entschloß sich Percival, alle seine Truppen auf eine neue Verteidigungslinie zurückzunehmen, die im Halbkreis einige Kilometer nördlich vor Singapore verlief, die Stadt gewissermaßen einschloß. Sie war an keiner Stelle mehr als acht Kilometer vom Stadtrand entfernt. Percival hielt nach Lage der Dinge nichts mehr davon, größere Teile seiner Truppen im Norden und Osten zu belassen. Der Hauptstoß der Japaner war fraglos von Westen her auf die Stadt Singapore zu erwarten. So befahl er den generellen Rückzug auf die letzte Verteidigungslinie, die Singapore und den Flughafen Kallang einschloß, ebenso das letzte noch verbliebene Wasserreservoir. Die Front war insgesamt nur noch fünfundvierzig Kilometer lang. Der Sender von Radio Singapore wurde gesprengt, die Geldvorräte der Banken verbrannt, Wasser nur noch in ganz kleinen Rationen ausgegeben. Bei größeren Bränden machte niemand mehr den Versuch zu löschen. Mit Sonnenaufgang des 13. Februar war der Rückzug auf die letzte Linie vollzogen. Die Verteidiger gruben sich ein, und die Japaner rüsteten zum nächsten Schlag.

Bei Bukit Timah, auf den von den Japanern erkämpften Hügeln, hatte inzwischen General Yamashita sein Hauptquartier aufgeschlagen. Von hier konnte er die Stadt Singapore bereits überblicken.

Yamashita hatte sich entschlossen, die Engländer zur Kapitulation aufzufordern. Er tat das mehr oder weniger aus Propagandagründen. Eine großherzige Geste des Siegers gegenüber den Besiegten würde ihre Wirkung in den Zeitungen nicht verfehlen. So verfaßte Yamashita ein Schreiben, in dem General Percival aufgefordert wurde, unverzüglich zu kapitulieren. Der drohende Ton sollte ihn veranlassen, dieses Angebot anzunehmen. Yamashita legte fest, daß der britische Parlamentär mit einer weißen und einer britischen Flagge auf der Straße Singapore–Bukit Timah den japanischen Truppen entgegenkommen sollte. Ein Aufklärungsflugzeug warf wenig später das Schreiben Yamashitas über dem Stadtrand von Singapore ab. Es war in einem auffälligen Behälter verpackt, der zwei lange farbige Stoffbahnen nach sich zog, und es gelangte auch sofort auf Percivals Tisch. Dieser aber zögerte. Immer noch versuchten kleinere und größere Marinefahrzeuge, Spezialisten und technisches Personal aus der belagerten Festung wegzubringen und so für die Verwendung auf anderen Kriegsschauplätzen zu retten. Tausende von Litern Schnaps waren in den letzten Stunden vernichtet worden. Percival fürchtete betrunkene japanische Sieger noch mehr als nüchterne.

Mehrmals hatte Percival mit Gordon Bennett und Heath beraten, ob es eine Möglichkeit gab, einen Gegenangriff in den japanischen Vormarsch hinein zu führen. Aber seine beiden Generale rieten ab. Die Truppen seien so erschöpft, daß ein Gegenangriff katastrophale Folgen haben würde. Beide rieten Percival, auf das Kapitulationsangebot Yamashitas unverzüglich einzugehen. Percival wandte sich an Wavell und teilte ihm mit, daß sich seine Truppen kaum länger als ein oder zwei Tage würden halten können. Wavell telegrafierte zurück: »Sie müssen damit fortfahren, dem Feind soviel Schaden wie möglich zuzufügen, wenn nötig durch Häuserkampf. Ihre Aktionen, die Feindkräfte binden und Verluste hervorrufen, können entscheidenden Einfluß auf die Operationen auf anderen Kriegsschauplätzen haben. Ich begreife Ihre Situation vollständig, aber die Fortsetzung des Widerstandes ist unumgänglich nötig.« Auch in der Stadt Singapore selbst spürte nun jeder Einwohner, wie sträflich man alle Vorkehrungen für eine Belagerung unterlassen hatte. Es gab kaum Luftschutzräume, ja selbst Splittergräben und Schutzlöcher waren nur in geringer Zahl vorhanden. So nahmen unter den ständigen Luftangriffen die Verluste unter der Zivilbevölkerung rapide zu. Der Verkehr war völlig zum Erliegen gekommen. Überall türmten sich Trümmerberge. Feuer wüteten, ohne daß sie gelöscht werden konnten, denn das wenige

Wasser, das noch vorhanden war, reichte kaum für die Verletzten. An einigen Stellen der Stadt wurden Vorräte verteilt, die man aus aufgegebenen Depots schnell noch zurücktransportiert hatte. Die Menschen schlugen sich um eine Handvoll Reis und eine Büchse Maultierfleisch. Aus der Gegend um die Docks, wo die Ärmsten der Armen wohnten, kam die Nachricht, daß Krankheiten sich rasch verbreiteten. Es gab keinen organisierten Gesundheitsschutz mehr. Die Mehrzahl des Sanitätspersonals war evakuiert worden. Hier zeigte sich, daß die Verteidigung einer Festung oder einer Stadt bis zum letzten Mann, wie sie Churchill forderte, nicht vereinbar war mit der Zerstörung lebenswichtiger Anlagen, mit der Lahmlegung öffentlicher Dienste durch verstärkte Evakuierung. Entweder Verteidigung bis zum letzten Mann oder Aufgabe unter Rettung der wichtigsten Leute – weder Churchill noch Wavell hatten sich klar für eines von beiden entschieden. Beides zugleich mußte zur Katastrophe führen. Percival selbst trug an dieser Inkonsequenz, die dem Fall der Stadt vorausging und ihn zum guten Teil herbeiführte, nicht die Hauptschuld. Er hatte vielmehr die undankbare Aufgabe, eine widersprüchliche Anweisung nach der anderen durchzuführen. Daß keine davon wirksam werden konnte, keine Singapore retten oder dem japanischen Angriff ein Halt entgegensetzen konnte, war nur noch bedingt seine Schuld. Nach einem Tag Pause gingen die Japaner am 14. Februar an der gesamten Front zum Angriff über.

Gegen Mittag flog plötzlich, nach einem Artillerietreffer, das letzte große Munitionsdepot in die Luft. Unweit davon lag das Alexandra-Hospital, in dem Hunderte von Verwundeten behandelt wurden. Als die Japaner in der Umgebung des Hospitals auftauchten, wurde in der ganzen Gegend nur noch vereinzelt geschossen. Die englische Artillerie vermied es, in die Nähe des Hospitals zu feuern, und die dünne Schützenlinie der englischen Infanterie war längst weiter zurückgenommen worden. Die ersten japanischen Soldaten feuerten in die offenen Fenster des Hospitals und zogen weiter, als ihre Schüsse nicht beantwortet wurden. Dann jedoch erschien eine Kolonne Radfahrer. Sie stiegen vor dem Hospital seelenruhig von ihren Fahrrädern und luden die Gewehre durch. Am Eingang erschossen sie einen malaiischen Pförtner und zwei Pfleger, dann brachen sie in das Hauptgebäude ein und stürmten über die Korridore. Der Chefarzt, ein älterer Engländer, trat ihnen entgegen und machte sie auf das Rote Kreuz aufmerksam, aber die Japaner stellten ihn kurzerhand mit dem Gesicht zur Wand und schossen ihm ein paar Kugeln in den Kopf. Alle Gehfähigen, denen es nicht gelang zu flüchten, erlitten das gleiche Schicksal. Die Kranken und bettlägerigen Verwundeten aber wurden mit Bajonetten erstochen.

Die Japaner ließen sich auf keine Gespräche ein, auch nicht, als ihr Weg sie in einen der Operationssäle führte, wo gerade ein Schwerverletzter operiert wurde. Der Mann wurde mit dem Bajonett erstochen, dann starb unter den Schüssen der Japaner das Operationsteam. Panikartig floh alles, was noch laufen konnte, aus dem Gebäude. Die wilde Schießerei hielt noch eine Weile an, dann erschien eine weitere, kleinere Gruppe von Radfahrern, und ein Offizier beorderte die Eindringlinge aus dem Hospital heraus. Das Blutbad war vorerst zu Ende. Aber bevor die Japaner weiterfuhren, durchkämmten sie noch das Hospitalgelände und trieben den Rest des medizinischen Personals sowie die gehfähigen Verwundeten zusammen. Es waren mehr als zweihundert Männer, die in eine Baracke auf dem Hospitalgelände eingesperrt wurden. Am nächsten Morgen wurden diese zweihundert Engländer im Park des Hospitals erschossen. Das einzige, was einer der anwesenden japanischen Offiziere über die Gründe für das Blutbad sagte, war die knappe Bemerkung, aus einem Fenster des Hospitals sei ein Schuß auf die herankommenden japanischen Truppen abgegeben worden. Doch das entsprach selbstverständlich nicht den Tatsachen. Das Blutbad im Alexandra-Hospital war, wie sich später herausstellte, geplant worden. Es war ein Fall von vielen, in denen demonstrativ von den japanischen Truppen Grausamkeiten verübt wurden, um beim Gegner den Ruf zu verbreiten, daß es keine Gnade gäbe, daß der heranziehende Soldat Nippons unerbittlich, hart und unbesiegbar sei. Morde, wie jene im Alexandra-Hospital, sollten die Kampfmoral des Gegners erschüttern.

Am Rande der kleinen Ortschaft Woodleigh, im nordöstlichen Teil der letzten Verteidigungslinie, war immer noch eine Pumpstation in Betrieb, die vermittels eines eigenen Dieselgenerators versuchte, wenigstens einen geringen Teil Wasser in das Versorgungsnetz von Singapore zu pumpen. Das Wasser kam unterirdisch aus dem nahen MacRitchie-Reservoir, das bereits von den japanischen Truppen besetzt war. Doch die Eroberer kannten sich in der Anlage wohl nicht aus und hatten gar nicht bemerkt, daß Singapore von hier immer noch Wasser bezog. Einige hundert Meter ostwärts der Pumpstation war die englische Schützenlinie. Hier lagen die zusammengewürfelten Reste der 11. Indischen Division. Robin Clark hatte es bis hierher geschafft. Er war nach der Überquerung des Dammes zuerst weiter ostwärts eingesetzt gewesen und hatte einige ruhige Tage verbracht. Jetzt aber wußte er wie jeder andere Soldat seiner Einheit: Dies hier ist die letzte Stellung. Weiter zurück geht es nicht. Das Ende kommt auf uns zu.

Clark hatte mit einem der letzten Schiffe, die Singapore verlassen konnten, eine Nachricht an Maria mitgegeben. Er hatte geschrieben, daß er gesund sei, den Feldzug unerwartet gut überstanden habe und hoffe, daß er überlebe. Es war nicht sicher, ob Maria die Zeilen jemals bekam, denn die Japaner verstärkten ihre Patrouillen südlich von Singapore. Immer mehr U-Boote tauchten dort auf. Zudem mochte es sein, daß Maria selbst in London längst ausgebombt war. Man hörte immer noch von Luftangriffen. Clark sah der Zukunft mit gemischten Gefühlen entgegen. Er hatte selbst gesehen, was japanische Soldaten mit Gefangenen trieben. Würde es denen, die am Ende des Kampfes um Singapore die Waffen niederlegten, anders ergehen als jenen bei Parit Sulong? Und wenn es überhaupt eine Gefangenschaft gab, wie lange würde sie dauern? War sie zu überstehen? Hier ist nichts mehr zu gewinnen, die Schlacht ist verloren, sagte sich Clark. Die Japaner haben erst einmal gesiegt. Sie haben eine der schwächsten Stellen des britischen Empires angegriffen, und ihre Spekulation ist aufgegangen. Trotzdem gab es Hoffnung. Bekker hatte recht: Mit Singapore war der Krieg keinesfalls zu Ende. Was anfangs nach einem unaufhaltsamen faschistischen Raubzug ausgesehen hatte, war ein Weltkrieg geworden. Die Fronten zeichneten sich klarer ab. Den faschistischen Achsenmächten hatte sich die Mehrzahl der Völker entgegengestellt. Man durfte über dem Fiasko Singapore nicht den Blick dafür verlieren, daß die faschistischen Siege an allen Fronten gar nicht mehr so überwältigend waren. England würde sich halten können, wenn die Sowjetunion widerstand. Und daran zweifelte Clark nicht. Dort würden sich die Faschisten ihre entscheidende Niederlage holen. Danach würden auch die Bäume Japans nicht mehr in den Himmel wachsen.

Clark hatte in den letzten Tagen des Kampfes oft an Ah Pin denken müssen. Wo er jetzt wohl sein mochte? Hinten, an der Pumpstation, arbeitete ein Dutzend kriegsdienstverpflichteter Malaien. Sie hatten Splittergräben ausgehoben und die immer wieder durch Granattreffer zerstörten Rohre geflickt. Es hatte kaum geholfen. Von dem Wasser, das hier gepumpt wurde, kam nur wenig in Singapore an, weil das gesamte Leitungsnetz in der Stadt durch den Beschuß an so vielen Stellen zerstört war, daß der größere Teil des Wassers ungenutzt versickerte.

Immer wieder kamen einzelne Malaien von der Pumpstation zu den Soldaten und baten um Gewehre. Es war streng verboten, ihnen Waffen zu überlassen. Clark tat es trotzdem. Es waren Waffen von Gefallenen zusammengetragen worden. Dem Befehl nach mußten sie unbrauchbar gemacht werden. Clark versteckte einen Teil davon unter einem Bambusstapel, der an der Straße von Woodleigh nach Singapore lag. Er richtete es so ein, daß einer der Malaien ihn dabei beobachten konnte. Am nächsten Morgen waren die Gewehre verschwunden. Clark deponierte Handgranaten und Patronen unter dem Bambus. Die Malaien mußten begriffen haben, was Clark im Sinne hatte, denn sie holten alles weg. Wenigstens ein schwacher Versuch, dachte Clark, etwas für die Zukunft zu tun.

Gegen Mittag am 14. Februar griffen die Japaner die Stellungen vor der Pumpstation mit Panzern an. Aber die 11. Indische Division verfügte noch über einige Panzerabwehrkanonen, mit denen es gelang, den Angriff zum Stehen zu bringen. Clark lag hinter einem Maschinengewehr und schoß auf die zwischen den Panzern auftauchende Infanterie. Er hatte Hunger und Durst, aber er spürte jetzt beides nicht. Sein Gesicht war schwarz von Ölqualm, die Uniform stank danach. Er hatte sich länger als eine Woche weder gewaschen noch rasiert. Immer zwischen zwei Angriffen drehte er sich eine Zigarette. Aber auch der Tabak ging langsam zu Ende. Die Japaner griffen die Pumpstation mit Jagdbombern an, und wieder einmal liefen, nachdem die Flugzeuge verschwunden waren, die malaiischen Arbeiter aus ihren Deckungen hervor und begannen, die geborstenen Rohre zu flicken. Vor den Schützenlöchern der 11. Indischen Division qualmten drei getroffene Panzer. Noch einmal war es gelungen, die Japaner aufzuhalten. Für wie lange?

Clark wälzte sich zur Seite. Der indische Soldat neben ihm ließ den Kopf auf die Arme sinken und schlief sofort ein. Nachdem Clark ein Stück gekrochen war, erhob er sich und lief geduckt zur Pumpstation hinüber. Einer der Malaien gab ihm etwas Wasser, das er gierig trank. Er leistete sich sogar den Luxus, das Gesicht abzuwaschen. Nur wurde das Gesicht von dem kalten Wasser nicht sauber. Der Malaie stand abwartend neben Clark. Nach einer Weile sagte er leise: »Sir...«

Clark blinzelte ihn an. »Ich bin kein Sir. Ich heiße Clark.«

»Mister...Soldat...«, begann der Malaie wieder. Clark grinste. Das gab dem Mann etwas mehr Selbstvertrauen, und er fuhr fort: »Sie haben ein schönes Maschinengewehr.«

Clark ahnte, was jetzt kam. »Und?« fragte er.

Der Malaie fragte rundheraus zurück: »Was machen Sie damit, wenn Schluß ist?«

»Willst du es haben?«

Jetzt lächelte der Malaie. »Wenn Sie es sowieso aufgeben, Mister Soldat...«

»Hm«, machte Clark. »Ich vermute bloß, daß die Japaner da sein werden, wenn ich es aufgebe. Und die werden gar nicht begeistert sein, wenn du das Ding wegschleppst!«

178

Der Malaie hörte nicht auf zu lächeln. Er sagte: »Mister Soldat, wenn Sie es mir wirklich überlassen wollen, nachdem Sie den Kampf eingestellt haben, dann machen Sie sich keine Sorgen wegen der Japaner.«

»Paß auf«, sagte Clark, »du kannst das Ding haben. Wenn du mir sagst, wie du es wegbringst, ohne daß die Banzai-Ritter dir den Hals abschneiden.«

Der Malaie nickte. Er warf einen Blick auf den Bambusstapel, dann auf das Maschinengewehr, neben dem der indische Soldat schlief. Dann holte er eine Rolle sehr dünner Angelschnur aus der Hosentasche, gab das Ende davon Clark in die Hand und sagte: »Sie gehen jetzt wieder zum Maschinengewehr. Ich gehe zum Bambusstapel. Und Sie binden das Ende der Schnur am Zweibein des Maschinengewehres fest. Verstehen Sie?«

»Natürlich verstehe ich!« Clark lachte. »Junge, von dir könnte die ganze britische Armee noch eine Menge lernen!«

Er füllte seine Wasserflasche auf, dann ging er mit der Schnur zurück zum Maschinengewehr. Einmal drehte er sich noch um und rief zurück: »Zieh das Ding bloß immer richtig in die Schulter ein, sonst haut es dir die Kinnlade kaputt!« Der Malaie nickte lächelnd. Er fuhr damit fort, ein schadhaftes Rohr zu reparieren. Dabei überlegte er, wie er es anstellen konnte, beim Zusammenbruch der Front aus dem Munitionslager, das die 11. Indische Division unweit vom Gefechtsstand ihres Kommandeurs angelegt hatte, möglichst viele Gurte mit Munition wegzuschleppen. Er vertraute auf die Dunkelheit. In einigen Stunden war es soweit. Dann würden sie den Posten beim Munitionslager ansprechen. Hoffentlich war er ebenso zugänglich wie dieser Sergeant hier!

Weiße Flaggen

Der 15. Februar war ein Sonntag. Nur wenige der englischen Soldaten merkten das. General Percival hingegen hatte sich darauf vorbereitet. Bei Morgengrauen wurde in der halbzerstörten Kirche von Fort Canning der letzte Gottesdienst abgehalten. Percival empfing die Heilige Kommunion. Doch bald schon bekam er außerhalb der Kirche wieder die Realität des Lebens zu spüren.

Die ganze Nacht über hatte es japanische Angriffe gegeben. Die Verteidiger waren an einigen Stellen noch weiter zurückgedrängt worden. Wasser gab es überhaupt nicht mehr. Die Brände hatten sich ausgebreitet. In den Straßen lagen Hunderte von stöhnenden Verwundeten, meist Zivilisten. Hungrige Kinder aßen Gras von den Parkanlagen. Die Nahrungsmittel waren aufgebraucht. Die Munition ging zu Ende. Viele der noch intakten Geschütze konnten darum nicht mehr schießen. Das einzige noch vorhandene Radio im Gefechtsstand des Generals brachte aus Penang japanische Propagandasendungen in englischer Sprache: »Wir werden die Verteidiger Singapores hinwegfegen! Über Singapore wird in wenigen Stunden die Flagge Japans wehen. Und Singapore wird nicht mehr der Name dieser Stadt sein. Seine Kaiserliche Hoheit hat zugestimmt, Singapore umzubenennen in Syonan...«

Wütend stellte Percival das Gerät ab. Für neun Uhr dreißig rief er zum letzten Mal den Stab zusammen. Er stellte seine Offiziere vor die Alternative: Entweder wir führen sofort einen Gegenangriff, und zwar in Richtung auf Bukit Timah, mit der Absicht, die dort befindlichen Reserven an Munition, Lebensmitteln und Waffen zurückzuerobern und außerdem die Japaner von diesen strategisch ausgezeichnet gelegenen Höhen vor der Stadt zu vertreiben, oder – wir kapitulieren.

Alle anwesenden Offiziere lehnten es ab, ihre Truppen zu einem Gegenangriff zu führen. Ein solches Unternehmen war ihrer Meinung nach aussichtslos. Sie stimmten der einzigen Alternative zu, der Kapitulation.

Noch während sie in Fort Canning berieten, traf eine Nachricht Wavells ein, der mitteilte: »...Solange Sie noch dem Feind Verluste zufügen können, müssen Sie weiterkämpfen. Erst wenn Sie vollkommen überzeugt sind, daß dies nicht länger möglich ist, dürfen Sie mit meiner Erlaubnis den Widerstand einstellen... Was auch immer geschieht, ich danke Ihnen und allen Soldaten für die ausgezeichneten Leistungen der letzten Tage...«

Kapitulation
Am 15. Februar 1942 begaben sich die britischen Unterhändler ins Hauptquartier Yamashitas in Bukit Timah zur Unterzeichnung der Kapitulation

Percival war entschlossen, den sinnlos gewordenen Kampf zu beenden. Er beauftragte Major Wylde, den Japanern das Kapitulationsangebot zu überbringen. Wylde nahm einen weiteren Stabsoffizier und einen Dolmetscher mit und machte sich mit dem Auto auf den Weg in Richtung Bukit Timah. Das Fahrzeug war mit dem Union Jack und einer großen weißen Flagge gekennzeichnet. Es durchfuhr unangefochten die Frontlinie und gelangte noch einige hundert Meter weiter, bis es aufgehalten wurde und ein japanischer Offizier Wylde mitteilte, er müsse hier warten. Um vier Uhr erschien ein Wagen des japanischen Hauptquartiers, in dem der Ic aus Yamashitas Generalstab, der bei den Kämpfen um Bukit Timah verletzte Oberst Sugita, saß, begleitet von Major Aseada. Sugita hielt sich nicht lange mit Wylde auf. Er übergab ihm ein vorbereitetes Schreiben mit den Kapitulationsbedingungen. Sie lauteten:

1. Am 15. Februar, um 18.00 Uhr, treffen sich die beiden Kommandeure (Percival und Yamashita) in Bukit Timah.
2. Die britische Armee stellt ab sofort alle Kampfhandlungen an der gesamten Front ein und legt die Waffen nieder.
3. Die Verwaltung auf dem Gebiet der Wirtschaft setzt ihre Arbeit unter Befolgung der japanischen Anweisungen fort, bis sie ihre Befugnisse an die japanische Armee übergibt.

4. Schiffe, Flugzeuge, Fahrzeuge, Waffen, Munition, Versorgungsgüter, Treibstoffvorräte usw., alle Gebäude und Grundstücke, die der Armee gehören oder von ihr benutzt werden, Nachrichteneinrichtungen, Hafenausrüstungen, Flugplatzausstattungen, Karten und Dokumente sind der japanischen Armee zu übergeben, unbeschädigt und ohne den Versuch, sie vorher zu zerstören. Es darf keine – wie auch immer geartete – Beleidigung der japanischen Armee geben.

5. Personen, die mit der Einstellung der Kampfhandlungen gegen die japanische Armee dienstlich beauftragt werden, müssen dafür Sorge tragen, daß etwaige örtliche Widerstandsversuche sofort niedergeschlagen werden.

6. Alle prominenten Personen, die auf der Seite Amerikas, Niederländisch-Ostindiens und Tschungking-Chinas stehen, gelten ab sofort als Kriegsgefangene.

7. Alle japanischen Kriegsgefangenen sind sofort an die japanische Armee zu übergeben.

8. Komitees sind zu bilden für die englische Armee, Marine, Luftwaffe, Zivilverwaltung, Hygiene, Kriegsgefangenen usw.
Ihre Vorsitzenden sind dafür verantwortlich, daß die japanischen Anordnungen ausgeführt werden.

Als Wylde damit nach Singapore zurückkehrte, ließ Percival den Befehl ergehen, die Kampfhandlungen einzustellen. Er selbst begab sich zusammen mit Major Wylde, Brigadekommandeur Torrens und seinem Adjutanten Newbigging im Auto nach Bukit Timah, ebenfalls deutlich sichtbar die weiße Flagge neben dem Union Jack mitführend. In einem Gebäude der Ford-Automobilfabrik fand die offizielle Kapitulation statt. General Yamashita ließ die Engländer erst eine Viertelstunde warten, dann erschien er. Sein Gebaren war mehr als überheblich, als er das Gespräch eröffnete. Er hatte ein Dokument mitgebracht und forderte nun die Engländer auf, die darin aufgeführten Fragen knapp und präzise zu beantworten:

Als Percival sich dazu bereit erklärte, begann Yamashita:

»Kapituliert die britische Armee bedingungslos?«

»Ja«, antwortete Percival.

»Gibt es bei Ihnen japanische Kriegsgefangene?«

»Nicht einen einzigen.«

Der japanische General runzelte die Stirn. Sein Schreiber notierte die Antworten.

»Gibt es irgendwelche Japaner, die gefangengehalten werden?«

»Alle japanischen Zivilgefangenen wurden nach Indien transportiert«, antwortete Percival wahrheitsgetreu. »Die Garantie für ihre Verwahrung wurde der Regierung dieses Landes übertragen.«

»Stimmen Sie diesem Dokument bedingungslos zu?«

Percival wich aus: »Bitte, warten Sie bis morgen früh auf unsere Antwort.«

Aber Yamashita war nicht mehr gewillt zu warten. Er sagte lauernd: »In diesem Falle würden wir bis morgen früh unsere Angriffe fortsetzen. Wollen Sie das? Oder wollen Sie jetzt und hier bedingungslos kapitulieren?«

Da gab sich Percival endgültig geschlagen: »Ja.«

»Gut«, sagte Yamashita befriedigt. »Dann werden wir die Kampfhandlungen ab zwanzig Uhr dreißig Ortszeit einstellen. Die britische Armee wird eintausend Mann als Ordnungshüter abkommandieren, die dafür sorgen, daß die Kapitulation gemäß diesem Dokument erfolgt. Im Falle einer Verletzung der Abmachungen werden wir sofort und an der gesamten Front angreifen.« General Percival, durch viele Nachrichten gewarnt, bat: »Ich möchte von Ihnen eine Garantie für das Leben der Engländer und Australier, die sich in der Stadt Singapore befinden.«

Aber Yamashita erhob sich bereits. Er dachte nicht daran, eine solche Garantie zu leisten. Trotzdem, um die Engländer zu täuschen, log er: »Dafür wird gesorgt. Seien Sie beruhigt. Ich werde das garantieren!« Das Gespräch war zu Ende. Die Besiegten zogen ab. Yamashita und sein Stab begaben sich in ihr Hauptquartier, wo inzwischen ein großer Tisch mit Leckereien und Wein gedeckt worden war. Es war bereits nach Sonnenuntergang, aber Yamashita vollzog trotzdem die traditionelle Zeremonie, er griff sein Glas, hob es in nordöstlicher Richtung, etwa dort, wo Tokio liegen mußte, und grüßte so den Kaiser. Dann, während er und die anderen sich über die auf dem Tisch befindlichen Leckerbissen hermachten, wurde der Einmarsch in die Stadt für den kommenden Morgen festgesetzt.

Singapore gab es nicht mehr. Fortan sollte die Stadt Syonan heißen, »Licht des Südens«. Und Yamashita, weinselig nach dem Genuß des Kikumasumune, dämpfte die Festfreude seiner Stabsoffiziere ein wenig, indem er verkündete: »Dieser Feldzug war nicht viel mehr als ein Auftakt. Die japanische Armee wird keine Feiern abhalten. Statt einer Siegesparade werden wir eine Gedenkfeier für die Toten veranstalten, und zwar am 20. Februar. Unmittelbar danach werden wir mit dem Angriff auf Sumatra beginnen...!«

Um diese Zeit schoß Robin Clark bereits nicht mehr. Er hatte nach dem letzten Gefecht seinen indischen Schützen zwei begraben. Als es dunkel

Massaker

General Yamashita (links, sitzend) versprach während der Kapitulationsverhandlungen feierlich, das Leben der Gefangenen zu schonen. Nach der Einnahme Singapores wurde diese Zusicherung in unzähligen Fällen gebrochen

wurde und die Nachricht von der Kapitulation durchkam, überprüfte er nochmals, ob die Angelschnur auch sicher genug am Zweibein des Maschinengewehres befestigt war. Er ließ den halbvollen Gurt eingezogen, und mit einem Lederriemen band er noch zwei volle Munitionskästen an der Waffe fest. Wenn nur die dünne Angelschnur diese Last aushielt! Aber bei der Schnur handelte es sich um eine Haifischleine, und sie hielt. Kurz nachdem Clark aufgestanden und zu der Pumpstation zurückgegangen war, wo sich die Reste seiner Einheit sammelten, erhob sich in der Dunkelheit hinter dem Bambusstapel an der Straße die schwarz gekleidete Gestalt des Malaien. Er hatte das andere Ende der Schnur in der Hand. Als er daran zog, straffte sich die Schnur. Das hieß, der Engländer hatte Wort gehalten! Vorsichtig ging der Malaie wieder in Deckung. Die Japaner konnten mit ihren Nachtgläsern die Gegend einsehen. Außerdem lag das Maschinengewehr im Blickfeld der englischen Offiziere, die sich bei der Pumpstation aufhielten. Ganz langsam zog der Malaie an der Schnur. Das Maschinengewehr bewegte sich. Zuerst klappte das Zweibein zusammen. Dann glitt die Waffe, mit der Mündung voran, Meter für Meter auf den Bambusstapel zu.

Nach japanischen Angaben führte der Malaya/Singapore-Feldzug zu folgenden Verlusten auf britischer Seite:
100 000 Kriegsgefangene, 50 Prozent davon britisch; 740 Geschütze; 2500 Maschinengewehre; 65 000 Gewehre und andere Handfeuerwaffen; 1000 Lokomotiven und andere Schienenfahrzeuge; 200 gepanzerte Straßenfahrzeuge; 10 Flugzeuge sowie mehrere tausend Autos, Lastwagen und Krafträder.
Auf japanischer Seite:
3507 Offiziere und Mannschaften getötet; 6150 Offiziere und Mannschaften verwundet.
Dabei in der Endphase der Schlacht um Singapore vom Übergang über die Straße von Johore bis zur Kapitulation:
1714 Offiziere und Mannschaften getötet; 3378 Offiziere und Mannschaften verwundet.

Ebenfalls im Militärverlag herausgegeben:
»Wer nicht schweigt, muß sterben«
Autoren: Klaus Polkehn/Horst Szeponik
Nachfolgend eine Leseprobe aus dem interessanten Tatsachenbericht über die Mafia:

Die Wurzeln der »Onorata Società«

»Es gibt in Sizilien drei Regierungen: Rom, die Regionalregierung und die Mafia. Der Mafia aber muß man gehorchen, oder man stirbt.«

Sizilianisches Sprichwort

Ein Geflecht von Legenden überwuchert die Geschichte der Mafia, der geheimnisvollen Bruderschaft Siziliens. So stark wie ihr Mythos lebt und wirkt ihre Macht bis in unsere Tage. Politiker, Journalisten und Soziologen faszinierte dieses Phänomen. Ihre Verbrechen beschäftigen ständig die Nachrichtenredakteure der Tageszeitungen und liefern zugkräftigen Stoff für Illustriertenserien. In solchen Berichten wird die Mafia oft als eine naturbedingte Schöpfung bezeichnet. Die Ereignisse in dieser rückständigen Ecke Europas werden gern als Folge eines rätselvollen, dämonischen Schicksals erklärt.

Doch unbeantwortet bleiben bei einer solchen Betrachtungsweise viele Fragen: Wie konnte diese Erscheinung entstehen? Wo liegen die Wurzeln der Mala pianta, des Unkrauts, wie die Mafia in Italien auch genannt wird? Warum gedieh es zuerst auf Sizilien?

Von Eroberern heimgesucht

Die Insel Sizilien, zwischen Europa und Afrika in der engsten Stelle des Mittelmeeres gelegen, ist das natürliche Bindeglied zwischen beiden Kontinenten. Die Meerenge von Messina trennt sie an ihrer schmalsten Stelle etwa drei Kilometer vom europäischen Festland. Vom Monte Eric im Westen Siziliens kann man bei günstiger Sicht das Rass Addar (Kap Bon) erkennen, das die östliche Grenze des Golfs von Tunis bildet. Am Golf von Tunis hat einst Karthago gestanden.

Wer die Straße von Sizilien beherrscht, kann die Handelswege zwischen den Anliegerstaaten des westlichen und des östlichen Teiles des Mittelmeeres kontrollieren.

Diese exponierte geographische Lage Siziliens hat seit frühesten Zeiten stets zahlreiche Eroberer angezogen. Sie unterwarfen die Ureinwohner und vermischten sich mit ihnen. Sie brachten ihre Kulturen mit, deren tiefe Spuren sich noch heute in den vielen prächtigen Bauten oder Ruinen vergangener Epochen finden.

Ursprünglich besiedelten Sikaner und später Sikuler die Insel – Völker, deren Herkunft nicht völlig geklärt ist. Vor etwa 2800 Jahren errichteten phönizische Kaufleute auf Sizilien ihre Stützpunkte. Wenig später stritten sich Griechen und Karthager erbittert um den Besitz der Insel. In diesen Kampf um die Vorherrschaft griff im 3. Jahrhundert vor unserer Zeitrechnung Rom ein, eroberte den karthagischen Teil der Insel und danach auch die griechischen Städte an der Ostküste Siziliens. Für die nächsten 700 Jahre war Sizilien eine Provinz des römischen Sklavenhalterstaates, dessen Herrschaft nur wenige Jahre unterbrochen wurde, als im 2. Jahrhundert vor unserer Zeitrechnung aufständische Sklaven auf Sizilien einen unabhängigen Staat gründeten. Nach dem Untergang der römischen Sklavenhalterordnung geriet Sizilien für kurze Zeit in den Einflußbereich der Reiche zweier germanischer Völker – der Vandalen und der Ostgoten –, bis schließlich Byzanz beide Reiche und mit ihnen die Insel eroberte. Die Statthalter der byzantinischen Kaiser regierten fast dreihundert Jahre auf der Insel, doch bald mußten sie ihre Herrschaft vor Angriffen aus Nordafrika verteidigen. Araber und Berber unternahmen im 9. Jahrhundert eine Invasion, und die Insel geriet in mohammedanische Hände.

Unter den neuen Herren begann sich die Wirtschaft der Insel von den ständigen Kriegen zu erholen, und die Bevölkerung gelangte zu einem gewissen Wohlstand. Doch die Kette der Eroberer riß nicht ab. Im Jahre 1061 setzten normannische Scharen von Süditalien aus, wo sie sich dreißig Jahre zuvor festgesetzt hatten, nach Sizilien über und unterwarfen sich die Inselbevölkerung. Der normannische Staat in Süditalien und auf Sizilien, damals der gesellschaftlich am weitesten entwickelte Staat des feudalen Europas, wurde für kurze Zeit zu einem erstrangigen Machtfaktor im Mittelmeerraum. So war es nicht verwunderlich, daß auch andere große Feudalherren nach dem Besitz des Königreiches beider Sizilien strebten, wie der süditalienisch-sizilianische Staat von nun an bis ins 19. Jahrhundert genannt wurde. Die ersten, denen es gelang, waren die deutschen Staufer. Ihnen entriß 1266 der Franzose Karl von Anjou mit

Hilfe des Papstes die Königskrone. Karl von Anjou und seine Barone errichteten ein grausames Regime auf der Insel.

Im Jahre 1282 kam es zu dem Ereignis, das als »Sizilianische Vesper« in die Geschichte einging. Wie uns in Überlieferungen berichtet wird, wuchs der Haß gegen die neuen Besatzer ins Unermeßliche. Den Widerstand der Sizilianer versuchten die französischen Barone mit noch größeren Gewalttaten zu brechen.

Ein unbedeutender Vorfall soll das legendäre Blutbad ausgelöst haben. Als die Kirchenglocken am 30. März 1282, dem Ostermontag, die Gläubigen von Palermo zur Vesper riefen, belästigte ein Franzose im Kirchenportal ein sizilianisches Mädchen, das Hilfe herbeirief. Hinzueilende Einheimische erschlugen den Übeltäter. Dieser Zwischenfall gab das Signal. In einem Aufstand wurde die Fremdherrschaft hinweggefegt. Die Erhebung brachte jedoch dem sizilianischen Volk keine Freiheit; die Seemacht des westlichen Mittelmeeres – Aragon – folgte als neuer Herrscher über die Insel. Für die sizilianischen Barone dagegen brachte der Wechsel der Fremdherrschaft große Vorteile, lag doch von jetzt ab der Sitz der Zentralregierung über tausend Kilometer von der sizilianischen Hauptstadt Palermo entfernt. Als sich Aragon und Kastilien am Ende des 15. Jahrhunderts zum Königreich Spanien vereinigten, wurde das Schicksal der Insel fest mit dem Spaniens verkettet. Spanien, das auch die Inquisition mitbrachte, regierte – abgesehen von kurzen Intermezzi des Herzogs von Savoyen, der Österreicher und Engländer – hier bis zum Jahr 1860 durch Statthalter oder »unabhängige« Herrscher, die der regierenden Dynastie Spaniens – den Habsburgern und später den Bourbonen – entstammten. Als 1848/49 die Wogen der bürgerlichen Revolution bis an dieses Eiland brandeten, erhoben sich die sizilianischen Bauern gegen ihre feudalen Unterdrücker. Doch ihren Aufstand ließen die Bourbonen blutig niederschlagen. Erst Garibaldi befreite 1860 im Risorgimento – dem Kampf um die Einheit Italiens – mit Hilfe der Inselbewohner Sizilien vom spanischen Joch.

Nur allzu schnell mußten die Sizilianer – wie übrigens auch die Bewohner Süditaliens und Sardiniens – erkennen, daß ihnen die nationale Einheit nicht den erhofften sozialen Fortschritt brachte. Die Bauern der Insel hungerten weiter nach Land. Die Bourgeoisie Norditaliens dachte nicht daran, ihre Versprechungen zu erfüllen. Der spätere Innenminister und Ministerpräsident Francesco Crispi – ein Vertreter der bei der Aufteilung der Welt zu kurz gekommenen italienischen Imperialisten – regierte mit Belagerungszustand und Kriegsgerichten auf Sizilien. Kein Wunder, daß die Vereinigung Italiens bei den meisten Sizilianern nicht hoch im Kurs stand. Crispi schloß ein Bündnis mit den Großgrundbesitzern, die Furcht vor den Forderungen der landlosen Bauern hatten.

In einer Analyse der damaligen Verhältnisse kam der hervorragende Marxist und Begründer der Kommunistischen Partei Italiens, Antonio Gramsci, zu der Schlußfolgerung, »daß die Einheit nicht auf einer Basis der Gleichheit, sondern, was das territoriale Verhältnis zwischen Stadt und Land betraf, in der Form einer Hegemonie des Nordens über den Süden zustande gekommen war, daß also der Norden tatsächlich ein ›Polyp‹ war, der sich auf Kosten des Südens bereicherte, und daß sein wirtschaftlich-industrielles Wachstum in direktem Verhältnis der Verarmung der Wirtschaft und Landwirtschaft des Südens stand«.

Die norditalienische Bourgeoisie betrachtete – wie Antonio Gramsci, der selbst auf Sardinien geboren war, feststellt – Sizilien als ihre »innere Kolonie«. Sie erblickte in der Insel das ideale Sprungbrett für ihre kolonialen Eroberungen in Afrika. Crispi versuchte, den Landhunger der Bauernmassen des Südens auf Eroberungen von Kolonien hinzulenken.

Verheerende Folgen hatte das mit der Herstellung der nationalen Einheit verbundene Zollsystem. Es zerstörte die bescheidenen Anfänge der südlichen Industrie, besonders die bekannte sizilianische Seidenmanufaktur. Die Industrialisierung des Südens wurde verhindert. Die Kluft zwischen beiden Teilen Italiens vertiefte sich, und diese Tendenz des gesellschaftlichen Zurückbleibens des Südens hält heute noch an.

Dieser gedrängte Exkurs in die äußerst wechselvolle Geschichte der Insel läßt vielleicht die Gründe und Ursachen verstehen, die einst die Bildung der Mafia förderten. Sie entstand als Selbsthilfeorganisation gegen die Willkürherrschaft der fremden Eroberer. Gemeinsam kämpften die Sizilianer im engen Verband der Sippe – in Geheimgesellschaften – gegen Steuereintreiber, bourbonische Schergen und gegen Verräter in den eigenen Reihen, die mit den Unterdrückern kollaborierten. Niemals und unter keinen Umständen wurde der Name eines Sizilianers preisgegeben, der sich gegen die ausländischen Machthaber aufgelehnt hatte. Die von den Bourbonen eingesetzten Behörden wurden nicht anerkannt, ihre Anordnungen, immer wenn sich die Gelegenheit bot, umgangen oder nicht befolgt.

Nach der Einigung Italiens verlor die »Onorata Società«, die »Ehrenwerte Gesellschaft«, wie sie sich noch heute nennt, ihre Daseinsberechtigung. Doch Generationen hatten mit der Gewalt gelebt und sie überlebt. Viele Sizilianer blieben auch weiterhin Mafiosi. Sie rekrutierten sich vor allem aus den sogenannten Gabellotis (von Gabello – die Pacht). Diese Männer dienten den sizilianischen Baronen, die auf ihren Latifundien unumschränkt herrschten und brutal jeden Widerstand erstickten, als Verwalter, Aufseher und Leibwächter. Für diese Posten wurden meist Banditen angeworben, die für ihre treuen Dienste Land zur Pacht erhielten. Sie nahmen in Sizilien eine eigentümliche Stellung als soziale Mittelschicht zwischen den Baronen einerseits und den Bauern andererseits ein. Die Methoden der außerökonomischen Unterdrückung der bäuerlichen Schichten blieben in Sizilien weitgehend erhalten, was im Interesse der Großgrundbesitzer lag. Jene Gabellotis häuften schließlich mit Hilfe der Mafia solche Macht an, daß sie sogar die Feudalherren ausbooteten und selbst an ihre Stelle traten.

Ermittlung eines Namens

Was heißt eigentlich Mafia? Wann wurde sie geboren? Zwei einfache Fragen, auf die wir so viele Antworten hörten.

Einige Historiker führen den Ursprung der Bruderschaft auf die »Sizilianische Vesper« zurück. Damals sollen sich die Einwohner Palermos mit dem Ruf »Morte Alla Francia, Italia Anela« – »Frankreichs Tod, Italiens Herzenswunsch« – auf ihre Peiniger gestürzt haben. Aus den Anfangsbuchstaben dieser Parole soll der Name herrühren.

Andere Geschichtsforscher nennen als Gründungsdatum das Jahr 1670, in dem sich in Palermo die sogenannte Beati Paoli bildete, die sich als Verband »aufgeklärter Adliger« ausgab. Ihre geheimen Zusammenkünfte hielt sie in einer Höhle ab. In den vergangenen Jahrhunderten soll das Wort Mafie (die Mehrzahl von Mafia) den Felsen von Trapani den Namen gegeben haben. Die dort versteckten Höhlen dienten nach dieser Version sizilianischen Geheimgesellschaften als Versammlungsort und Unterschlupf.

Auch Sprachwissenschaftler forschten nach dem Ursprung des Wortes Mafia. Sie leiteten es aus den verschiedensten Sprachen ab, die zweifellos in das Sizilianische eingeflossen sind. So vom toskanischen Wort Moffa, das Elend oder Unglück bedeutet; vom französischen Mauvais (Schlechtes); von einem Maafir genannten Volksstamm, der sich während der arabischen Herrschaft in Palermo niedergelassen hatte; von den arabischen Vokabeln Mahias (Bluffer) oder Magtaa (Höhle); schließlich auch von dem Wort Mu'afah, das ebenfalls aus dem Arabischen stammt (Mu' – Stärke, Kraft, Sicherheit, afah – beharren, beschützen, verteidigen).

Es lohnt nicht, alle Versuche aufzuzählen, in denen das Wort ausgedeutet wurde. Bisher gelang es niemandem, Herkunft und Inhalt des

Wortes zufriedenstellend zu erklären. Dokumentarisch belegt ist jedoch, daß es zum erstenmal 1868 in einem italienisch-sizilianischen Wörterbuch Aufnahme fand. Zu jener Zeit war die Mafia längst eine kriminelle Organisation. So verwundert es nicht, daß die Herausgeber den Begriff Mafia als ein Synonym für die Camorra ausgaben, die in Süditalien beheimateten Räuberbanden, die einst ebenfalls eine politische Geheimorganisation gewesen waren.

Viele Bauern in diesen Gebieten, die schutzlos der Willkürherrschaft der feudalen Barone ausgeliefert waren, wurden aus Protest zu Banditen. Sie wollten sich nicht bedingungslos unterwerfen und antworteten als Räuber mit individuellen Terroraktionen. Aus dieser Tatsache rührt auch das Phänomen her, daß in diesen Gegenden das Verbrechertum mit romantischem Glanz umgeben ist. Der bekannte kalabrische Bandit Giuseppe Musolino galt als ein Rächer und Wohltäter der Entrechteten.

Am 14. April 1909 richtete dieser Räuber, dessen die Polizei trotz einer hohen Kopfprämie nicht habhaft werden konnte, einen Brief an den italienischen König Viktor Emanuel III. Darin forderte Musolino, daß man mit Bildung und Arbeit dem Banditentum Einhalt gebieten sollte. Außerdem müßte man die Felder gut bestellen und die Produktion dem Bedarf der Bevölkerung anpassen. »An diesem Punkte angelangt«, schrieb er, »hören Gefängnisse, Unwissenheit, Armut und alle Fehler auf zu bestehen. Es bleibt nichts anderes als Arbeit, Studium und das bißchen Freude, die man zum Leben braucht.« Giuseppe Musolino hatte erkannt, daß mit Kopfgeldern, Verhaftungen und Kerkerstrafen allein nicht die Wurzeln des Räuberunwesens auszumerzen waren. Doch mit solchen Rebellen lassen sich die Banditen der Mafia nicht vergleichen.

Auch der Sizilienforscher Giuseppe Pittré rückte schon damals von dieser Auslegung ab und warnte 1891: »In den letzten zwanzig Jahren wurde in derart vielen verschiedenen Tonarten und voneinander abweichenden Meinungen über die Mafia geschrieben, daß eine Zusammenstellung all dessen eine außergewöhnliche Sammlung widersprüchlicher Ansichten ergeben würde.«